I0560675

Edgardo Colón-Emeric

MATICES
DEL METODISMO

Renovando doctrina, adoración
y misión desde los márgenes

Instituto de Estudios Wesleyanos

Matices del metodismo

Copyright © 2025, Edgardo Colón-Emeric/
Instituto de Estudios Wesleyanos/ Wesley Heritage Foundation
www.estudioswesleyanos.org
instituto@estudioswesleyanos.org

ISBN: 978-1-955761-64-2

Todos los derechos reservados / *All rights reserved*
Ninguna parte de este libro puede ser reproducida o utilizada de ninguna forma ni por ningún medio
–gráfico, electrónico, o mecánico, incluyendo fotocopia o información y sistemas de recuperación–
sin permiso escrito del propietario del copyright, salvo citas cortas como parte de artículos críticos.

Título original:
The People Called Metodista
© Copyright 2022, Abingdon Press

The Wesley Heritage Foundation
PO Box 311
Midland, GA, USA
www.wesleyheritage.org

A menos que se indique lo contrario, las citas de las Escrituras están tomadas de la Biblia en su Version
Reina Valera Actualizada, Copyright © 2015 por Editorial Mundo Hispano. Utilizada con permiso.

El capítulo 2 se publicó anteriormente como "Jesús was born in Guatemala: Towards a Latinx Wesleyan
Christology" por Edgardo Colón-Emeric, en *Wesleyan Theological Journal* 54.2 (2019), reimpreso con
permiso del *Wesleyan Theological Journal,* en asociación con la Wesleyan Theological Society (https://wt-
society.com/wesleyan-theological journal).

El capítulo 3 se publicó anteriormente como, "Medellín through Methodist Eyes" por Edgardo Colón-Emeric, *Journal of Ecumenical Studies* 54.3, 2019, reimpreso con permiso del editor (University of
Pennsylvania Press, a.k.a. Penn Press, https://jes.pennpress.org/home.

El capítulo 5 se publicó anteriormente como "Wesleyans y Guadalupans: A Theological Reflection" por
Edgardo Colón-Emeric en *American Magnificat: Protestants Reflect on the Virgin of Guadalupe,* editado
por Maxwell Johnson, Liturgical Press, copyright (2010) de la Orden de San Benito, Collegeville, Min-
nesota. Permiso concedido por Liturgical Press.

El capítulo 6 se publicó anteriormente como Edgardo Colón-Emeric, "Singing Wesley in Spanish",
Liturgy 25.2 (enero de 2010), reimpreso con permiso del editor (Taylor & Francis Ltd, http://www.
tandfonline.com).

El capítulo 8 se publicó anteriormente como "The Word of Reconciliation: A Wesleyan perspective on
Public Theology» por Edgardo Colón-Emeric, en *Exploring a Wesleyan Political Theology,* editado por
Ryan Danker (Wesley's Foundery Press, 2020) en asociación con la Junta General de Educación Superior
y Ministerio de la Iglesia Metodista Unida.

La letra en las páginas 59-60 procede de Federico Pagura, "Tenemos esperanza", *Mil voces para celebrar*
(Nashville, TN: United Methodist Publishing House, 1996), Himno 129. Utilizada con permiso.

La letra en la página 224 es de Federico Pagura, "Hemos cubierto la Tierra", *Un cántico nuevo,* ed. Jorge
Maldonado (Quito, Ecuador: Eirene, 1989), 192. Utilizada con permiso.

Traducción: Oscar Aguilar M.
Diseño de la versión en español: Mario Carrasco Teja

Contenido

Prólogo

Sería muy difícil negar lo que parece ser uno de los puntos de partida de este libro: el metodismo está en crisis. Una crisis no siempre es mala, pero siempre es dolorosa e inquietante. La razón es obvia: una crisis nos obliga a mirar lo que siempre hemos dado por sentado, y (aún más) una crisis a menudo pone al descubierto compromisos insidiosos de los que no éramos conscientes.

Parte de la crisis que tan claramente describe el Dr. Colón-Emeric es el resultado del propio éxito del metodismo. Lo que comenzó en Oxford como un grupo de jóvenes que buscaban ser más fieles a su llamado es ahora un movimiento mundial con millones de seguidores, muchos de los cuales ni siquiera saben que son herederos de Wesley. Hoy en día, el movimiento metodista tiene más herederos espirituales en América Latina que en los Estados Unidos y el pueblo realmente "llamado metodista" muestra mayor vitalidad en África, Asia, América Latina y las islas del Pacífico que en el Atlántico Norte.

En el centro de la crisis actual se encuentra una nueva realidad policéntrica, de modo que el metodismo del Atlántico Norte ya no puede considerarse normativo. Si bien en algunos asuntos los centros siguen estando en el Atlántico Norte, en otros han surgido nuevos centros: como en Corea, Zimbabue, Brasil y Filipinas, por nombrar sólo algunos. Estos centros ven el mundo desde sus propias perspectivas: leen la Biblia con sus propias preguntas, y tratan de rendir adoración a su propio estilo y dentro de sus propios contextos. A medida que su fe y su herencia metodista se van adaptando a la cultura, tienden a pensar que su forma de ver y hacer las cosas es la única correcta, y que el antiguo centro del que recibieron su fe por primera vez está abandonando esa fe. Al mismo tiempo, quienes se encuentran en los antiguos centros son incapaces de ver hasta qué punto su fe se ha visto comprometida por su propia inculturación. Por esta razón, no pueden entender por qué los demás ya no aceptan la idea de que su forma de entender y practicar el cristianismo debe ser normativa.

Una crisis de este tipo no debería necesariamente conducir a una falta de amor y comprensión que Wesley consideraría catastrófica. Bien podría convertirse en una crisis fructífera, que condujera a nuevas experiencias de fe, a nuevos actos de amor, a nuevos destellos de esperanza. Sin embargo, esto no se puede hacer a menos que todos, cada uno mirando su propia situación, reconozcamos el grado en que nuestra propia experiencia de fe, nuestra práctica del amor y nuestra acción en la misión están limitadas por nuestro propio cautiverio a los arreglos que nosotros y nuestros antepasados hemos hecho con las tendencias culturales predominantes.

En mi propio caso, puedo ilustrar esto con dos ejemplos de dos tradiciones dentro del metodismo que amo profundamente. Estas tradiciones me han formado y podrían enriquecerse mutuamente. Sin embargo, están tan comprometidas con su propia manera de hacer y ver las cosas que es muy difícil para cualquiera de ellas aprender de la otra.

Permítanme empezar por la Iglesia norteamericana. La primera vez que me di cuenta de la cautividad de la mayoría de los metodistas de Estados Unidos a su entorno socioeconómico fue hace unos setenta años. Mi hermano mayor era estudiante de seminario y me contaba historias sobre la manera en que, a finales de la Edad Media, la corrupción en la Iglesia era tan generalizada que la gente podía comprar cargos eclesiásticos, una práctica llamada "simonía". Estábamos en nuestra casa en Cuba y nuestro invitado a cenar era el obispo de Florida, que en ese momento también era obispo de Cuba. En la conversación de sobremesa, nos dijo que tenía que darse prisa para llegar a casa porque era hora de decidir los nombramientos, y que debía tener en cuenta el nivel salarial de cada nombramiento porque las iglesias con presupuestos más altos esperaban recibir a los mejores predicadores. Mi comentario inmediato, con la falta de discreción propia de un adolescente, fue: "Mi hermano me ha contado que en la Edad Media se compraban cargos en la Iglesia. ¿Qué diferencia hay entre que los pastores compren iglesias y que las iglesias compren pastores?" ¡Todavía me duele la espinilla de la patada que recibí bajo la mesa!

Al recordar ahora aquel acontecimiento, lo que me parece más inquietante es que el obispo ni siquiera comprendiera la enormidad de lo que yo estaba diciendo o, mejor dicho, la enormidad de lo que toda la Iglesia estaba haciendo. Se limitó a seguir hablando de la belleza del sistema de nombramientos.

Tiempo después, el mismo obispo llamó a mi hermano y le dijo: "Eres uno de nuestros mejores pastores. Tenemos una iglesia muy difícil, dividida, en bancarrota y llena de inmoralidad. Te envío allí, no como castigo, sino porque creo que puedes hacer lo que allí se necesita".

Ahora estoy convencido de que, en este último caso, el Obispo fue más fiel al verdadero *ethos* del metodismo, y del cristianismo, que en el primer caso. En el primer caso, estaba atado al centro tradicional. Estaba tan atado a él que no podía ver hasta qué punto se había desviado del cristianismo tradicional. Inmediatamente me vienen a la memoria los comentarios nostálgicos de Wesley sobre la época en que la mayoría de los metodistas eran más pobres y, por tanto, mejores.

Luego, hay otro rostro del metodismo que aprecio tanto como aprecio su rostro norteamericano. Este es el metodismo en el que crecí y la herencia metodista de la que participo cuando visito muchas iglesias metodistas o pentecostales, ya sea en América Latina o en un barrio latino norteamericano. Es un rostro de alegría. Es una forma de culto que es una verdadera fiesta para la gloria de Dios. Es un evangelismo que es verdaderamente buena noticia para los que no tienen esperanza. Es una iglesia que se entrega constantemente al servicio del prójimo. Y, sin embargo, todavía tiene mucho que aprender de ese otro metodismo del Atlántico Norte que experimento a diario y que amo entrañablemente.

Esto también podría ilustrarlo con muchas anécdotas y experiencias. Recuerdo haber visitado una iglesia que se decía metodista y, cuando pregunté con qué frecuencia celebraban la comunión, me dijeron que nunca lo hacían, pues la comunión era "papista". Recuerdo la angustia y la rabia de un compañero de clase que también era miembro de una de nuestras iglesias, tratando de lidiar con un pastor que insistía en que no debía seguir estudiando porque la fe era suficiente, y si estudiaba demasiado perdería su fe. Ese pastor, un líder respetado en nuestra conferencia anual, ¡incluso intentó presionar a los padres de mi amigo para que lo sacaran del centro de estudios!

Afortunadamente, mucho de eso ha cambiado. Pero todavía existe en algunos círculos cristianos latinoamericanos una tendencia a lo que Wesley llamaría desesperadamente "entusiasmo", es decir, una fe con mucha emoción pero sin contenido, con mucho gozo pero poco conocimiento, y que se regocija en esa condición como si fuera la voluntad de Dios.

Todos somos cautivos de lo que damos por sentado. Ahora, en los Estados Unidos, experimento constantemente lo que vi en los comentarios del obispo en nuestro comedor y que ahora llamaría la "cautividad socioeconómica" del metodismo y de gran parte del resto de la iglesia.

La liberación de tal cautiverio no vendrá principalmente desde dentro, sino escuchando el testimonio y la experiencia de la iglesia universal: de la Iglesia en Brasil, en Nigeria y en Fiyi. Por otra parte, con demasiada frecuencia, tanto en América Latina como en la comunidad latina de este país, encuentro personas que están sometidas al "cautiverio espiritualista" de la iglesia. Se trata de un cautiverio, en algunos círculos metodistas, así como en otras ramas de la Iglesia, ante una visión del cristianismo que parece creer que la mejor manera de estar preparado para el mundo venidero es ignorar el presente y que la autocomplacencia triunfa sobre el amor. Esta rama de la iglesia no puede liberarse de su cautiverio sin escuchar el testimonio y la experiencia de la iglesia universal, incluida la Primera Iglesia Metodista Unida de cualquier parte del Atlántico Norte.

En muchos sentidos, en este libro, Colón-Emeric presenta numerosos argumentos convincentes y ejemplos de tales diálogos, no sólo entre personas llamadas *metodistas*, ni siquiera sólo entre herederos de la tradición wesleyana, sino en toda la iglesia universal. De manera significativa, nos invita a compartir las experiencias y puntos de vista de una iglesia metodista en un pequeño pueblo latinoamericano, de la Conferencia de

Obispos Católicos reunida en Medellín, del arzobispo Óscar Romero y de muchos otros de la gran nube de testigos que cubre la tierra.

Oigamos lo que dice y a través de esta escucha podamos oír también la voz de Dios, que nos llama a afrontar las crisis actuales, no con beligerancia, sino con amor; no con perogrulladas, sino con justicia; ¡no con desesperación, sino con esperanza!

Justo L. González
Decatur, GA
Cuaresma, 2022

Reconocimientos

Este libro sobre doctrina, culto y misión metodista tiene su origen en el ministerio pastoral. Fue como joven pastor que comenzaba una nueva congregación hispana en Durham, Carolina del Norte, cuando empecé a reflexionar por primera vez sobre el don de los *metodistas* de habla hispana para la iglesia en su conjunto. Así pues, cuando pienso en dar crédito a quien lo merece, empiezo por dar las gracias a la congregación de Cristo Vive, a la que serví durante cinco años, y a las personas que me acompañaron y apoyaron en ese tiempo. Conté con el apoyo intelectual de Justo González, que accedió amablemente a escribir el prólogo para este libro; el acompañamiento pastoral de pastores como Héctor Millán; y las oraciones y la paciencia de muchos feligreses. En cuanto a estos últimos, debo mencionar a mi esposa Cathleen, que fue nuestra principal música de la iglesia y a mis hijos Nate y Ben, que me acompañaron a muchos estudios bíblicos.

Después de entrar en el servicio a tiempo completo en la Universidad de Duke, he conocido comunidades metodistas en América Latina que han formado poderosamente mi visión del evangelio y la comprensión de mi vocación intelectual como teólogo cristiano. En particular, estoy agradecido con las iglesias metodistas de El Salvador, Guatemala, Honduras, Nicaragua, Puerto Rico, Perú, Cuba y Argentina por abrirme sus puertas como maestro y aprendiz.

Los teólogos hispanos/latinoamericanos subrayan la importancia de trabajar en conjunto; este libro no es una excepción. Agradezco a Abingdon Press la publicación de esta obra y la mentoría y orientación de colegas de Duke Divinity School como Greg Jones y Kavin Rowe.

Debo un agradecimiento especial al apoyo de la oficina del Director para conseguir la ayuda de Jacki Price-Linnartz como editora de investigación. No puedo sobrestimar la importancia de la contribución de Jacki a este proyecto. En medio de las muchas exigencias que competían por mi tiempo, ella me ayudó a cumplir con los plazos y elevó la calidad de mi trabajo a través de su diligente investigación, la coordinación de conversaciones con los editores y un excelente trabajo de edición. ¡Gracias!

Por último, doy gracias a Dios por haberme llamado al ministerio en, para y desde la Iglesia Metodista. Hace ya unos cuarenta años que respondí afirmativamente a ese llamado. El camino ha sido largo; las condiciones del trayecto, difíciles a veces. Sin embargo, la compañía ha sido buena, y como dijo Juan Wesley: "Lo mejor de todo es que Dios está con nosotros".

Edgardo Colón-Emeric
Pascua, 2022

Nota sobre las *Obras de Wesley*

En la medida de lo posible, el siguiente trabajo se basa en *Las Obras de Wesley*, 2ª edición (The Wesley Heritage Foundation, 2023), Tomos I-XIV.

Cuando el texto mencionado no existe en español, se recurre a *The Bicentennial Edition of the Works of John Wesley*, editores generales Frank Baker y Richard P. Heitzenrater (Nashville: Abingdon Press, 1984). En estos casos, el texto en sí se traduce al español mientras la referencia a pie de página se mantiene a la versión en inglés.

Renovando la Casa Metodista

El futuro del metodismo

"**D**errama la deidad que fluye sobre toda tu iglesia aquí abajo"[1]. Estas palabras de un himno de Carlos Wesley para el domingo de Pentecostés expresan una verdad sencilla: la iglesia vive por el Espíritu. La presencia y el poder del Espíritu Santo constituyen la iglesia como algo más que una reunión social, convirtiéndola en el cuerpo de Cristo y el pueblo de Dios. El Espíritu y la Iglesia van de la mano. Ireneo de Lyon expresa esta conexión en una declaración memorable: "Porque donde está la Iglesia, allí está el Espíritu de Dios; y donde está el Espíritu de Dios, allí está la Iglesia y toda clase de gracia"[2]. Sin Pentecostés no hay Iglesia. Los primeros metodistas vivieron la realidad pentecostal de la Iglesia con tal intensidad que asombró a los observadores, e incluso suscitó acusaciones de herejía por parte de quienes limitaban la obra del Espíritu a la era

---

1. Charles Wesley, Hymn 14, Hymns for Whitsunday (Bristol: Felix Farley, 1746), https://divinity.duke.edu/sites/divinity.duke.edu/files/documents/cswt/37_Whitsunday_Hymns_%281746%29_mod.pdf.

2. Irenaeus, Against Heresies, III.24.1, https://www.newadvent.org/fathers/0103324.htm.

apostólica[3]. Los paralelismos entre Pentecostés y el avivamiento metodista daban testimonio de la "deidad que fluye" en medio de ellos y del futuro del metodismo como movimiento de reforma y renovación.

Cuando pienso en el futuro del metodismo, me vienen a la mente dos historias. La primera ocurrió durante una visita a Huitzapula, un pueblo en lo profundo de las montañas del centro de México. Fui a ese lugar en mayo de 2008 con un grupo de pastores, laicos y estudiantes de seminario de Duke Divinity School. Nuestros anfitriones metodistas nos alimentaron y acogieron en su santuario principal, una estructura con suelo de tierra, paredes de caña y techo de láminas de metal. A pesar del humilde entorno, esta congregación tenía tres puestos misioneros. Uno era un edificio de adobe sin puertas y con una pared medio destruida. No esperábamos encontrarnos con nadie. Al fin y al cabo, era un jueves por la tarde, pero poco después de llegar, la gente empezó a acercarse a la iglesia para saludarnos. Pronto nos dimos cuenta de que esperaban que se celebrara un culto y que uno de los visitantes debía predicar. Un amigo mío se ofreció a regañadientes, pero sólo se sentía cómodo predicando en inglés. Los miembros de la congregación metodista de Huitzapula pertenecían al pueblo tlapaneco y, aunque algunos hablaban español, la mayoría se sentían más cómodos en su lengua indígena. Así que mientras mi amigo predicaba en inglés, yo traducía al español, y uno de los líderes laicos de la iglesia metodista de Huitzapula traducía al tlapaneco. No recuerdo nuestras palabras, pero recuerdo vívidamente cómo sonaba: sonaba a Pentecostés.

Mi segunda historia sobre el futuro del metodismo ocurrió durante la Conferencia General de febrero de 2019 de la Iglesia Metodista Unida (IMU), que se reunió en St. Louis, Missouri. En un contexto de divisiones persistentes y agudas sobre la inclusión de las personas LGBTQ, más de mil metodistas unidos de todo el mundo se reunieron en un centro

---

3.   En un sermón de 1760, James Clark afirma: "En una palabra, parece haber una gran afinidad entre el espíritu del montanismo, en su primera aparición, y el espíritu del metodismo. Ambos siguieron el mismo plan y con la misma visión y propósito de elevar la religión cristiana a una mayor altura de perfección y espiritualidad de lo que era antes, y ambos obligan a sus discípulos a actos mucho más frecuentes y severos de mortificación, ayuno y abnegación, de lo que la Iglesia Católica jamás creyó conveniente o necesario obligar a sus hijos o exigirles". James Clark, *Montanus Redivivus: Or, Montanism Revived, in the Principles and Disciplines of the Methodists* (Dublin: H. Saunders, 1760), 16.

de convenciones para orar, debatir y votar sobre diversas propuestas para avanzar. Los delegados y asistentes sólo coincidieron en un punto: que era una reunión dolorosa. Como delegado asistente, sentí el nadir de la reunión en su última tarde. Para entonces, la mayoría de los delegados había votado a favor de una versión de lo que se conocía como el plan tradicional y muchos delegados, sobre todo de los Estados Unidos, estaban profundamente frustrados con el proceso y dolidos por los resultados. Tras regresar de un largo receso, el obispo presidente nos llamó al orden pidiendo a los músicos que dirigieran la asamblea con un canto. Mientras las voces se alzaban cantando "Espíritu del Trino Dios, llena mi ser", un grupo se puso en pie y gritó "¡No!". El choque de palabras y sonidos fue discordante y continuo: "Quebrántame". "¡No!" "Consúmeme". "¡No!" "Transfórmame". "¡No!" "Úsame". "¡No!". No estoy criticando el canto o la protesta. Más bien, mi punto es que la cacofónica superposición de cantos y gritos no sonaba como Pentecostés. Sonaba como Babel y no presagiaba nada bueno para el futuro de la IMU.

¿Cuál es el futuro del metodismo?[4] No es una pregunta nueva. En 1786, cinco años antes de su muerte, Juan Wesley expresó su preocupación: "No tengo temor de que el pueblo llamado metodista deje de existir alguna vez en Europa o en Norteamérica. Mi temor es que lleguen a permanecer como una secta muerta, como una forma de religión sin poder"[5]. Hay indicios de que los temores de Wesley se han hecho realidad. No hay más que ver la mencionada Conferencia General de la IMU de 2019. Pero esa no es toda la historia. También está la historia del Pentecostés en Huitzapula.

¿Hay futuro para el metodismo? No soy un pronosticador ni un apostador; no me atrevo a adivinar el destino de la Iglesia Metodista Unida, del metodismo mundial o del cristianismo mismo. Soy, para bien o para mal, un teólogo. Por lo tanto, cuando pienso en el futuro del metodismo, no comienzo con las luchas actuales sino con el final. Juan Wesley creía

---

4. Abordé este tema en un artículo de Circuit Rider en 2020 tras la publicación de "Protocol of Reconciliation and Grace through Separation" (Protocolo de reconciliación y gracia por medio de la separación). Véase Edgardo Colón-Emeric, "The Future of Methodism Is Not Methodism," *Circuit Rider* (February 2020): 50-52.

5. Juan Wesley, "Pensamientos sobre el metodismo", ¶1, en *Las primeras sociedades metodistas, Obras*, V:379.

que Dios había levantado al pueblo metodista "para reformar la nación, y en particular la Iglesia, para propagar la santidad bíblica por todo lugar"[6]. El objetivo del metodismo no era crear y sostener una denominación poderosa; su propósito era el amor santo, siempre compartido y en constante crecimiento. En esencia, el metodismo sigue siendo un movimiento de reforma, renovación y avivamiento que hace discípulos de Jesucristo (no simplemente discípulos de Juan Wesley) para la transformación del mundo (no simplemente para el crecimiento congregacional)[7].

¿Hay futuro para el metodismo? Sí, pero el futuro del metodismo no es el metodismo norteamericano. La afiliación a la iglesia ha disminuido considerablemente en Estados Unidos.[8] Enfrentadas a una población eclesiástica envejecida (y desapareciendo), las denominaciones históricas como la IMU han sido advertidas de lo que Lovett Weems llama un "tsunami de muerte" que barrerá sus tierras, causando daños incalculables a congregaciones y comunidades[9]. Mientras tanto, el metodismo, al igual que el cristianismo en general, está en auge en regiones del mundo asociadas con el Sur Global. En *The Next Christendom,* Philip Jenkins sostiene que, cuando pensamos en el cristiano típico y corriente, deberíamos imaginarnos a una mujer brasileña que vive en una favela[10]. Un cambio demográfico similar se está produciendo entre los herederos de Juan Wesley. Se están dibujando nuevos mapas.

El historiador y teólogo metodista Justo González examina el panorama y observa que "ahora no hay un verdadero centro. Cuando se trata

---

6.   John Wesley, "The 'Large' *Minutes,* A and B (1753, 1763): Minutes of Several Conversations between the Reverend Mr. John and Charles Wesley, and Others," Q.4, *Works* 10:845.

7.   Véase "The Mission and Ministry of the Church," en *The Book of Discipline of The United Methodist Church, 2016* (Nashville, TN: United Methodist Publishing House, 2016), ¶121, 93-94.

8.   Pew Research Center, "About Three-in-Ten U.S. Adults Are Now Religiously Unaffiliated" (Dec. 14, 2021), https://www.pewforum.org/2021/12/14/about-three-in-ten-u-s-adults-are-now-religiously-unaffiliated/.

9.   Lovett H. Weems, Jr., "The Coming Death Tsunami," *Ministry Matters* (October 5, 2011), https://www.ministrymatters.com/all/entry/1868/the-coming-death-tsunami. Véase también Weems, *Focus: The Real Challenges That Face The United Methodist Church* (Nashville, TN: Abingdon, 2012).

10.   Philip Jenkins, *The Next Christendom: The Coming of Global Christianity,* 3rd ed. (New York: Oxford University Press, 2011), 1-2.

de recursos financieros, el centro sigue estando en el Atlántico Norte. Lo mismo ocurre con otros recursos paralelos, como bibliotecas, instituciones educativas, editoriales y similares. Pero cuando se trata de crecimiento y vitalidad, así como de creatividad teológica, hay nuevos centros".[11] Los centros del metodismo se han trasladado de Londres, Nueva York y Nashville a Seúl, Abiyán y Río de Janeiro. El Metodismo Unido en Estados Unidos y los metodistas de todo el mundo están llamados a enfrentarse a una realidad aleccionadora y emocionante: "Somos un centro que tiene que nutrirse de otros centros, que tiene que dialogar con otros centros".[12] Estos centros de renovación se encuentran potencialmente en todas partes donde el Espíritu de Dios está presente; dicho esto, los metodistas han encontrado esta presencia particularmente poderosa en los márgenes de la sociedad. La experiencia de Peter Storey en la Sudáfrica del apartheid le convenció de la verdad del evangelio de que "si Jesús tenía un domicilio en este mundo, era entre los pobres".[13] Entre la gente del Distrito 6, este ministro metodista se encontró con el carpintero judío en formas densamente sacramentales.

¿Hay futuro para el metodismo? Sí, pero el futuro del metodismo no es el de la corriente principal o histórica. Ni siquiera es metodista. Cuando se lee desde el final, la historia del metodismo se aprecia por lo que es: páginas de la historia divina de la iglesia que es una, santa, católica y apostólica. La trama de la historia del metodismo, al igual que la vida de Juan Wesley, es el cristianismo verdadero[14]. Su futuro depende de que redescubra su vocación. En el fondo, el metodismo no es una Iglesia, sino un movimiento de renovación en favor de la Iglesia católica[15]. Allí donde las llamas de este movimiento se han enfriado en el Norte, voy al Sur para aprender la manera en que los cristianos en general y los metodistas

---

11.   Justo L. González, "Beyond Christendom: New Maps," *Toronto Journal of Theology* 27.2 (2011): 189-202, 191.

12.   Justo L. González, "Wesley's Heritage and the Global Church," *Methodist History* 43:2 (January 2005): 115-30, 129.

13.   Peter Storey, *Protest at Midnight: Ministry to a Nation Torn Apart* (Eugene, OR: Cascade, 2022), 26.

14.   Véase Kenneth J. Collins, *A Real Christian: The Life of John Wesley* (Nashville, TN: Abingdon, 1999), 37.

15.   E.g., véase Albert C. Outler, "Do Methodists Have a Doctrine of the Church," en *The Doctrine of the Church*, ed. Dow Kirkpatrick (Nashville, TN: Abingdon, 1964), 11-28.

en particular dan testimonio de Jesús al sentirse conmovidos por nuevas manifestaciones de la deidad que fluye. Hay recursos entre los cristianos y metodistas hispanos y latinoamericanos que pueden renovar la doctrina, el culto y la misión metodistas en beneficio de la única iglesia. De hecho, leído desde el final, el futuro del metodismo como cristianismo verdadero no puede entenderse plenamente aparte del pueblo *metodista**.

Antes de continuar, quisiera hacer algunas advertencias. En primer lugar, quiero evitar patologizar el metodismo tradicional en los Estados Unidos. Las fuentes de renovación surgen de muchos lugares y he sido bendecido con el don de servir a iglesias metodistas rurales blancas y a iglesias urbanas multiculturales en Carolina del Norte. Además, el metodismo tradicional, que está envejeciendo, tiene mucho que aportar a la renovación del cristianismo precisamente por la sabiduría que sus mayores tienen para compartir con las generaciones más jóvenes. También quiero evitar idealizar a los cristianos del Sur Global y al pueblo *metodista*. Mis hermanas y hermanos de estas comunidades también luchan por ser fieles al Espíritu de Dios y no al espíritu de la época. Si caigo en estos errores en las siguientes páginas, agradeceré que me corrijan. No obstante, no me disculpo por enfocarme en el pueblo *metodista*. Sus voces rara vez se escuchan en las conversaciones sobre la iglesia y estas valiosas voces tienen mucho que aportar tanto a la renovación de la iglesia como al propósito para el cual Dios levantó al pueblo llamado *"Methodist"*. En resumen, creo que los *metodistas* pueden ayudar a todos los *"Methodists"* a sentirse jóvenes y animados para la misión nuevamente, seguros de que el himno interminable que canta toda la compañía del cielo y de la tierra incluye estrofas hispanas y latinoamericanas[16.]

---

* Nota editorial: A lo largo del libro el autor hace referencia al metodismo de habla inglesa en nuestros días y al metodismo hispanoparlante y portugués de latinoamérica y de la población metodista hispana que vive en los Estados Unidos. En casos cuando se habla del metodismo histórico o en general usaremos el término "metodista". Pero cuando la referencia es al metodismo actual de habla inglesa usaremos el término en inglés *Methodist* (en cursiva). Y finalmente, cuando la referencia sea al metodismo hispanoparlante (sea en América Latina o en los Estados Unidos) usaremos el término *metodista* (en cursiva). El mismo autor de este libro lo explica así más adelante: "De ahí que utilice el término *metodistas*—un término que se escribe igual en español y en portugués—para nombrar a las personas que continúan la misión de Dios de difundir la santidad bíblica en las tierras de América Latina y en los barrios de Estados Unidos".

16. Como exclama Raquel Mora Martínez, "¡Qué visión para la Iglesia y para el mundo de nuestros días! En medio de la confusión y el conflicto, de la discordia y la diversidad, la comunidad cristiana afirma su esperanza en la armonía de todas las voces para alabar al Señor

El pueblo *metodista*

El pueblo metodista es el heredero de la expansión del movimiento wesleyano en América Latina y entre la población hispana y latina en los Estados Unidos. Abundan los textos sobre la historia de la iglesia y se pueden encontrar excelentes relatos de los orígenes históricos del metodismo en libros como *Wesley y el pueblo llamado metodista*, de Richard Heitzenrater[17], que tiene una gran autoridad. Sin embargo, la historia del metodismo sigue inacabada. Es necesario contar una historia más completa del pueblo llamado *"Methodist"* que dé testimonio de la obra de Dios, por ejemplo, al reunir a jóvenes y ancianos afroamericanos en Mother Bethel en Filadelfia a principios del siglo XIX y el surgimiento del metodismo en El Salvador a finales del siglo XX.

El pueblo *metodista* surgió en América Latina como resultado de la expansión misionera, en particular, aunque no exclusivamente, de las iglesias metodistas de los Estados Unidos. El teólogo metodista argentino José Míguez Bonino habla de la introducción de Wesley en América Latina en tres olas misioneras distintas: la histórica, la de santidad y la carismática[18]. Estas olas corresponden a lo que él denomina en otro lugar los rostros del protestantismo latinoamericano: el rostro liberal, el rostro evangélico y el rostro pentecostal[19].

Aunque fue por mucho la más pequeña, la primera ola histórica tuvo un impacto duradero gracias a la creación de instituciones y a la promoción la acción social. Esta primera ola llegó a principios del siglo XX con inmigrantes de Inglaterra y Estados Unidos a quienes se les permitió practicar

de todas las naciones. Al ofrecer nuestra estrofa en el himno universal, iremos aprendiendo las estrofas que otros pueblos cantan al Señor, y ellos irán aprendiendo las nuestras hasta que haya un solo rebaño con un solo Pastor". Raquel M. Martínez, "The Hispanic Stanza," en *Fiesta cristiana: Recursos para la adoración (Resources for Worship)*, ed. Raquel M. Martínez (Nashville, TN: Abingdon, 2003), 293.

17. Véase Richard P. Heitzenrater, *Wesley y el pueblo llamado metodista* (Nashville, TN: Abingdon, 2001).

18. José Míguez Bonino, "Wesley in Latin America: A Theological and Historical Reflection," *Rethinking Wesley's Theology for Contemporary Methodism*, ed. Randy L. Maddox (Nashville, TN: Abingdon, 1998): 169-82.

19. José Míguez Bonino, *Faces of Latin American Protestantism* (Grand Rapids, MI: Eerdmans, 1995).

su fe protestante en inglés dentro de sus comunidades. A estos inmigrantes les siguieron más tarde misioneros de la Iglesia Metodista Episcopal (MEC, por sus siglas en inglés) y de la Iglesia Metodista Episcopal del Sur (MECS, por sus siglas en inglés). Estos misioneros tenían dos objetivos principales: evangelizar a los pobres y educar a los ricos. Míguez Bonino describe la situación: "Las iglesias metodistas fueron pioneras en la tarea educativa, creando tanto grandes y modernas escuelas que atendían a los hijos de las élites liberales, como escuelas parroquiales más modestas que atendían a los niños pobres de los *barrios*"[20]. La proyección social hacia las clases trabajadoras se tradujo en una mejora económica, y las iglesias metodistas de América Latina se identificaron cada vez más con una clase media emergente.

Los primeros críticos de la ola histórica del protestantismo la tacharon de instrumento de la expansión colonial estadounidense y de proyecto civilizatorio occidental. En 1928, el escritor peruano José Carlos Mariátegui observó: "El protestantismo no consigue penetrar en América Latina por obra de su poder espiritual y religioso, sino de sus servicios sociales (YMCA, misiones metodistas de la sierra, etc.). Este y otros signos indican que sus posibilidades de expansión normal se encuentran agotadas"[21]. Por supuesto, la crítica de Mariátegui podría dirigirse igualmente a la expansión católica romana en América Latina durante la época de la conquista[22]. Sin embargo, identifica con precisión los canales a través de los cuales esta primera oleada protestante fluyó hacia América Latina. Sus esfuerzos misioneros estaban vinculados al proyecto de la democracia como clave del desarrollo humano. Aunque fue adoptado por pequeños enclaves dentro de las iglesias metodistas y sectores progresistas de élite de la sociedad, los partidarios del proyecto se despojaron más tarde de su ropaje religioso para adoptar versiones más seculares. Míguez Bonino resume el trágico resultado: el rostro liberal del protestantismo presentado por esta primera ola del metodismo "acabó derrotado o absorbido por el modelo capitalista dependiente"[23].

---

20. Míguez Bonino, "Wesley in Latin America," 170.

21. José Carlos Mariátegui, citado en Míguez Bonino, *Faces of Latin American Protestantism*, 53.

22. Para más información sobre la conquista colonial-imperial europea de las tierras y los pueblos que hoy suelen llamarse América Latina, véase Walter D. Mignolo, *The Idea of Latin America* (Malden, MA: Blackwell, 2005).

23. José Míguez Bonino, *Faces of Latin American Protestantism*, 17.

La segunda ola surgió del movimiento de santidad en Estados Unidos y de los esfuerzos misioneros resultantes de sus ramificaciones, como la Iglesia Metodista Libre, la Iglesia del Nazareno y el Ejército de Salvación. Esta segunda ola ha demostrado ser más duradera que la primera. Prueba de ello es la amplia presencia de la Iglesia del Nazareno, con casi medio millón de miembros en toda Mesoamérica[24]. Sin embargo, la ola de santidad también plantea retos derivados de la influencia de la teología fundamentalista en las iglesias evangélicas y de santidad. Estos desafíos incluyen una visión individualista y legalista de la santidad, una hermenéutica bíblica inerrantista que da prioridad a la Biblia sobre Cristo, una escatología premilenial que convierte a la iglesia en una sala de espera para el cielo y una postura reflexivamente anticatólica. De hecho, en algunas iglesias evangélicas, la cruz (no el crucifijo, sino la cruz) no se exhibe en edificios o santuarios porque se considera demasiado católica. A pesar de estos desafíos, Míguez Bonino mantiene la esperanza de que la vida cristiana en las iglesias evangélicas no se reduzca a las perspectivas a menudo limitadas que promueven los pastores y los líderes de las congregaciones. De hecho, "Jesucristo es mayor que nuestras imágenes de él y el Espíritu más poderoso que nuestras mezquinas expectativas, y son capaces de obrar *a pesar de* nuestras distorsiones teológicas"[25]. En este espíritu optimista, sugiere, "el futuro del protestantismo latinoamericano será evangélico o no será"[26].

La ola pentecostal del metodismo—la tercera y actual—se dejó sentir por primera vez en Valparaíso, Chile. Allí, el misionero metodista Willis Hoover dirigió una congregación que experimentó manifestaciones carismáticas del Espíritu Santo en 1909. Como explica Míguez Bonino, "dos años más tarde, una desconcertada y 'ordenada' Iglesia Metodista expulsó al 'rebelde' misionero y a la congregación acusándolos de ser antibíblicos, irracionales y decididamente no metodistas"[27]. El grupo expulsado se convirtió en la Iglesia Metodista Pentecostal. Los eruditos no se ponen

---

24. Véase el sitio web de la región Mesoamérica de la Iglesia del Nazareno: http://www.mesoamericaregion.org/en/about-us/. Mesoamérica incluye México, Centroamérica, el Caribe, y Suramérica (incluyendo las Guayanas).

25. Míguez Bonino, *Faces of Latin American Protestantism*, 47.

26. Míguez Bonino, *Faces of Latin American Protestantism*, 46.

27. Míguez Bonino, "Wesley in Latin America," 171.

de acuerdo sobre cómo explicar la oleada de pentecostalismo en América Latina, pero en general atribuyen sus orígenes a la convulsión sísmica causada por la transición "de una sociedad tradicional a una moderna, o, más específicamente, en la transición de una sociedad mayoritariamente agraria a una parcialmente industrializada, de una sociedad rural a una urbana"[28]. En esta lectura, el atractivo del pentecostalismo reside en su capacidad para recrear una comunidad tradicional y premoderna en un paisaje urbano y posmoderno. Míguez Bonino no descarta el poder explicativo de estos enfoques sociológicos, pero advierte contra una lectura excesivamente reduccionista.

Cualesquiera que sean los factores históricos que han contribuido al crecimiento del pentecostalismo en América Latina, el impacto de esta ola en el metodismo es innegable. En la medida en que las iglesias de tradición wesleyana de la primera y segunda ola están creciendo numéricamente, es porque han experimentado un avivamiento carismático, como se ha visto en Brasil, Costa Rica y Cuba. En Cuba, el metodismo comenzó en 1883 como un pequeño esfuerzo misionero de la MECS, con 190 miembros, y permaneció ligado a los esfuerzos del metodismo histórico de los Estados Unidos (interrumpido por desafíos como la Guerra Hispano-estadounidense) hasta la Revolución Cubana, cuando la Iglesia Metodista Cubana declaró su autonomía en 1968. Luego, como dice Linda Bloom, "lo que una vez fue una copia al carbón del orden de culto estadounidense... se transformó en llamados a la oración llenos de música con un aire pentecostal". En 2017, la Iglesia Metodista cubana había crecido hasta los cuarenta mil miembros[29]. Hay que reconocer que, desde una perspectiva teológica wesleyana, el impacto de la ola carismática ha sido ambiguo. Las posturas teológicas del anticatolicismo, el dispensacionalismo y la inerrancia bíblica dominan el rostro pentecostal del metodismo. Aun así, el juicio de Míguez Bonino

---

28. Míguez Bonino, *Faces of Latin American Protestantism*, 58.

29. Linda Bloom, "Cuban Methodists are Packing the Pews," United Methodist News (Jan. 31, 2017), https://www.umnews.org/en/news/cuban-methodists-are-packing-the-pews. Véase también la entrada "Cuba, Methodist Church" en el directorio "World Methodist Council Member Denominations in South America" en el sitio web del Concilio Mundial Metodista: https://worldmethodistcouncil.org/south-america/name/cuba-methodist-church/. El sitio web del Concilio Mundial Metodista indica que la denominación tiene 33.000 miembros, mientras que el artículo de Bloom sugiere que la denominación considera que tiene 43.000 miembros en 2017.

sobre la importancia de la ola evangélica puede extenderse: el futuro de la iglesia metodista en América Latina será pentecostal o no será.

La historia del pueblo *metodista* en los Estados Unidos comparte elementos comunes con la historia más amplia de América Latina[30]. Es una historia de misiones y expansionismo nacional. La anexión de Texas en 1845 y el Tratado de Guadalupe Hidalgo en 1848—que puso fin a la guerra entre México y Estados Unidos—incorporaron la mitad del territorio de México a los Estados Unidos, abriendo el camino para una nueva expansión misionera protestante en el suroeste[31]. La anexión de Puerto Rico tras la guerra de 1898 trajo misioneros metodistas a la isla caribeña y último reducto del colonialismo español. Las tres olas del metodismo latinoamericano también se han dejado sentir entre la población latina. El rostro del metodismo histórico se muestra típicamente en congregaciones dirigidas por pastores formados en seminarios y escuelas teológicas estadounidenses, mientras que los rostros evangélico y pentecostal aparecen más a menudo entre congregaciones de santidad dirigidas por pastores inmigrantes.

A pesar de que el metodismo nació hace relativamente poco tiempo en América Latina, los *metodistas* no son recién llegados. Como afirma el teólogo metodista uruguayo Mortimer Arias: "Nosotros no inventamos ni reinventamos la iglesia, estamos incorporados a ella. Nos unimos a la caravana de un pueblo con historia, un pueblo creado por Dios y con una misión para el mundo entero"[32]. La caravana metodista hispanoamericana es diversa. Incluye una multiplicidad de nacionalidades, etnias, razas y lenguas que comparten una identidad eclesial común. La identidad del pueblo llamado *"Methodist"* y de los *metodistas* no se puede entender separada la una de la otra o de la historia de la obra de Dios en y a través de la iglesia. En este

---

30. Justo L. González, ed., *Each in Our Own Tongue: A History of Hispanic United Methodism* (Nashville, TN: Abingdon, 1991).

31. Benigno Cárdenas, antiguo sacerdote católico, predicó un sermón en español en una iglesia metodista de Santa Fe, Nuevo México, en 1853. En 1874, Alejo Hernández fue la primera persona de ascendencia mexicana ordenada en la Iglesia Metodista. Véase Noel J. Martínez, "The South Central Jurisdiction," in *Each in Our Tongue*, 39-64. Véase también Juan Francisco Martínez, *The Story of Latino Protestants in the United States* (Grand Rapids, MI: Eerdmans, 2018), 3-47.

32. Mortimer Arias, "Por qué y para qué estudios wesleyanos," en *Teologia e prática na tradiçao wesleyana*, ed. Claudio de Oliveiro, Helmut Renders, José Carlos de Souza, and Rui de Souza Josgrilberg (San Bernardo do Campo: Editeo, 2005), 18.

sentido, encontrarse con la historia de Wesley es encontrarse con la historia de la iglesia[33]. Los misioneros metodistas que surcaron las olas hacia América Latina trajeron consigo su propia manera de ser iglesia. En otras palabras, el pueblo llamado "Methodist" viajó a América Latina con una casa metodista.

La Casa Metodista

Hablar de una Casa Metodista es hablar de una forma metodista de ser cristianos. Para entender la Casa Metodista, tenemos que considerar su diseño fundamental, sus doctrinas básicas, su integración de la doctrina con el culto y la misión y, por último, lo que le ocurrió a la Casa cuando se trasladó de Aldersgate a las Américas.

Diseño fundamental

En una ocasión, Wesley describió su comprensión de los aspectos esenciales de la doctrina metodista utilizando la metáfora de una casa. La metáfora de Wesley capta un sentido de movimiento, una forma metodista de hacer teología y una estructura discreta basada en doctrinas específicas. Escribe:

> Nuestras doctrinas principales, que incluyen todo lo demás, son tres: el arrepentimiento, la fe y la santidad. Digamos que consideramos el primero como el pórtico de la religión; la segunda como la puerta y la tercera como la religión en sí misma[34].

Algunas características de la casa merecen atención. En primer lugar, obsérvese la ubicación eclesial de la casa. La Casa Metodista se encuentra en la intersección de la Vía Apia, la Avenida Geneva, la Calle Canterbury y Aldersgate. En otras palabras, la doctrina y la práctica metodistas se basan en las tradiciones del catolicismo romano, el calvinismo, la Iglesia de Inglaterra y los moravos, y dialogan con ellas.

---

33. Arias, "Por qué y para qué estudios wesleyanos," 18.

34. Juan Wesley, "Los principios de un metodista, mejor explicados", VI.4, *Obras* V:190-191.

En segundo lugar, hay que notar el tamaño de la casa. A diferencia de las majestuosas catedrales góticas y las elevadas *summae* medievales de grandes proporciones, la Casa Metodista está diseñada para ser más sencilla, simple y práctica[35]. Su escala es más humana, ofreciendo "la verdad sencilla para la gente sencilla"[36]. Es una escuela de divinidad práctica, diseñada para formar un pueblo de amor santo que comparta la misión de Dios en el mundo. Sus doctrinas se comunican a través del culto, mediante estructuras y prácticas, y testimonios como sermones, reglas generales, vidas santas e himnos.

En tercer lugar, la casa descansa sobre un fundamento trino. Citando a Wesley: "El conocimiento del Dios Tri-Uno está entretejido con toda fe cristiana verdadera, con toda religión vital"[37]. Por religión vital, Wesley entiende una fe viva, palpitante, un "corazón recto delante de Dios y de los seres humanos"[38]. Aunque el antitrinitarismo estaba muy extendido entre los colegas de Wesley, y con líderes cristianos que rechazaban la doctrina por considerarla innecesariamente complicada[39], Wesley no podía ver "cómo le es posible a alguien tener una religión vital si niega que estos Tres son Uno"[40]. Aunque Wesley sólo escribió un sermón sobre la Trinidad, sus sermones son profundamente trinitarios porque su objetivo no es simplemente informar al pueblo metodista sobre la doctrina de la Trinidad, sino formar una fe trinitaria, una religión vital[41].

---

35. Lo que dijo Juan Wesley de sus sermones se podría decir de la doctrina metodista en general: "... nada hay aquí de estilo esmerado, elegante o retórico. Si hubiera deseado o intentado escribir así, el tiempo no me lo habría permitido. Pero en verdad, he hecho lo que deseaba, pues escribo, y también hablo *ad populum*: a la gran mayoría de la humanidad, a aquellos que ni gustan ni entienden el arte de hablar, pero que, a pesar de esto, son jueces competentes de las verdades que son necesarias para la felicidad presente y futura". Prefacio a "Sermones en varias ocasiones," §2, *Obras*, I:19. Véase también Edgardo Colón-Emeric, *Wesley, Aquinas, and Christian Perfection: An Ecumenical Dialogue* (Waco, TX: Baylor University Press, 2009), 5-6.

36. Wesley, Prefacio a "Sermones en varias ocasiones," §3, *Obras*, I:19.

37. Juan Wesley, Sermón 55, "Sobre la Trinidad", §17, *Obras*, III:343.

38. Juan Wesley, Sermón 7, "El camino al reino", I:10, *Obras*, I:138.

39. Como lo evidencian escritos como *Christianity not Mysterious* (1696) de John Toland, *Christianity as Old as Creation* (1730) de Matthew Tindal y *Appeal to Serious and Candid Professors of Christianity* (1770) de Joseph Priestly.

40. Wesley, "Sobre la Trinidad", §18, *Obras*, III:344.

41. Wesley, "Sobre la Trinidad", §17, *Obras* 3:342. Al hablar de la pneumatología de Wesley, Albert Outler destaca la "persistente preocupación de Wesley por una doctrina *tri-*

El diseño de la Casa Metodista conecta la doctrina con el culto y la misión. Una manifestación de este diseño aparece en el papel de la himnología. Los hermanos Wesley cantaban la doctrina de la Trinidad porque comprendían la importancia de los himnos para formar la fe[42]. Como resultado, la colección de 1767 de himnos de la Trinidad hecha por Carlos Wesley, incluía 188 himnos que exhortaban a los cantantes a una fe vitalmente trinitaria[43].

Esta forma de ser iglesia y de hacer teología—llamada "divinidad práctica"—une doctrina, culto y misión, al enfatizar la respuesta humana, empoderada por el Espíritu, en alabanza a la acción salvadora de Dios en Cristo[44]. Al entrar en la Casa de Wesley, enmarcada doctrinalmente, uno no puede evitar encontrarse con las interconexiones inherentes de la doctrina con el culto y la misión. La insistencia de Wesley en la conexión entre doctrina trinitaria, himnología y fe plantea una pregunta a sus herederos.

---

nitaria del Espíritu Santo -una preocupación que apelaba a la tradición de las Escrituras y al argumento racional para su vívida experiencia de la diferencia radical entre la ortodoxia nominal y la espiritualidad cristiana fructífera" (énfasis original). En resumen, Wesley ve un vínculo esencial entre la pneumatología *trinitaria* y la divinidad práctica. Albert C. Outler, "A Focus on the Holy Spirit: Spirit and Spirituality in John Wesley", *Quarterly Review* 8.2 (verano de 1988): 3-18, 7-8.

42.   Véase Barry E. Bryant, "Trinity and Hymnody: The Doctrine of the Trinity in the Hymns of Charles Wesley", en *Wesleyan Theological Journal* 25.2 (otoño de 1990): 64-73. Bryant señala que "aunque Juan publicó al menos dos sermones sobre el mismo tema, ambos Wesley pensaban que quizá la mejor forma de combatir la herejía unitaria era a través del himnario, no mediante declaraciones desde el púlpito. El púlpito se utilizaba para convertir. El himnario se utilizaba para instruir en la doctrina cristiana con el fin de influir en la vida de los metodistas" (66). Para más información sobre el uso que los Wesley hacían de los himnos para la formación y la instrucción, véase Randy L. Maddox, *Responsible Grace: John Wesley's Practical Theology* (Nashville, TN: Abingdon/Kingswood, 1994), 208, y Joanna Cruickshank, *Pain, Passion and Faith: Revisiting the Place of Charles Wesley in Early Methodism* (Lanham, MD: Scarecrow, 2009), 21.

43.   Por ejemplo, véase Carlos Wesley, Hymn 19, *Hymns on the Trinity* (Bristol, UK: Pine, 1767). Reflexionando sobre la contribución de Juan y Carlos Wesley a la renovación teológica, Jason Vickers escribe: "Sin duda, Wesley no escribió una obra importante de teología sistemática ni un tratado técnico sobre la Trinidad. Esto no significa, sin embargo, que no ayudara a restaurar el vínculo vital entre la doctrina de Dios y la doctrina de la salvación en la teología protestante inglesa. De hecho, puede que el restablecimiento de este vínculo fuera responsable, al menos en parte, del avivamiento con el que se le asocia habitualmente". Jason Vickers, "'And We the Life of God shall Know': Incarnation and the Trinity in Charles Wesley Hymns", *Anglican Theological Review* 90.2 (2008): 329-44, 344.

44.   El capítulo 1 analiza este tema con más profundidad.

¿Hasta qué punto es trinitaria nuestra alabanza? Un estudio reciente de la música contemporánea de la iglesia (Vineyard) mostró que la mayoría de los cantos se dirigen al Hijo (32%) o a un "Tú, Señor" no especificado (51%). Sólo un pequeño porcentaje se dirige al Padre (6%), al Espíritu (1,4%) o a los tres (1,4%)[45]. ¿Podemos esperar una fe sólidamente trinitaria sin cantos trinitarios?[46]

Una vez establecida la ubicación ecuménica de la Casa Metodista original, su tamaño manejable y su fundamento trinitario para una fe viva, ahora podemos recorrer su interior. A medida que pasamos del pórtico a la puerta y entramos en esta casa, recorremos las doctrinas esenciales, el culto formativo que éstas inspiran y su orientación misional.

Integrando doctrina, culto y misión

El diseño de la Casa Metodista integra doctrina, culto y misión con la misión de Dios de amor santo y transformador como su razón de ser fundacional. El propósito de esta casa es claro: salvación por gracia, santificación, santidad. Wesley describe el diseño de esta casa no con el propósito especulativo de definir las ideas metodistas, sino con el propósito práctico de encaminar a los metodistas hacia la salvación plena y la comunión con el Dios que es comunión.

La Casa Metodista existe por gracia. La gracia preveniente de Dios hace posible el camino a su pórtico. A través de la vida, muerte, resurrección y ascensión de Cristo, Dios ha puesto a disposición un grado universal de regeneración, capacitando a los seres humanos para despertar y arrepentirse. Una vez en el pórtico, la gracia convincente permite la verdadera contrición por el pecado y el inicio del camino cristiano. Esto nos lleva a la puerta del perdón, abierta por la gracia justificadora y santificadora. Dios nos perdona nuestros pecados pasados por causa de Jesucristo. El trayecto hacia el interior de la casa es la santificación, el proceso de restauración de la imagen de Dios en el ser humano. A medida

---

45. Robin Parry, *Worshipping Trinity: Coming Back to the Heart of Worship* (Eugene, OR: Cascade, 2012), 115.

46. El capítulo 6 vuelve a estas candentes preguntas sobre la himnología metodista.

que los cristianos permanecen en la casa, crecen en gracia y avanzan hacia la perfección, es decir, la liberación del pecado y la libertad para el amor.

La Casa Metodista está dotada de los medios de gracia. Los cristianos alcanzan la comunión con el Dios trino no por el mero ejercicio de la virtud heroica, sino participando en el cuerpo de Cristo. La Iglesia es la comunidad primaria para el camino de la salvación. Es el lugar privilegiado donde Dios transmite la gracia a la humanidad de forma ordenada y fiable a través de los medios de gracia, como la oración, el ayuno, la lectura de las Escrituras y los sacramentos. La Casa Metodista no es una catedral, pero tampoco una tienda de campaña. Es lo suficientemente espaciosa como para acoger a una gran variedad de personas en distintas etapas de su peregrinación espiritual. De hecho, uno de los atractivos de la Casa Metodista para los *metodistas* es su dependencia fundamental en la gracia y no en las leyes.

La integración de la doctrina, el culto y la misión en la Casa Metodista aparece en los relatos de Wesley sobre los orígenes del metodismo. En su sermón "La expansión del mensaje del evangelio", Wesley recuerda cómo "hace unos cincuenta o sesenta años, Dios llamó a un pequeño grupo de jóvenes en la Universidad de Oxford, a fin de que *dieran testimonio de estas grandes verdades* a las que en ese entonces se prestaba muy poca atención". ¿Qué grandes verdades testificaban? Wesley responde ofreciendo un breve compendio bíblico de la doctrina metodista, en el que los metodistas afirman:

> Que sin santidad, nadie verá al Señor;
> Que esta santidad es obra de Dios, quien produce en nosotros así el querer como el hacer;
> Que esto lo hace por su buena voluntad, sólo por los méritos de Cristo;
> Que esta santidad implica ese sentir que hubo también en Cristo Jesús, el cual nos permite andar como él anduvo;
> Que ninguna persona puede recibir esta santificación hasta tanto no haya sido justificada;
> Que sólo somos justificados por la fe[47].

---

47.   Juan Wesley, Sermón 63, "La expansión del mensaje del evangelio", §13, *Obras* IV:7.

En su "Breve historia del metodismo", Wesley vuelve a narrar los orígenes del metodismo empezando por esos cuatro jóvenes, pero esta vez se centra menos en sus doctrinas y más en su forma de vida distintivamente "metodista": leyendo la Biblia y los Padres Apostólicos y de la Iglesia en los idiomas originales, orando, ayunando y visitando a los presos y a los enfermos. Al describir el surgimiento del metodismo como "tres desarrollos", Wesley escribe que el primer

> desarrollo del llamado metodismo comenzó primero en noviembre de 1729, cuando cuatro de nosotros nos reunimos en Oxford; en segundo lugar, en Savannah, en abril de 1736, donde se reunieron veinte o treinta personas en mi casa; y finalmente, en Londres, en el día ya mencionado, cuando unos cuarenta o cincuenta de nosotros nos pusimos de acuerdo en reunirnos todos los miércoles de noche con el fin de poder conversar con libertad, comenzando y terminando la reunión con canto y oración[48].

Wesley relaciona cada desarrollo del metodismo con una reunión de personas unidas por un propósito común y un conjunto de prácticas, formas de vida que integran a la perfección el estudio teológico, el culto y la misión. Cada ascenso va acompañado de un efecto dominó. Cada reunión sucesiva se hace más grande.

La historia de los orígenes del metodismo es la historia de un pueblo que construye una casa donde la doctrina, el culto y la misión se integran en una forma de vida salvadora, una forma de ser cristianos verdaderos. La Casa Metodista era tan distintiva en el entorno inglés del siglo XVIII que Wesley se refirió a su propia existencia como un signo del reino venidero de Dios.

> En este tiempo, la levadura del evangelio (la fe obrando la santidad interior y exterior mediante el amor, o, en términos de San Pablo, justicia, paz y gozo en el Espíritu Santo), se ha extendido por todas partes. En varias partes de Europa, especialmente en Inglaterra, Escocia e Irlanda; en las islas; en el norte y sur, desde Georgia hasta Nueva Inglaterra y Terranova, los pecadores se han convertido verdaderamente al Señor, experimentando un

---

48. Juan Wesley, "Breve historia del pueblo llamado metodista", ¶¶8-9, *Obras* V:276.

cambio profundo en su corazón y en su vida. Ya no se cuentan por docenas, o cientos, ¡sino por millares, por decenas de millares![49]

La Casa Metodista formó un pueblo con un propósito y en el corazón de ese propósito estaba la alabanza.

La Casa Metodista
en suelo americano

Algo extraño ocurrió cuando el proyecto de esta casa pasó a manos del pueblo llamado "*Methodist*", sobre todo cuando cruzó el Atlántico y alcanzó proporciones masivas en Estados Unidos durante el siglo XIX. Algunos muebles adquirieron polvo por el desuso. En primer lugar, el metodismo norteamericano perdió de vista la dimensión sacramental de la santidad. En segundo lugar, el afán de los predicadores metodistas por hacer entrar a las personas por la puerta de la religión llevó a menudo a descuidar prácticamente la doctrina. Para muchos hoy en día, domina la influencia del celo evangélico estadounidense, es decir, el mensaje urgente no es *sé perfecto*, sino *arrepiéntete*. En tercer lugar, cuando los metodistas sí prestaron atención a la doctrina de la santidad, ésta se convirtió en el centro de una atención casi obsesiva, y no de una forma holística que sitúa la perfección en el camino de la santificación por la gracia a través de los medios de gracia y de nuestra participación concretamente expresada en el amor de Dios[50].

---

49.   Juan Wesley, Sermón 66, "Los signos de los tiempos", II.4, *Obras* 4:51.

50.   Las semillas del cambio de énfasis de la santidad al arrepentimiento se plantaron pronto en los Estados Unidos, como se vio en el avivamiento metodista de las "reuniones de campo" en las primeras décadas del siglo XIX, alimentado por el fervor del Segundo Gran Despertar. Véase John Butler, Grant Wacker y Randall Balmer, *Religion in American Life: A Short History* (Nueva York: Oxford University Press, 2003), 184-85. Las escuelas dominicales metodistas de esa época también se preocupaban por la conversión, donde el crecimiento del carácter tenía menos que ver con la formación de un corazón santo y más con el aprendizaje de doctrinas formales. Junto con la santidad como conversión a través de la educación, las nociones wesleyanas de "santidad" cambiaron aún más de significado dentro del movimiento de santidad asociado con Phoebe Palmer. Durante el siglo XIX, el papel de las reuniones de campo en el metodismo evolucionó y contribuyó a estos énfasis doctrinales divergentes, incluido el

El teólogo y obispo brasileño Ayres Mattos sostiene que "la soteriología de Wesley se vio profundamente modificada por la temprana controversia sobre la esclavitud inmediatamente posterior a la conferencia de Navidad"[51]. Cuando la Casa Metodista cruzó el Atlántico, la importancia soteriológica de los pobres para la eclesiología wesleyana se perdió en gran medida. De hecho, "el crecimiento de la iglesia, entendido como el aumento del número de miembros, no era una prioridad en los comienzos de la Iglesia Metodista; la santidad sí lo era"[52]. El énfasis de Juan Wesley en la santidad por encima de la unidad se invirtió cuando en lo que respecta a la esclavitud y el énfasis cambiante de Francis Asbury reflejó este cambio. Las reuniones de la Conferencia se convirtieron en reuniones de trabajo, más que en avivamientos; la predicación se preocupaba más por el libre albedrío que por la gracia gratuita; la santificación se individualizó, y así sucesivamente. La iglesia misma fue eclipsada como medio de gracia[53].

Emblemático de los cambios que experimentó la Casa Metodista, el metodismo estadounidense revisó la declaración de misión del metodismo. En Inglaterra, Wesley diseñó el metodismo para "reformar la nación, y en particular la Iglesia, para propagar la santidad bíblica por todo lugar"[54]. En suelo americano, la MEC lo rediseñó "para reformar el continente y para propagar la santidad bíblica por todo lugar"[55]. Al cruzar el Atlántico, la

---

énfasis en la educación, por un lado, y, por otro, la creencia del movimiento de santidad en una "segunda bendición" del Espíritu (que difiere del crecimiento gradual típico de la santificación tal como la entendía Wesley). Véase Russel E. Richey, Kenneth E. Rowe y Jean Miller Schmidt, *The Methodist Experience in America: A History*, vol. 1 (Nashville, TN: Abingdon, 2010), 120-23; 247-48.

51.   Paulo Ayres Mattos, "'The World Is My Parish'—Is It? Wesleyan Ecclesio-Missiological Considerations from a Contemporary Latin American Perspective," *Our Calling to Fulfill: Wesleyan Views of the Church in Mission*, ed. M. Douglas Meeks (Nashville, TN: Abingdon/Kingswood, 2009), 125-42, 132.

52.   Ayres Mattos, "'The World Is My Parish'—Is It?" 133-34.

53.   Véase el capítulo sobre evangelismo para más información sobre este eclipse.

54.   Juan Wesley, "*The 'Large' Minutes*, A and B (1753, 1763)," Q.4, *Works* 10:845.

55.   MEC General Conference (1784), *Minutes of Several Conversations between the Rev. Thomas Coke, LL. D., the Rev. Francis Asbury and others, at a Conference, Begun in Baltimore, in the State of Maryland, on Monday, the 27th of December, in the Year 1784* (Philadelphia: Charles Cist, 1785), 3-4. Esto pasó a formar parte del Libro de Disciplina de la MEC. Para más información, véase Jean Miller Schmidt, Kenneth E. Rowe, and Russell E. Richey, "Preface," *The Methodist Experience in the Americas, Volume 1: A History* (Nashville, TN: Abingdon, 2010), xvi.

Casa Metodista perdió su claro referente eclesial (no se menciona la iglesia) y su compromiso con la reforma nacional (no se menciona la nación). Ganó énfasis en la expansión territorial (el continente, con tierras en plural), que reproduce la ideología colonizadora de tierras vacías esperando a ser llenadas. Ayres Mattos afirma: "La comprensión del continente como *terra nulla* llevó al metodismo norteamericano a reforzar y profundizar su esquizofrenia teológica y práctica ya implícita en sus compromisos con los intereses esclavistas y en las alteraciones que rompieron la continuidad con la religión social de Wesley como medio de gracia"[56].

Las transiciones no terminaron en Norteamérica. Las tres olas que llevaron el metodismo a las costas latinoamericanas volvieron a trasplantar la Casa Metodista. El Wesley que llegó a América Latina fue mediado por el metodismo norteamericano (y, en menor medida, por el inglés). Los misioneros metodistas transmitieron y tradujeron irreflexivamente los reflejos teológicos del Segundo Gran Despertar al idioma español, al portugués y a los contextos culturales latinoamericanos. Estos misioneros pintaron a Wesley como un evangelista de corazón cálido y restaron importancia al lugar de la entera santificación y la eucaristía en la Casa Metodista. Su producción teológica se limitó a los cincuenta sermones estándar y a algunas anécdotas hagiográficas de su vida y dichos célebres (incluidos los apócrifos). La bifurcación entre el evangelismo y los ministerios de misericordia y justicia, común en Norteamérica, se trasladó a América Latina. Como explica Míguez Bonino: "muchas iglesias ayudaban a los pobres a nivel local y algunas crearon y apoyaron escuelas y orfanatos. Pero este servicio no estaba integrado en su autocomprensión evangelística y teológica"[57]. Los *metodistas* heredaron una versión restringida de la visión teológica wesleyana, que no distinguía adecuadamente la fe cristiana del deísmo, el cristomonismo, el moralismo, el individualismo y el sentimentalismo. En general, Míguez Bonino cree que "la vida de los cristianos protestantes es mucho más rica que esta imagen: su amor, servicio, pasión evangelizadora y compasión superan con creces las limitaciones de su teología"[58]. Sin

---

56. Ayres Mattos, "'The World Is My Parish'—Is it?" 138.

57. Míguez Bonino, "Wesley in Latin America", 173.

58. Míguez Bonino, "Wesley in Latin America", 174.

embargo, el pueblo *metodista* experimenta desafíos significativos cuando busca vivir en la Casa Metodista que heredó. Ayres Mattos reconoce que, a pesar de décadas de trabajo dedicado en circunstancias sociales difíciles, "muchas de nuestras iglesias metodistas en la América Latina de hoy viven graves inestabilidades y deficiencias en su praxis como pueblo de Dios"[59].

Reparando la Casa Metodista

Podemos renovar y enriquecer la Casa Metodista comprometiéndonos intencionadamente con la visión teológica de Juan Wesley desde los márgenes. En este compromiso, debemos evitar dos escollos. En primer lugar, está el peligro de la nostalgia confesional. Como sugiere Míguez Bonino, no deberíamos tratar de "reproducir una herencia wesleyana real o imaginaria, reivindicar algún distintivo confesional privado o tallar un espacio en los anales del cristianismo latinoamericano para el wesleyanismo"[60]. En segundo lugar, existe el peligro del neocolonialismo y de "proponer dar forma a la agenda de la teología latinoamericana apelando a un movimiento del siglo XVIII, por significativo que haya sido"[61]. Teniendo en cuenta estas advertencias, nuestros compromisos con la teología de Wesley dan fruto cuando los arraigamos en las realidades de la experiencia cristiana latinoamericana e hispana y los conectamos con los desarrollos ecuménicos de la teología, un tema recurrente en los capítulos de este libro. Como sugiere Míguez Bonino, los *metodistas* podrían "superar" las limitaciones de las "formas mediadas del wesleyanismo" volviéndose "hacia la teología y ministerio de Wesley". Ayres Mattos recomienda una reapropiación de Wesley que permita releer la visión teológica de Wesley (expresada en frases tan lapidarias como "considero a todo el mundo como mi parroquia"[62], "no tienen otra cosa que hacer que salvar almas"[63] y "reformar la nación, y

---

59.   Ayres Mattos, "'The World Is My Parish'—Is It?" 130.

60.   Míguez Bonino, "Wesley in Latin America," 175.

61.   Míguez Bonino, "Wesley in Latin America," 175.

62.   Juan Wesley, [¿Al Revd. John Clayton?], ([¿28 de marzo de 1739?]), en *Cartas I, Obras* XIII:122.

63.   Wesley, "The 'Large' *Minutes*, A and B (1753, 1763)," Q.37.11, *Works* 10:854.

en particular la Iglesia, para propagar la santidad bíblica por todo lugar"[64]) como apuntando a un relato soteriológico de la Iglesia[65].

La crisis de identidad y los complejos de inferioridad que afligen a los metodistas no se resolverán simplemente volviendo a Wesley (*ressourcement*) o actualizando a Wesley (*aggiornamento*), sino escuchando atentamente al Espíritu que hace nuevas todas las cosas. Los teólogos *metodistas* estudiados en este libro ejemplifican la manera en que la Casa Metodista puede reconstruirse en suelo latinoamericano y en contextos hispanos para el renacimiento del metodismo en su conjunto. De hecho, la iglesia universal puede beneficiarse de un mayor compromiso ecuménico entre los contextos eclesiales latinoamericanos y las flamas originales del wesleyanismo[66].

La renovación de la Casa Metodista es por el bien de la iglesia universal. No sólo los wesleyanos, sino todos los cristianos se benefician de una forma práctica de fe trinitaria que empodera e inspira la acción para anticipar las intenciones escatológicas de Dios. La Iglesia necesita desesperadamente una lectura trinitaria de Wesley en conversación con las tendencias ecuménicas en teología y las luchas latinoamericanas por afirmar la dignidad de los derechos humanos, proteger y elevar a los pobres y cuidar el medio ambiente. Siguiendo a Justo González, me refiero a esta estrategia de lectura como "leer en español"[67]. Leído en español, Wesley puede ayudar a corregir la tendencia de algunas teologías latinoamericanas a equiparar el nuevo nacimiento con una nueva conciencia social y a equiparar el encuentro con Jesús con la solidaridad con los pobres, liberando así a cada tendencia para encontrar su lugar en una vida holística de fe. Además, desde el pueblo *metodista* surge un audaz llamado a la acción para las partes de la Iglesia universal cuya complacencia espiritual y social corta las líneas vitales entre la doctrina, el culto, la misión y los marginados.

---

64. Wesley, "The 'Large' Minutes, A and B (1753, 1763)," Q.4, *Works* 10:845.

65. Ayres Mattos, "'The World Is My Parish'—Is It?" 129.

66. Míguez Bonino, "Wesley in Latin America," 175.

67. Justo L. González, "Can Wesley Be Read in Spanish?" *Rethinking Wesley's Theology for Contemporary Methodism*, ed. Randy L. Maddox (Nashville, TN: Abingdon, 1998), 161-68; Justo L. González, *Santa Biblia: The Bible through Hispanic Eyes* (Nashville: Abingdon, 1996), 28-29.

Renovando doctrina, adoración y misión desde los márgenes

La conexión de doctrina, culto y misión que representa la Casa Metodista no es nueva. Según la leyenda, el origen del Credo de los Apóstoles se remonta al primer Pentecostés. Al final de un largo día de poderosas señales, poderosas predicaciones y sorprendentes conversiones, los apóstoles descansaron en el Aposento Alto y planearon sus siguientes pasos. Sabían que Pentecostés marcaba un punto de inflexión en la historia del mundo y en sus propias biografías. Esta constatación los llevó a plantearse una pregunta: ¿Cómo tener un mensaje coherente cuando los testigos del Señor resucitado se dispersan por el mundo? La respuesta vino del Espíritu Santo, que movió a Pedro a proclamar: "Creo en Dios, Padre Todopoderoso". Le siguió Andrés, que añadió: "hacedor del cielo y de la tierra"; y luego Santiago, y Juan, y así sucesivamente, mientras escribían extemporáneamente el Credo[68].

Aunque es una leyenda, esta historia enuncia una verdad importante: la doctrina, el culto y el testimonio van unidos. El credo de los apóstoles se teje a partir de los hechos de los apóstoles en aras de la misión. Se conecta con la historia de las comunidades cristianas que celebraban culto en Roma y la iniciación de los paganos en la iglesia a través del bautismo. En ese contexto, el Credo de los Apóstoles era una especie de don bautismal, un resumen de lo más destacado de la historia de Dios en el mundo. El credo confiesa la fe en un Dios misionero, un Dios que es a la vez el que envía y el enviado, un Dios que es el Señor de la historia porque Dios, en Cristo, se despojó de sí mismo y tomó la forma de siervo en un tiempo y un lugar determinados.

La renovación de la Iglesia exige volver al culto como fuente común de todas las disciplinas teológicas[69]. Históricamente, el acto litúrgico del bau-

---

68. Véase, por ejemplo, un breve relato de este mito de los orígenes en "Apostles' Creed, The," in *International Standard Bible Encyclopedia*, ed. Geoffrey Bromiley et al. (Grand Rapids, MI: Eerdmans, 1979-1988), 1:204.

69. Esto se correlaciona con las interconexiones de lo que los teólogos a veces denominan teología de "primer orden" y de "segundo orden", en la que las actividades más prácticas de la comunidad cristiana—como el culto, el cuidado pastoral y el deseo de formar discípulos—inspiran las actividades intelectuales de formulación y articulación de la doctrina. La creencia y el

tismo impulsó el desarrollo del Credo de los Apóstoles[70]. Teológicamente, la *lex credendi* (regla de fe) y la *lex orandi* (regla de oración) de la Iglesia nacen juntas, y el renacimiento de una no es posible sin el renacimiento de la otra[71]. Como dice el teólogo ortodoxo oriental Alexander Schmemann, "La teología debe redescubrir como su propia 'regla de fe' la *lex orandi* de la Iglesia, y la liturgia revelarse de nuevo como la *lex credendi*"[72]. Al redescubrimiento de este dúo, debemos añadir *lex vivindi*: la regla de vida, la forma en que vivimos y nos movemos en amor hacia el mundo. En esta renovación, considero los márgenes como lugares de encuentro con el Cristo herido y el Espíritu Santo que gime con el cuerpo quebrantado de Cristo, la Iglesia[73].

Este libro se divide en tres secciones: doctrina, culto y misión. Al abordar cada una de ellas por separado, invito a los lectores a reconocer los

compromiso doctrinales también informan e inspiran las actividades prácticas; su relación es más dialógica y codependiente que unidireccional. Véase Maddox, *Responsible Grace*, 16-17.

70. Véase Arthur Wainwright, *The Trinity in the New Testament* (Eugene, OR: Wipf & Stock, 2001), 6-7: "El credo reconoce el carácter de un culto que ya se practicaba..... La naturaleza del culto cristiano influyó en el desarrollo del pensamiento cristiano y, a la inversa, el desarrollo del pensamiento influyó en la naturaleza del culto". Véase también Luke Timothy Johnson, *The Creed* (Nueva York: Doubleday, 2003), 10: "Esta declaración estaba arraigada en una profunda experiencia religiosa. De hecho, en los primeros ritos bautismales vemos la estrecha conexión entre la confesión y la experiencia de los primeros cristianos".

71. Los orígenes del concepto de *lex credendi*, *lex orandi* se remontan a Próspero de Aquitania (c.435-442). Es célebre su refutación de la herejía del semipelagianismo al defender la primacía de la gracia sobre las obras, basándose en que creemos como oramos y oramos como creemos. Véase Geoffrey Wainwright, *Doxology: The Praise of God in Worship, Doctrine, and Life* (Nueva York: Oxford University Press, 1980), 225-45.

72. Alexander Schmemann, *Church, World, Mission: Reflections on Orthodoxy in the West* (Yonkers, NY: St. Vladimir's Seminary Press, 1979), 146.

73. El lenguaje de los márgenes está relacionado con el lenguaje de la opción preferencial por los pobres, que surgió en la teología de la liberación latinoamericana para expresar el compromiso de la Iglesia con la solidaridad con los pobres y la transformación de las estructuras injustas. En los últimos años, estos términos han sido cuestionados por no ser lo suficientemente amplios como para expresar la variedad de formas de injusticia, exclusión y violencia que sufren un gran número de latinoamericanos. Véase Joerg Rieger, *Opting for the Margins: Postmodernity and Liberation in Christian Theology* (Nueva York: Oxford University Press, 2003). El Papa Francisco habla de los márgenes y las periferias como lugares sociales y de los marginados y vulnerables como signos de los tiempos que exigen que la Iglesia actúe con misericordia. Véase Michel Simo Temgo SCJ, *Jon Sobrino and Pope Francis: A New Springtime for the Preferential Option for the Poor/Vulnerable?* (Londres: Xlibris UK, 2019), edición Kindle.

hilos de la renovación desde ángulos convergentes a medida que se entretejen, revelando un futuro para el metodismo y sus flamas emblemáticas. La historia en curso del metodismo anima estos capítulos, invitándonos a participar en el drama en desarrollo de un movimiento de renovación de la iglesia. La renovación requiere un compromiso serio con y desde los márgenes de la sociedad, y estudiar la intersección de la teología wesleyana y la vida cristiana latinoamericana e hispana es un paso en el camino.

Una nota sobre el lenguaje puede ser útil para el lector. En primer lugar, quiero aclarar la manera en que utilizo términos como hispano y latino. Estos términos pretenden describir a las personas de ascendencia latinoamericana que nacieron o se trasladaron al territorio que actualmente comprende los Estados Unidos. Cada término tiene su historia y sus matices. Algunos prefieren latino porque el término no se considera una designación impuesta por el censo de los EE. UU. y puede incluir a aquellos de origen brasileño que no se identifican como hispanos debido a la asociación de este último con la cultura y el idioma colonial español. A lo largo de los años se han desarrollado diferentes convenciones para señalar esta inclusión, desde "latino/a" a "latin@" y, más recientemente, "latinx". Este último término ha ganado terreno en el mundo académico como descriptor no sexista e incluso no binario. Sin embargo, según un estudio de Pew Research de 2020, sólo el 25% de los hispanos ha oído hablar de este término y sólo el 3% lo utiliza[74]. En este libro, utilizo el término hispano en la mayoría de las ocasiones porque es el término más comúnmente utilizado por las poblaciones de la diáspora latinoamericana con las que me relaciono, pero también utilizo los términos latino y latina indistintamente. En todo caso, el objeto de mi estudio son los *metodistas*—un término que se escribe igual en español y en portugués—para nombrar a las personas que continúan la misión de Dios de difundir la santidad bíblica en las tierras de América Latina y en los barrios de Estados Unidos.

---

74. Luis Noe-Bustamante, Lauren Mora, and Mark Hugo Lopez, "About One-in-Four U.S. Hispanics Have Heard of Latinx, but Just 3% Use It," Pew Research Center (Aug. 11, 2020), https://www.pewresearch.org/hispanic/2020/08/11/about-one-in-four-u-s-hispanics- have-heard-of-latinx-but-just-3-use-it/.

Doctrina

¿Qué significa renovar la tarea teológica—la tarea de la doctrina—desde los márgenes? Los tres capítulos de la primera parte ofrecen perspectivas distintas pero complementarias, que van desde las ventajas de re-imaginar las doctrinas clave desde una perspectiva *metodista*, hasta la forma en que los *metodistas* pueden llegar a comprenderse mejor a sí mismos centrándose intencionadamente en la doctrina.

El capítulo 1 explora la manera en que el concepto wesleyano de divinidad práctica promulga la teología cristiana desde los márgenes. En conversación con Jon Sobrino y Elsa Tamez, el capítulo revisa cómo la divinidad práctica de Juan Wesley hace eco en los *metodistas*, el importante papel del lugar o ubicación para la práctica teológica, y cómo el hecho de practicar la divinidad deliberadamente desde los márgenes sociales renueva la tarea teológica. Desde los márgenes, reconocemos que el objetivo de la nueva creación comienza en la historia a través de la humanización de la persona, lo que podríamos llamar misericordia en busca de comprensión. El capítulo concluye con indicaciones prácticas para la renovación, ya que el pueblo llamado *metodista* invita a todos los cristianos a renovar la tarea doctrinal situando la teología en el lugar que le corresponde: en Cristo que llega por misericordia a un mundo herido y perdido.

El capítulo 2 formula una cristología wesleyana distintivamente hispana, que complementa la cristología occidental precisamente allí donde necesita dicho complemento. Para ello, coloca la cristología de Juan Wesley junto a las imágenes de Cristo desde perspectivas latinoamericanas e hispanas/latinas. La superposición de estas lentes produce una cristología wesleyana latina que afirma a Cristo como liberador, profeta, sacerdote y rey, y muestra a Cristo presente hoy en un cuerpo mestizo. En el proceso, la cristología wesleyana latina convoca a los cristianos a abrazar el poder presente de Cristo para transfigurar el mundo.

El capítulo 3 examina la conferencia de obispos católicos latinoamericanos que se reunió en 1968 en Medellín, Colombia. A menudo se ha hecho referencia a este acontecimiento como el Pentecostés de la Iglesia latinoamericana. A partir de las reflexiones del teólogo metodista argentino José Míguez Bonino, que fue observador protestante en el Vaticano II y en

Medellín, estudio las corrientes ecuménicas de Medellín y su enfoque en la liberación de los pobres. Considero además cómo, en el espejo de Medellín, los *metodistas* ven más claramente los aspectos latinoamericanos, católicos y wesleyanos de su identidad y vocación teológicas.

Culto

¿Qué sucede cuando consideramos el culto desde contextos eclesiales latinoamericanos marginados? Los capítulos 5, 6 y 7, cada uno a su manera, abordan las oportunidades de renovación relacionadas con el culto dentro de las comunidades *metodistas* y más allá.

El capítulo 4 retoma el tema del capítulo 1 sobre la ubicación de la teología, pero profundiza en la dinámica de la cultura, el credo y el culto como fiesta cristiana. Al igual que el propio Juan Wesley, los *metodistas* valoran la tradición y la traducción, apreciando cómo el cristianismo siempre está encarnado culturalmente. Así, los *metodistas* profesan la fe multiculturalmente en símbolos antiguos y nuevos, desde el Credo de los Apóstoles hasta el Credo Hispano, acogiendo la solidaridad con herencias culturales particulares y comunidades marginadas. Utilizando el Credo Hispano como guía, el capítulo esclarece la escandalosa afirmación en el corazón del culto: el Dios del pueblo llamado *metodista*, el anfitrión del día de la gran fiesta, es un Dios minorizado que obra por la liberación, la reconciliación y la santificación de todos los pueblos y culturas.

El capítulo 5 se adentra en el controvertido territorio del guadalupanismo o veneración de la Virgen de Guadalupe asociada al catolicismo mexicano. El guadalupanismo pone de manifiesto dolorosas fisuras entre los cristianos hispanos y latinoamericanos, como el racismo, las tensiones entre católicos y protestantes, las animosidades internacionales y las heridas históricas de la conquista imperial-colonial; pero también encierra el potencial de una renovación ecuménicamente vibrante del culto. En este capítulo, exploro la teología metodista para señalar el camino de una recepción metodista de Guadalupe—un guadalupanismo wesleyano—que inspire nuestra esperanza de santidad y nuestra adoración a un Dios que hace milagros.

El capítulo 6 examina la manera en que los himnos de Carlos Wesley nunca han desempeñado un papel significativo en el culto metodista entre los hispanohablantes. Esto se debe, en parte, a que los metodistas no han buscado adecuadamente traducciones en sintonía tanto con la expresión indígena como con los dones espirituales de la himnología wesleyana. Para encender las llamas de la renovación, los wesleyanos en las Américas se beneficiarían de conocer y cantar más de los himnos de Carlos, lo cual, a su vez, nos libera para cantar nuevos cantos en un espíritu wesleyano.

Misión

La renovación de la doctrina y el culto de la Iglesia no puede considerarse al margen de la misión de la Iglesia en el mundo. Los capítulos restantes abordan estos temas llevando la tradición wesleyana a una interacción ecuménica con figuras católicas romanas.

En el capítulo 7, se entabla una conversación entre los hermanos Wesley y Bartolomé de las Casas, conquistador español convertido en defensor de los indígenas. De esta conversación aprendemos que la única forma legítima de llevar a la gente a la comunión con Dios es persuadiendo al intelecto y seduciendo a la voluntad con una vida evangelizadora caracterizada por la no violencia, la pobreza y la santidad.

El capítulo 8 enmarca la misión como embajada del mensaje de reconciliación de Dios. Los metodistas pueden renovar su voz en la plaza pública atendiendo al testimonio del arzobispo de El Salvador Óscar Romero, martirizado en 1980 por oponerse a graves injusticias sociales. La práctica de Romero del ministerio de la reconciliación tiene resonancia con la teología de Juan Wesley y es un modelo de la forma en que la Iglesia podría participar mejor en la plaza pública.

El libro concluye con reflexiones sobre el redescubrimiento del corazón del metodismo. Aplicando la hermenéutica de la "lectura en español" a los tres momentos emblemáticos del surgimiento del metodismo en Oxford, Savannah y Londres (en particular Aldersgate), presento una perspectiva de la renovación metodista que va hacia el Sur y aprende del Papa Francisco a soñar en español.

Sueños de renovación futura

Se han propuesto diferentes argumentos teológicos para explicar la debilidad de la Iglesia en su misión al mundo[75]. En un momento en que muchos metodistas y cristianos se preguntan si el Espíritu del Dios vivo puede caer de nuevo sobre la Iglesia, necesitamos urgentemente soñadores y visionarios. Los sueños de renovación nacen desde abajo. Las visiones son comunes entre los que carecen de poder[76]. La renovación desde los márgenes nos conecta con pueblos desatendidos e historias olvidadas, que nos recuerdan que las divisiones dentro de la Iglesia no llegan hasta abajo. Estamos radicalmente unidos[77]. Al situar el testimonio del pueblo llamado *metodista* dentro de la historia más amplia de Dios y rastrear su surgimiento en América Latina, se fortalece la esperanza en el poder del Espíritu para renovar la Iglesia de hoy. Esta esperanza se basa en la vida diaria en lo *cotidiano*, y da sentido y energía a las luchas diarias de los marginados por sobrevivir[78].

La renovación comienza con un sueño. Edith Molina Valerio, presbítera de la Iglesia Metodista de México, lo dice bien: "Como en la reforma

---

75. Ephraim Radner diagnostica el estado actual de la Iglesia en Occidente desde la época de la Reforma como de privación pneumatológica. Como en el caso de Israel durante la monarquía, la desunión se hace sentir en la iglesia mediante un "aumento del pecado", al que Dios responde con endurecimiento divino y la retirada del Espíritu Santo (véase Sal. 106:33; Is. 6:10). Efraín Radner, *The End of the Church: A Pneumatology of Christian Division in the West* (Grand Rapids, MI: Eerdmans, 1998), 26-47. R. R. Reno propone una tesis similar con imágenes diferentes: la Iglesia está en ruinas. Reno toma prestada esta metáfora de la descripción que hacen las Escrituras de la Jerusalén sitiada y de John Nelson Darby, quien percibía claramente que una iglesia cuyo testimonio de santidad y unidad carece de corroboración empírica ha fracasado. Una iglesia invisible es una iglesia arruinada. Véase R. R. Reno, *In the Ruins of the Church: Sustaining Faith in an Age of Diminished Christianity* (Grand Rapids, MI: Brazos, 2002), 13-28; R. R. Reno, "Theology in the Ruins of the Church", *Pro Ecclesia* 12.1 (2003): 15-36.

76. "Las utopías tienen que ver con las esperanzas y expectativas de los pobres y de todos los marginados cuando se enfrentan a la realidad cotidiana de la opresión". Ada María Isasi-Díaz, "Mocking/Tricking the Oppressor: Burlando al Opresor: Dreams and Hopes of Hispanas/Latinas and *Mujeristas*", *Theological Studies* 65 (2004): 349.

77. Amplío esta idea en Edgardo Colón-Emeric, "A Radical Unity," *Circuit Rider* (May 2019).

78. "La esperanza misma es imposible de mantener—disolviéndose en confusión, futilidad, angustia y frustración: desesperación—si no tiene al menos un mínimo asidero en el mundo de lo tangible". Ada María Isasi-Díaz, "*Burlando al Opresor*", 353.

de Josías, Nehemías, Wesley, Martin Luther King, Gandhi y Dietrich Bonhoeffer, la iglesia necesita volverse a los signos de los tiempos, para, como diría Jesús, reformarse y no conformarse"[79]. Después de nombrar a esta gran compañía de soñadores, declara: "Sí, hermanas y hermanos, todo empieza con un sueño, con algo que podemos construir juntos"[80]. Carmen Nanko-Fernández, teóloga católica hurban@ (hispana y urbana)[81], habla de las teologías hispanas como "teologías soñadas en español, articuladas en inglés y vividas en *spanglish*"[82]. La renovación empieza con un sueño, y los sueños están relacionados con la esperanza y la profecía. Tomás de Aquino escribe que el don de profecía, a diferencia de la virtud de la esperanza, no es un hábito, sino una pasión que deja huella en el alma. Explica cómo "después de que la iluminación real ha cesado, queda una aptitud (*habilitas*) para ser iluminado de nuevo"[83]. Cuando las personas se abren al Espíritu Santo, los sueños y las visiones pueden ir y venir, pero permanece cierta aptitud o capacidad para volver a soñar. Creo que la aptitud para soñar sigue presente en la Iglesia y entre el pueblo llamado *Methodist*. Escribo este libro con la esperanza de que aprender de y con el pueblo llamado *metodista* pueda encender sueños de renovación y un nuevo Pentecostés.

---

79. Edith Molina Valerio, "La reforma de la iglesia del siglo XXI," *Memorias del congreso de renovación y reforma de la iglesia metodista de México*, AR-CAM (México: Comisión un llamado al corazón, 2004), 130-33, 130.

80. Molina Valerio, "La reforma de la iglesia del siglo XXI," 133.

81. Carmen Nanko-Fernández, "¡Bienvenido Pope Francisco to Améric@ Latin@!" HuffPost (Sept. 22, 2015), https://www.huffpost.com/entry/bienvenido-pope-francisco_b_8170442.

82. Carmen Nanko-Fernández, *Theologizing en Espanglish*, xv.

83. Thomas Aquinas, *Summa Theologiae* 2-2.171.2.ad2.

Divinidad práctica como teología cristiana desde los márgenes

En 2009 visité la Universidad Metodista de Brasil. Estaba particularmente emocionado por conocer a su facultad de teología. La FaTeo (abreviatura de Faculdade de Teologia), como se la conoce, alberga a muchos de los académicos metodistas más significativos de América Latina. Escriben prolíficamente, y sus enseñanzas repercuten no sólo en la Iglesia Metodista de Brasil, sino también en los metodistas de los países africanos de habla portuguesa y, de hecho, en el metodismo en su conjunto. El día de mi llegada coincidió con la última reunión de la facultad del año académico y me invitaron a asistir. La reunión parecía una reunión de clase metodista que estaba en oración. Sentados en círculo, los asistentes fueron nombrando por turnos triunfos y pruebas personales y profesionales. Después de cada testimonio, un miembro de la facultad docente dirigió al grupo cantando un estribillo de gratitud y súplica a Dios. La experiencia global fue distintivamente metodista.

El pueblo llamado *metodista* aborda la reflexión teológica en estrecha conversación con la vida del discipulado cristiano. Uno de los profesores presentes en la reunión a la que asistí, Rui de Souza Josgrilberg, escribe:

"Las doctrinas no pueden considerarse, en el sentido wesleyano y bíblico, al margen de una espiritualidad comprometida y de las prácticas que éstas conllevan"[1]. En un contexto inglés del siglo XVIII que normalizaba lo contrario, Wesley promovió un sano equilibrio entre doctrina y vida, entre santidad personal y social, entre lo evangélico y lo sacramental. La tradición metodista encarnó este equilibrio dinámico en su forma de enfocar la tarea teológica como divinidad práctica.

En este capítulo, exploro cómo la divinidad práctica es característica de la reflexión teológica metodista como teología cristiana desde los márgenes. En primer lugar, examino la forma en que Juan Wesley entiende la divinidad práctica y cómo la reciben los *metodistas*. En segundo lugar, considero el lugar de la teología, la ubicación desde la que se practica. En tercer lugar, este estudio formal de la naturaleza y ubicación de la divinidad práctica despeja el camino para un ejemplo concreto: la comprensión que tiene Elsa Tamez de la *via salutis* wesleyana (el camino de la salvación) desde una perspectiva latinoamericana. Finalmente, considero la manera en que la práctica de la divinidad desde los márgenes renueva la tarea teológica metodista. Lo que presencié en la reunión del cuerpo docente en la FaTeo no fue simplemente un cuerpo docente en oración, sino teólogos dedicándose plenamente a su labor académica como misericordia en busca de comprensión.

Divinidad práctica

La teología no era un término común en la época de Wesley[2]. Los cristianos de la Inglaterra del siglo XVIII utilizaban a menudo el término *divinidad* para denominar un conjunto diverso de investigaciones y prácticas teológicas. En primer lugar, la *divinidad especulativa* es la forma de teología que uno asocia con la sistemática y las obras de los

---

1. Rui de Souza Josgrilberg, "Espiritualidade comprometida," *Teologia em perspectiva wesleyana*, ed. Duncan Alexander Reily, José Carlos de Souza, and Rui de Souza Josgrilberg (São Bernardo de Campo: Editeo, 2005), 53-60, 53.

2. Frank Baker, "Practical Divinity: John Wesley's Doctrinal Agenda for Methodism," *Wesleyan Theological Journal* 22.1 (1987): 7-15, 7.

teólogos medievales y los reformadores clásicos. Wesley creía que la divinidad especulativa desempeña un papel vital en la predicación y la enseñanza de la doctrina cristiana. En su escrito "Un discurso a los clérigos", pregunta: "¿Entiendo la metafísica? ¿Si no las profundidades de los sabios, las sutilezas de Duns Escoto o de Tomás de Aquino, por lo menos los rudimentos, los principios generales de esa útil ciencia?"[3] La divinidad especulativa es una "útil ciencia". Sus precisiones y distinciones lingüísticas son valiosas, y Wesley se basó en ellas cuando predicó sobre las distinciones entre el tiempo y la eternidad[4]. Sin embargo, aunque Wesley consideraba la divinidad especulativa un paso importante en el viaje de la mente hacia Dios, es sólo "el umbral de la perfección", y Wesley animaba a sus seguidores a seguir adelante para "conocer todo ese amor de Dios que supera todo conocimiento (especulativo)"[5].

Wesley reconoció la necesidad de un segundo tipo de divinidad: la *divinidad controversial*, o lo que podríamos llamar teología apologética. Mientras dirigía al pueblo metodista en una época de fomento religioso, Wesley contrarrestó las enseñanzas de quienes negaban la Caída de la humanidad en su tratado *"La doctrina del pecado original: según las Escrituras, la Razón y la Experiencia"* (1757). Contra los calvinistas escribió, *"La predestinación: una reflexión desapasionada"* (1752). En ambos casos, Wesley trató de seguir el mandato bíblico: "Estad siempre preparados para presentar defensa con mansedumbre y reverencia ante todo el que os demande razón de la esperanza que hay en vosotros" (1 Pe. 3:15).

Además de la divinidad especulativa y controversial, Wesley habló de la *divinidad mística*, o lo que podríamos llamar teología espiritual. En el propio itinerario personal de Wesley, la divinidad mística le atraía y le repelía a la vez. Le atraían las obras de místicos como Gregorio López, el ermitaño mexicano cuyas obras Wesley leía en español y publicaba en

---

3.   Juan Wesley, "Address to the Clergy," in *The Works of John Wesley, Volume 10: Letters, Essays, Dialogs and Addresses*, ed. Thomas Jackson, 14 vols. (Grand Rapids, MI: Zondervan, 1958-1959), 492; de aquí en adelante *Works* (Jackson). En español, véase: *Obras*, IX:210.

4.   Juan Wesley, Sermon 54, "On Eternity," *Works* 2:358-72. En español, véase: Sermón 54, "Sobre la eternidad", en *Obras*, III:317-331.

5.   Juan Wesley, Letter to Miss March (June 9, 1775), *The Letters of John Wesley*, ed. John Telford (London: Epworth, 1931), 6:153-54.

inglés en la "Revista Arminiana"[6]. Al mismo tiempo, Wesley aconsejaba cuidado. Según su propio relato, la divinidad mística fue la roca en la que estuvo a punto de naufragar su fe, y concluye que la divinidad mística sobrevalora las experiencias de oscuridad en el camino de la salvación y oscurece el evangelio. Del mismo modo, sugiere: "Buscan misterios en las verdades más sencillas y las convierten en tales mediante sus explicaciones. Mientras que la religión cristiana, según las Escrituras, es la cosa más clara y sencilla del mundo"[7].

En contraste con la divinidad mística, distinta de la divinidad controversial y completando la divinidad especulativa, Wesley recomienda y ejemplifica la *divinidad práctica*. La divinidad práctica, según Frank Baker, trata de "comprender los peligros y las etapas que atraviesa un peregrino en el camino de la salvación"[8]. Wesley nunca ofrece una definición precisa de la divinidad práctica y, cuando habla de ella, muestra igual preocupación por lo que *no* es. La divinidad práctica es "todo lo que concuerda con los oráculos de Dios"; es "totalmente práctica, sin mezcla de controversia de ningún tipo y totalmente inteligible para las personas sencillas"; "no es superficial, sino que desciende a las profundidades y describe la altura del cristianismo; y sin embargo no es mística, no es oscura para ninguno de los que tienen experiencia en los caminos de Dios"[9]. En lugar de esforzarse por definir la divinidad práctica, Wesley la ejemplifica. Si la divinidad especulativa está representada por obras como *Search After Truth* (La búsqueda de la verdad) de Malebranche, y *Demonstration of the Being and*

---

6.   Juan Wesley incluyó su versión abreviada de *The Life of Gregorio Lopez*, de la obra en español de Francisco de Losa, en su *A Christian Library* (por ejemplo, en el volumen 27 de la edición de Londres, 1836). La biografía de López fue una de las más reeditadas de Wesley; véase Isobel Rivers, "John Wesley and Religious Biography", conferencia del tricentenario sobre Wesley en la Universidad de Manchester, junio de 2003, citado en David Hempton, *Methodism: Empire of the Spirit* (New Haven, CT: Yale University Press, 2005), 235. Véase también Jean Orcibal, "The Theological Originality of John Wesley and Continental Spirituality", en *A History of the Methodist Church in Great Britain, Volume One*. Gordon Rupp y Rupert E. Davies (Eugene, OR: Wipf & Stock, 2017), 93.

7.   Juan Wesley, *Preface to A Christian Library: Consisting of Extracts from, and Abridgements of, the choicest pieces of Practical Divinity which have been published in the English Tongue*, §7, en *Works* (Jackson) 14:221-22.

8.   Baker, "Practical Divinity," 9.

9.   Juan Wesley, Preface to *A Christian Library*, §9, *Works* (Jackson) 14:222.

Attributes of God (Demostración del ser y los atributos de Dios) de Clarke (ambas en la lista de lecturas recomendadas por Wesley para el clero), la divinidad práctica está representada por obras como *Biblioteca Cristiana* y *Colección de himnos para el pueblo llamado metodista*, de Wesley. La primera de ellas contenía "extractos y resúmenes de las piezas más selectas de divinidad práctica"[10]; la segunda era "un pequeño cuerpo de divinidad práctica y vivencial"[11].

Es significativo que Wesley considere el himnario metodista una especie de manual de divinidad práctica. El metodismo es inconcebible sin la música y el canto. Desde los inicios del movimiento wesleyano, los metodistas han expresado su teología en forma de himnos. Como explica Thomas Langford: "Es una teología con la que se puede alabar; es una teología con la que se puede orar, una teología con la que se puede enseñar; es una teología que se puede utilizar para iniciar, guiar y vislumbrar la esperanza final de la experiencia cristiana"[12]. La divinidad práctica pone énfasis en la respuesta humana potenciada por el Espíritu a la acción salvadora de Dios en Cristo. Es una teología doxológica en la que la proclamación mediante la palabra y el servicio prepara y anticipa la nueva creación. En palabras de Langford: "Para la tradición metodista, la teología nunca es un fin en sí mismo; siempre es un medio para la transformación de la vida. Como tal, la teología se desarrolla para respaldar la proclamación y la renovación de la vida personal y corporativa. No tiene existencia independiente. No se hace teología para luego aplicarla; el hacer teología es en sí mismo transformador"[13].

Hacer teología cristiana como divinidad práctica tiene resonancia entre los metodistas. Según Rui de Souza Josgrilberg, lo que distingue la teología de Wesley de la de otros teólogos protestantes como Lutero o Calvino no es lo que Randy Maddox llama "gracia responsable", que Josgrilberg cree que también aparece en los grandes reformadores a su manera. "La

---

10. Como dice el subtítulo de *A Christian Library* (Una Biblioteca Cristiana).

11. Juan Wesley, Preface to *A Collection of Hymns for the People Called Methodists*, ¶4, *Works* 7:74.

12. Thomas Langford, "Charles Wesley as Theologian," in *Charles Wesley: Poet and Theologian*, ed. S. T. Kimbrough, Jr. (Nashville, TN: Abingdon, 1992), 97-105, 97.

13. Langford, "Charles Wesley as Theologian," 105.

diferencia es que Wesley comienza 'desde abajo' con la divinidad práctica. La gracia de Dios se entiende como etapas del camino y del caminar"[14]. El punto de partida de la teología es "la condición humana, nuestras prácticas, necesidades personales y sociales que acaban siendo asumidas por la gracia divina"[15]. José Carlos de Souza considera que la teología de Wesley se ocupa principalmente de la economía de la salvación, en el sentido de que la "búsqueda fundamental de Wesley no consiste en develar quién es Dios en sí mismo, sino lo que Dios significa para el ser humano"[16].

En esta búsqueda práctica de lo que Dios significa para nosotros, los metodistas recurren primero a la Escritura y luego a la tradición, la razón, la experiencia y la creación. Esta última es de particular importancia para los metodistas brasileños, que han ampliado el cuadrilátero wesleyano a un pentalátero. Cuando Wesley habla del camino de salvación según las Escrituras, o del camino al cielo, estas expresiones contienen densidad social e histórica. Su soteriología tiene un alcance expansivo e inclusivo que abarca toda la realidad creada. Como dice Josgrilberg, "la nueva creación sintetiza el horizonte salvífico para Wesley"[17]. La divinidad práctica tiene una orientación escatológica porque, en el viaje, el destino es lo primero. Al mismo tiempo, el punto de partida contextualmente específico del viaje importa, exigiendo que la teología también comience con lo concreto. Por esta razón, pasamos ahora a considerar la cuestión del lugar desde el que los teólogos realizan la divinidad práctica.

---

14.   Rui de Souza Josgrilberg, "A motivação originária da teologia wesleyana: o caminho da salvação", *Prática e teología na tradição wesleyana: John Wesley 300 anos* (São Bernardo do Campo, Brasil: Editeo, 2008), 93-112, 111. Randy Maddox habla de la "gracia responsible" como la "preocupación orientadora" de Wesley, es decir, como el tema integrador de la teología wesleyana. Josgrilberg aprecia la centralidad de este tema en la teología de Wesley, pero encuentra que el tema del "camino de la salvación"—o, mejor aún, "el camino de la salvación social"—es una lectura más acertada de Wesley y un mensaje más significativo para el contexto latinoamericano. Véase también Randy Maddox, *Responsible Grace: John Wesley's Practical Theology* (Nashville, TN: Abingdon/ Kingswood, 1994).

15.   Josgrilberg, "A motivação originária da teologia wesleyana," 93.

16.   José Carlos de Souza, "Fazendo teologia numa perspectiva wesleyana," *Prática e teología na tradição wesleyana: John Wesley 300 anos* (São Bernardo do Campo, Brazil: Editeo, 2008), 113-30, 127.

17.   Josgrilberg, "A motivação originária da teologia wesleyana," 109.

Teología del camino

Los teólogos viven y trabajan en lugares concretos. La ubicación del teólogo determina poderosamente el tipo de teología que produce. Según la rica metáfora de John MacKay, los teólogos hacen teología del balcón o teología del camino[18]. El contraste refleja la experiencia de las procesiones religiosas en América Latina. Algunas personas contemplan el drama desde los balcones de sus casas, mientras que otras lo viven en medio de la procesión. La teología desde el balcón es teología desde arriba. En el balcón, los teólogos son cómodos espectadores con una excelente vista de todo lo que sucede abajo; observan y describen, pero no se involucran en lo que ocurre. La teología del camino es diferente. Se desarrolla a nivel de calle, dinámica y siempre en movimiento. Los teólogos del balcón están a salvo de las vicisitudes de la multitud. Los teólogos del camino son peregrinos arrastrados por el movimiento de las personas; íntimamente ligados al pueblo, corren los mismos riesgos que la multitud.

Debemos preguntarnos sobre el lugar desde el que los cristianos hacen teología. En palabras de Jon Sobrino: "El problema de determinar desde dónde se sitúan los teólogos—es decir, la realidad en y desde la que desarrollarán, ampliarán e interpretarán sus datos (revelación, Escritura, tradición, magisterio, otras teologías)—es un problema fundamental cuya solución determinará todas las reflexiones concretas posteriores que los teólogos vayan haciendo"[19]. Más específicamente, debemos determinar la relación entre la ubicación de la teología y el sufrimiento, porque "el desarrollo de toda teología cristiana ha estado determinado, explícita o implícitamente, por el modo en que ha respondido al sufrimiento, ya que, de un modo u otro, toda teología pretende ser una forma de soteriología"[20]. Cuando la teología tiene lugar en los márgenes, la naturaleza soteriológica de la teología crece en urgencia misionera. Desde este lugar, los teólogos comprenden mejor la confesión de fe de que la Palabra se hizo carne por nosotros y para

---

18. John MacKay, *Prefacio a la teología cristiana* (México, D.F.: Casa Unida de Publicaciones, 1957).

19. Jon Sobrino, *Principle of Mercy: Taking the Crucified People from the Cross* (Maryknoll, NY: Orbis, 1994), 36.

20. Sobrino, *Principle of Mercy*, 29.

nuestra salvación. Como explica Sobrino, "cuando este 'pro' salvífico se entiende principalmente como 'pro me' o 'pro nobis'—no importa cuán real, necesaria o convincente que pueda ser esta comprensión—es totalmente diferente de una comprensión que ve el 'pro' salvífico principalmente como 'pro aliis', 'pro pauperibus'—para los demás, para los pobres[21]. Descentrar el yo y la iglesia para los demás y para los pobres nos permite vivir el evangelio como una proclamación gozosa de la salvación, como una buena noticia para los pobres.

El lugar desde el que los cristianos hacen teología implica una elección. Algunas circunstancias históricas y sociales concuerdan más que otras con el testimonio de las Escrituras y la vida de la Iglesia primitiva. Los teólogos deben elegir lugares que faciliten ver el sufrimiento "desde la parcialidad de los que sufren y no desde la perspectiva (aparentemente) universal del sufrimiento metafísico que caracteriza a todo ser finito"[22]. Los teólogos conocen mejor la realidad cuando la abordan en su densidad. "La realidad", dice Sobrino, "suscita el pensamiento en la medida en que suscita admiración, promete algo radicalmente nuevo o muestra un sufrimiento que clama por liberación"[23]. En el lenguaje técnico de Ignacio Ellacuría, este abordaje supone comprender, responsabilizarse, hacerse cargo de la realidad. "En términos bíblicos, se conoce a Dios cuando se hace justicia (Jeremías, Oseas); se conoce amando (1 Juan); se comprende lo que significa ser humano cuando se sirve a los necesitados (aunque tal conocimiento no sea explícito) (Mt. 25)"[24].

En un mundo de injusticia, los teólogos están llamados a sentir el sufrimiento de los pobres lo suficiente como para compartir su debilidad y luchar por su liberación. Sobrino (siguiendo a Henri de Lubac) afirma: "Toda teología puede ser, y debe ser, en última instancia 'apologética': una defensa racional de algo que ha sido dado, no descubierto como un logro humano"[25]. El carácter apologético de la teología se manifiesta en

21. Sobrino, *Principle of Mercy*, 34.

22. Sobrino, *Principle of Mercy*, 33.

23. Sobrino, *Principle of Mercy*, 43.

24. Sobrino, *Principle of Mercy*, 38.

25. Sobrino, *Principle of Mercy*, 40.

una praxis compasiva de liberación que busca acabar con el sufrimiento de los pueblos crucificados. Sobrino se refiere a este carácter apologético como el *principio de la misericordia*. En una iglesia que es guiada por el principio de misericordia, los cristianos creen y adoran al Dios que se identifica con las víctimas que yacen heridas junto al camino. La teología que sirve a una Iglesia guiada por el principio de la misericordia no permanece indiferente ante la difícil situación de los pueblos crucificados; sus energías intelectuales deben apuntar a bajar de la cruz a los que sufren. En resumen, la teología debe asumir la forma de *intellectus misericordiae*[26].

Intellectus misericordiae es la forma de teología desde el lugar del sufrimiento. Los teólogos occidentales han adoptado tradicionalmente el lema de Anselmo que postula la teología como *intellectus fidei*, como fe en busca de entendimiento. Dios posibilita esta búsqueda por medio de su autorrevelación, transmitida a través de la tradición de la Iglesia. A partir de la revelación, los cristianos pueden nombrar al Dios verdadero y alejarse de los ídolos. Sin embargo, por sí solo, el *intellectus fidei* no proporciona un entendimiento completo. Siguiendo la ruta paulina del trío de virtudes teologales, Sobrino también llama la atención sobre el *intellectus spei* y el *intellectus amoris* o "esperanza en busca de entendimiento" y "amor en busca de entendimiento". Según él, "el *intellectus fidei*, para ser verdadero *intellectus* o entendimiento y no sólo doctrina, necesita la ayuda del *intellectus spei* y del *intellectus amoris*"[27]. La teología es un segundo acto que sigue al encuentro mistagógico con Dios. Es un acto de misericordia en busca de la comprensión de la misericordia de Dios. La esperanza ayuda a preservar el misterio de la fe, y el amor ayuda a concretar la fe en el mundo de los pobres.

Las reflexiones de Sobrino sobre el lugar y la persona del teólogo son valiosas, pero no están exentas de ambigüedad. Algunas de sus afirmaciones subestiman la gratuidad y la sorpresa de la iniciativa de Dios. Por ejemplo, Sobrino declara que "el fin último de la teología es clarificar y facilitar la manera en que la humanidad ha de responder y corresponder a Dios dentro de la historia"[28]. Esta afirmación y otras similares se benefi-

---

26. Sobrino, *Principle of Mercy*, 25.

27. Sobrino, *Principle of Mercy*, 43.

28. Sobrino, *Principle of Mercy*, 39.

ciarían de un lenguaje más fuerte de gracia y participación[29]. El *intellectus misericordiae* sólo es posible a través de la participación de gracia en Dios que es *dives in misericordia* (rico en misericordia)[30]. Jesucristo es el liberador y, por el poder del Espíritu Santo, los seres humanos pueden unirse a la obra del Padre de establecer el reino desde los márgenes.

Tamez y el camino de salvación desde los márgenes

El pueblo llamado metodista representa una misión de renovación espiritual y teológica. Una de las exponentes latinoamericanas más significativas de este movimiento es Elsa Tamez. Al más puro estilo wesleyano, Tamez pone la Escritura y la teología en conversación con la tradición metodista y desde un contexto latinoamericano. En su trabajo, encontramos un ejemplo de divinidad práctica hecha desde un lugar de solidaridad con los marginados[31].

Los metodistas latinoamericanos necesitan a Juan Wesley. La distancia cultural de Wesley podría sugerir lo contrario. ¿Qué tiene que decir un sacerdote de la Iglesia de Inglaterra del siglo XVIII a un pastor que trabaja en Ciudad de México o en las tierras altas de Guatemala? Tamez aborda a

---

29. Sobrino afirma: "Cuando la teología se entiende a sí misma como *intellectus amoris*, busca operar dentro de la realidad para salvarla, encarnándose dentro de la humanidad tal como es, respondiendo desde una compasión original". Sobrino, *Principle of mercy*, 42.

30. Véase Efesios 2:4 y la encíclica de Juan Pablo II de 1980 *Dives in misericordia* sobre el tema de la misericordia.

31. Siendo una joven metodista mexicana en 1969, Tamez se trasladó a Costa Rica para cursar estudios de teología; en aquella época, los seminarios mexicanos no admitían mujeres. A pesar de estos obstáculos, obtuvo cuatro títulos, incluido el de Doctora en Teología por la Universidad de Lausana (Suiza). Ha publicado numerosos libros sobre estudios bíblicos, entre los que destacan *La Biblia de los oprimidos* y *Through Her Eyes: Women's Theology from Latin America*. Ayudó a crear la Asociación Ecuménica de Teólogos del Tercer Mundo (EATWOT, por sus siglas en inglés) y, con otras mujeres del Sur Global, impulsó la Comisión de Mujeres de la EATWOT. En 1995, fue la primera mujer rectora de la Universidad Bíblica Latinoamericana y ha impartido clases en todo el mundo. Para una muestra del trabajo de la Comisión de Mujeres, véase "Feminist Theology Reaching New Borders: Búsquedas de la Teología Feminista (Multilingual Issue)," *Voices* 39.1 (2016).

Wesley y su teología en estos contextos y ofrece tres claves hermenéuticas para una lectura fiel a la misión[32].

En primer lugar, "es sumamente importante considerar *quién* lee la tradición metodista, *desde cuál situación concreta* la lee y para *quién* la lee"[33]. Tamez propone una "correspondencia de relaciones" que conecta a Wesley con su contexto, a los metodistas latinoamericanos con el suyo y a ambos entre sí. El punto de contacto en esta analogía es la vida humana. "Tanto entonces como ahora existe la convicción teológica de que la vida es un don de Dios; hemos sido creados a su imagen y es su voluntad que tengamos vida"[34].

En segundo lugar, las lecturas metodistas latinoamericanas de Wesley dan grandes frutos debido a la afinidad histórica del metodismo con los marginados. Los primeros metodistas no eran conocidos simplemente por predicar *a* los pobres, sino por predicar *como* pobres[35]. Para la divinidad práctica, los ejemplos ofrecen concreción a los argumentos teológicos. El "Wesley de los pobres" y sus testigos—si se conocieran mejor—podrían encontrar un eco esperanzador en el contexto latinoamericano. Así, Tamez destaca el ministerio de Joseph Chapman, un sindicalista metodista de Inglaterra cuyos esfuerzos de organización laboral estaban guiados por la visión escatológica de un "gran unión" en la que "príncipe, el grande y el campesino se unirán y cooperarán por el bien de todos y de cada cual"[36]. También resalta el nombre de H. J. Crabtree, un predicador de Carolina del Norte que anunció: "Dios es el Dios del pobre"[37].

En tercer lugar, la inclusión en la tradición metodista de un credo social junto al Credo de los Apóstoles enmarca una identidad metodista que

---

32. Elsa Tamez, "Wesley as Read by the Poor," *The Future of the Methodist Theological Traditions*, ed. M. Douglas Meeks (Nashville, TN: Abingdon, 1985), 67-84.

33. Tamez, "Wesley as Read by the Poor," 68.

34. Tamez, "Wesley as Read by the Poor," 72.

35. Richard P. Heitzenrater, ed., *The Poor and the People Called Methodists* (Nashville, TN: Abingdon/Kingswood, 2002), 15-38. Heitzenrater afirma: "Wesley no tuvo que buscar a los pobres; se sentaban frente a él en los bancas de sus casas de predicación. No tuvo que ir a otra parte de la ciudad para encontrar a algunos pobres a los que ayudar; podría haber puesto carteles en las casas de predicación metodistas que dijeran: 'The Poor R Us'» (28).

36. Tamez, "Wesley as Read by the Poor," 75.

37. Tamez, "Wesley as Read by the Poor," 76.

llega hasta los orígenes del cristianismo y hasta los márgenes de la sociedad. En el mejor de los casos, el credo social ofrece una instancia concreta de la forma de vida que acogieron los apóstoles.

Hacer divinidad práctica desde América Latina pone de relieve las dimensiones sociales de la comprensión wesleyana de la *via salutis*. La jornada a lo largo del camino de la salvación, de pecador a santo, es una jornada de gracia, una gracia que da sentido y esperanza al pueblo llamado *metodista* a medida que avanza hacia la nueva creación. En palabras de una declaración metodista boliviana: "En la medida en que [los seres humanos] se asemejan a Dios y se entregan a Él para ser transformados, es que alcanzan su verdadera humanización"[38]. El camino de la salvación implica una jornada de verdadera humanización. En sus escritos, Tamez pone en conversación la *via salutis* wesleyana—incluidas sus dimensiones inherentemente sociales y humanizadoras—con la enseñanza de Pablo sobre la justificación por la fe[39].

El itinerario del camino de la salvación comienza con el predicamento humano tal como se vive en la sociedad latinoamericana. La condición humana bajo la condición del pecado es una en la que las personas "están siendo gobernadas por un sistema que insiste en una lógica de muerte"[40]. Dada esta realidad, Tamez se pregunta: "¿Cómo se puede afirmar la relevancia de una interpretación de la justificación por la fe como el perdón de los impíos en una situación en la que el pecado más obvio es estructural?"[41] Las doctrinas recibidas, incluida la doctrina de la justificación, tienen que responder a las preguntas candentes que las personas se plantean. Después de todo, "¿qué le dice la justificación al pobre indígena de Perú, Guatemala, Bolivia o México, que sufre tanto hambre como discriminación permanente?"[42]

La doctrina de la justificación trasplantada a América Latina era individualista y abstracta. Con demasiada frecuencia, promovía la impunidad

---

38. Tamez, "Wesley as Read by the Poor," 80.

39. Elsa Tamez, *The Amnesty of Grace: Justification by Faith from a Latin American Perspective* (Eugene, OR: Wipf & Stock, 2002).

40. Tamez, "Wesley as Read by the Poor," 76.

41. Tamez, *The Amnesty of Grace*, 20.

42. Tamez, *The Amnesty of Grace*, 21.

social, quitando la culpa de quienes seguían beneficiándose de las estructuras opresivas. Además, a veces condonaba la pasividad al recomendar la confianza en la soberanía divina como único remedio para la injusticia y reforzaba los prejuicios al etiquetar como pecadores a quienes ya habían sido satanizados por la sociedad. Por el contrario, una doctrina concreta de la justificación por la fe comienza con una clara afirmación de la vida de los pobres; las vidas de las personas marginadas merecen ser vividas y salvadas. Enseñar la justificación por la fe compromete al teólogo a nombrar y resistir lo que niega o excluye las posibilidades de la vida humana. "Al ser justificado por la fe en aquel que resucita a los muertos y da vida a lo que no existe, la persona excluida se incorpora con poder a una nueva lógica. Esa nueva lógica es la lógica de la fe, cuyo criterio es la vida que Jesucristo trajo, una vida digna y libre, que se concede a los demás"[43].

Desde una perspectiva metodista latinoamericana, nacer de nuevo por la gracia de Dios despierta los sentidos adormecidos de su letargo. "Se identifica a los que producen la muerte, los principados y potestades que gobiernan el mundo, los anticristos. Se toma conciencia del significado de la vida verdadera y de las posibilidades realistas de alcanzarla. Se ve a Dios como fuente de vida y justicia, que da su vida por nuestra vida"[44]. Con esta nueva conciencia del amor de Dios por todas sus criaturas, especialmente las más vulnerables, comienza el proceso de santificación. Parte integrante de este proceso es el encargo de "aceptar el reto y el riesgo de la lucha por la vida plena, por hacer visible el reino de Dios: reino de amor y justicia"[45]. Al comprometerse en estas luchas, los caminantes de la *via salutis* crecen en santidad y llegan a la perfección cristiana de un modo que desafía el perfeccionismo al que muchos aspiran en la sociedad contemporánea. "Para la gente de hoy, la perfección está vinculada al éxito, a la competencia, a sobresalir a costa de los demás"[46]. Para Wesley, en cambio, la perfección cristiana es el resultado de una transformación interior radical que une al cristiano con Dios y con los pobres y marginados hijos de Dios.

---

43. Tamez, *The Amnesty of Grace*, 166.

44. Tamez, "Wesley as Read by the Poor," 80.

45. Tamez, "Wesley as Read by the Poor," 81.

46. Elsa Tamez, *The Scandalous Message of James: Faith without Works Is Dead* (New York: Crossroad, 2002), 71.

El camino de la salvación es una jornada de humanización en la que las criaturas encarnadas crecen a semejanza de Dios. De hecho, la recuperación de la imagen de Dios es, según Wesley, la meta de la *via*; es lo único necesario[47]. Esta imagen ha sido herida y desfigurada en todos los seres humanos, ricos y pobres, víctimas y victimarios. Sin embargo, como afirma Tamez, "Dios elige un lugar de encuentro para que la imagen de Dios se reproduzca en todo ser viviente. Dios hace esta elección no para excluir a algunas personas, sino precisamente para negar la exclusión mediante la inclusión de todas las personas, empezando por las actualmente excluidas"[48]. Para devolver a la imagen de Dios todo su esplendor, Dios empieza por los que han sido desechados en los basureros de la historia.

Esta restauración es motivo de fiesta. Cuando una persona que ha sido relegada al papel de extra en la historia de una sociedad aprende que es protagonista en la historia del amor del Dios trino por el mundo, la vida se convierte en un don que exige una celebración pública[49]. La vida de los pobres, contra todo pronóstico, exige fiesta y canciones. En la traducción, una de esas canciones declara:

> ¡Vengan! ... Hagamos todos juntos un pan enorme
> Y preparemos mucho vino, como en las bodas de Caná[50].

Divinidad práctica como misericordia en busca de entendimiento

La divinidad práctica traza el camino de la salvación, para guiar a los seres humanos de la alienación a la comunión con Dios. En este capítulo, he reflexionado sobre la manera en que la divinidad práctica, tal y como la practica el pueblo *metodista*, se sitúa deliberadamente en los márgenes de la sociedad y cómo la opción del teólogo o teóloga por esta ubicación

---

47. Juan Wesley, Sermon 146, "The One Thing Needful," *Works* 4:351-59.

48. Tamez, *The Amnesty of Grace*, 132.

49. Tamez, *The Amnesty of Grace*, 138. Traducción de la autora.

50. Elsa Tamez, "Vengan celebremos la cena," in *Un cántico nuevo*, ed. Jorge Maldonado (Quito, Ecuador: Eirene, 1989), 145.

le otorga la perspectiva para reconocer el objetivo de la nueva creación como algo que comienza en la historia a través de la humanización de la persona. Una forma de interpretar este enfoque de la teología es hablar de la divinidad práctica como misericordia en busca de entendimiento. Aquí recojo algunas de las ideas de las secciones anteriores y presento un esbozo de la divinidad práctica del pueblo *metodista* con la intención de ofrecer señales para la renovación doctrinal cristiana.

En primer lugar, la divinidad práctica es una obra de misericordia. Cuando Juan Wesley predica sobre el camino de la salvación, habla de las obras como condicionalmente necesarias para participar de la gracia de Dios. Primero, Wesley destaca las obras de piedad, "tales como la oración pública, la oración en familia y la oración privada; recibir la Cena del Señor; escudriñar las Escrituras escuchando, leyendo y meditando; y utilizando en tal medida el ayuno o la abstinencia como nuestro cuerpo o nuestra salud lo permitan"[51]. La divinidad práctica encarna la tradición patrística de la teología como *eusebeia*, un concepto expresado con admirable concisión por Evagrio del Ponto: "Si eres teólogo, orarás verdaderamente, y si oras de verdad, eres teólogo"[52]. Las obras de piedad son, para la tradición wesleyana, constitutivas de la tarea teológica. El camino de salvación de Juan Wesley no sólo exige obras de piedad, sino también *obras de misericordia* como respuesta adecuada a la gracia de Dios. Las obras de misericordia se dirigen al prójimo como persona integral, tanto al cuerpo como al alma, lo que significa "alimentar a los hambrientos, vestir a los desnudos, hospedar al extranjero, visitar a los que están en prisión, o a los enfermos, o a los que padecen diversas aflicciones; o tales como esforzarse por instruir a los ignorantes, ... o contribuyendo de alguna manera a salvar las almas de

---

51. Juan Wesley, Sermon 43, "The Scripture Way of Salvation," III.9, *Works* 2:166. En español, véase: *Obras*, III,101.

52. Evagrius Ponticus, "De oratione", en *The Praktikos and Chapters on Prayer*, traducción de John Eudes Bamberger, OSCO (Kalamazoo: Cistercian, 1972), 52-80, 60. Khaled Anatolios habla de la *eusebeia* de la siguiente manera: "La auto-revelación divina está disponible a través de su testimonio inspirado en las Escrituras, tal como es interpretada por los actos de comunión eclesial (concilios sinodales) y tal como es apropiada y realizada en el culto y el discipulado. La combinación de estos tres elementos constituye lo que los teólogos del siglo IV denominaban *eusebeia*". Khaled Anatolios, *Retrieving Nicaea: The Development and Meaning of Trinitarian Doctrine* (Grand Rapids, MI: Baker, 2011), 282. La *eusebeia* como principio de la teología trinitaria asume un significado hermenéutico.

la muerte"[53]. Tanto la enseñanza como la visita a los pobres son obras de misericordia; son medios de gracia que ayudan a los teólogos a convertirse en lo que Hans Urs von Balthasar llama "teólogos completos"[54].

En segundo lugar, la divinidad práctica como obra de misericordia pide a los teólogos que elijan las periferias en lugar de los centros de poder. Es una opción, como dice Harold Recinos, por el barrio. "Los rechazados del barrio reclaman... un discipulado radical que opte por los pobres, construya una iglesia que no separe a Dios de los pobres y promueva una actividad dirigida a la reestructuración del orden social y de la cultura dominante en la dirección del reinado anunciado por Jesús Crucificado"[55]. Este modo de teología modelado por Juan Wesley tiene fuertes orientaciones cristológicas y misiológicas. Los hermanos Wesley, cada uno a su manera, modelaron sus vidas según la visión medieval y, de hecho bíblica, de Jesús como pobre. Como dice Ted Campbell, para los Wesley, "los pobres están íntimamente relacionados con Cristo. Si no están conectados con el significado religioso central de la fe cristiana—desconectados de Cristo, los pobres se convierten en un problema, una obligación, una excepción y, en cualquier caso, se convierten en algo periférico"[56]. De hecho, como explica Emilio Castro, las teologías contextuales y globales "son básicamente mi-

---

53.   Wesley, Sermon 43, "The Scripture Way of Salvation," III.10, Works 2:166. En español, véase: *Obras*, Tomo III, III.10, p. 101-102.

54.   Hans Urs von Balthasar, "Theology and Sanctity," in *Word and Redemption: Essays in Theology, Volume One* (New York: Herder & Herder, 1965), 57.

55.   Harold Recinos, "Barrio Christianity and American Methodism," in *Methodist and Radical: Rejuvenating a Tradition*, ed. Joerg Rieger and John Vincent (Nashville, TN: Abingdon/Kingswood, 2003), 77-93, 93.

56.   Ted A. Campbell, "The Image of Christ in the Poor," en *The Poor and the People Called Methodists*, ed. Richard P. Heitzenrater (Nashville, TN: Abingdon/Kingswood, 2002, 39-57, 57). Campbell señala que al tema de la pobreza material de Cristo se le restó importancia en la mayor parte de la piedad protestante. Los hermanos Wesley son una excepción. De los hermanos Wesley, Carlos fue el que más reflexionó sobre la visión medieval de la pobreza. Los himnos de Carlos incluyen temas de pobreza voluntaria, ausentes en los sermones de Juan. Campbell reconoce que la diferencia puede no ser de temperamento personal o de convicciones teológicas, sino de género teológico. Carlos escribía en verso y Juan en prosa, "y la poesía a veces lleva ecos de nociones que hace tiempo que han perecido en la prosa. Por ejemplo, aunque la Iglesia perdió de vista la doctrina de la pobreza de Cristo, la devoción a la pobreza material de Cristo persistió en las paradojas dramáticas del verso religioso" (56). Juan, por su parte, ha sido comparado con los fundadores de las órdenes medievales y practicó y elogió un estilo de vida casi mendicante para los predicadores metodistas.

siologías. No son explicaciones del ser de Dios, sino que representan una búsqueda apasionada de nuevas opciones para la misión de las iglesias"[57]. Son misiologías con principios eclesiológicos y cristológicos. Como señala Castro, "Somos la Iglesia del Cristo indefenso que hizo suya la suerte de los pobres y los más insignificantes"[58].

En tercer lugar, la divinidad práctica practicada desde las periferias toma propiamente la forma de *intellectus misericordiae,* **misericordia en busca de entendimiento.** Para ello hay que unir doctrina y vida. Wesley valoraba la ortodoxia y la ortopraxis, pero para que éstas alcancen su objetivo, también se necesita lo que los teólogos metodistas y católicos llaman *ortopatía.* La ortopatía se refiere a las pasiones correctas (en el sentido de sentimientos y afectos) que alguien que ha nacido de Dios experimenta a través de la participación en la relación filial de Jesús[59]. La teología como *intellectus misericordiae* implica una disposición afectiva, una apertura a dejarse conmover por la verdad de Dios y la realidad del sufrimiento en el mundo. Reflexionando sobre la importancia de la misericordia para la vida cristiana, Todd Walatka hace la observación de que "la insensibilidad o la falta de atención hacia la cruel suerte de los pobres y oprimidos indica una falta fundamental de sintonía con el amor de Dios por el mundo y un fracaso a la hora de cooperar con la gracia desprivatizadora de Dios"[60]. En

---

57. Emilio Castro, *Sent Free: Mission and Unity in the Perspective of the Kingdom* (Geneva: World Council of Churches, 1985), 16.

58. Castro, *Sent Free*, 3.

59. Para Ted Runyon, la ortopatía denota "la nueva sensibilidad y participación en la realidad espiritual que marcan la fe genuina". Theodore Runyon, *The New Creation: John Wesley's Theology* Today (Nashville, TN: Abingdon, 1998), 146-67, 149. Es "la experiencia que está arraigada en la actividad del Espíritu, la experiencia que es coherente con la experiencia cristiana pasada reflejada en la Escritura y la tradición" (167). Sobrino también encuentra útil el término para describir el "modo correcto de dejarnos afectar por la realidad de Cristo". Jon Sobrino, *Christ the Liberator: A View from the Victims* (Maryknoll, NY: Orbis, 2001), 210.

60. Todd Walatka, *Von Balthasar and the Option for the Poor: Theodramatics in the Light of Liberation Theology* (Washington, DC: Catholic University of America Press, 2017), 160. Walatka sostiene que la teología melodramática de Balthasar, a pesar de su compleja relación con la teología de la liberación, sitúa la misericordia en el centro de todas las vocaciones y misiones cristianas genuinas en su rica diversidad (160). De manera muy wesleyana, Balthasar enmarca su comprensión de la misión cristiana en términos de amor a Dios y al prójimo "en el que todo nuestro ser se pone a disposición de Dios por el bien de la salvación del mundo" (152). La misionología antropológica de Balthasar se inspira en el *Suscipe* de los Ejercicios Es-

cambio, como el buen samaritano, el misericordioso se niega a apartar la mirada de los que luchan en los lugares de abandono. Al mismo tiempo, la misericordia es más que un sentimiento; es una disposición habitual y un poder para actuar de forma concreta y socialmente efectiva.

En cuarto lugar, la divinidad práctica practicada desde los márgenes está guiada por una visión trinitaria del fin y del camino. En palabras de Tamez: "La gloria del Padre está en ver a los hijos e hijas de Dios madurar en libertad y justicia hasta la estatura del Hijo de Dios, por la fe, que es una capacidad que es concedida por el don de la justificación"[61]. La teología a lo largo de la *via salutis* es más que sentimientos piadosos u opiniones personales. Como dice José Carlos de Souza, "no basta con ser piadoso" si queremos "promover una comprensión teológica que responda tanto a las necesidades del evangelio como a las necesidades de las realidades actuales"[62]. La divinidad práctica discierne los espíritus por el poder del Espíritu, que ayuda al complejo transitar de la revelación, la tradición y la ubicación, dando como resultado un sano balance. El equilibrio de la teología de Wesley no es estático sino dinámico; refleja su preocupación para que la teología nazca de la vida del creyente y de la iglesia que se mueve hacia el mundo. La teología "busca servir a la misión y causa del evangelio, mientras que, al mismo tiempo, se expresa como la vida diaria de las personas"[63].

La teología cristiana como divinidad práctica no es patrimonio metodista. Se trata más bien de un movimiento misionero que dialoga con la tradición ecuménica y reflexiona sobre los contextos culturales, integrándolos en una espiritualidad trinitaria vivida en solidaridad con el pueblo de Dios. Hacer teología como divinidad práctica no es la única opción válida. Por ejemplo, la teología kerigmática y la teología escolástica también tienen mérito. Lo que de Souza dice respecto a la divinidad práctica podría

---

pirituales ignacianos. La de Wesley se inspira en la Oración de Pacto de Richard Alleine. Ambas son formas de encarnar el mismo sentir que hubo en Jesús, quien, siendo en forma de Dios, se despojó de sí mismo por nosotros y por la salvación del mundo.

61. Tamez, *The Amnesty of Grace*, 145.

62. De Souza, "Fazendo teologia numa perspectiva wesleyana," 121.

63. José Carlos de Souza, "Um modo equilibrado, dinâmico e vital de fazer teologia," *Teologia em perspectiva wesleyana*, ed. Duncan Alexander Reily, José Carlos de Souza, y Rui de Souza Josgrilberg (São Bernardo de Campo: Editeo, 2005), 13-23, 22.

aplicarse más ampliamente: "Wesley no pretendía descalificar la tarea de la comprensión teológica, sino que se esfuerza por situarla en el lugar que le corresponde, como instrumento al servicio de la fe y la vida cristianas y no como su sustituto"[64]. El pueblo *metodista* invita a todos los cristianos a renovar la tarea doctrinal, situando la teología en el lugar que le corresponde: en Cristo, que tiende su misericordia a un mundo herido y perdido.

Postludio

Los teólogos que conocí en la FaTeo estaban profundamente comprometidos con sus iglesias. En algunos casos, se trataba de una necesidad económica, para complementar los bajos salarios que su institución podía permitirse pagar. En todos los casos, su compromiso comunitario reflejaba una opción por la iglesia en su misión al mundo como lugar para hacer teología como divinidad práctica. Las articulaciones doctrinales de Wesley sobre el camino de la salvación son secundarias en importancia con respecto al verdadero transitar por el camino. "Wesley propone un cristianismo práctico en el sentido de que es un cristianismo vivido"[65].

Después de la reunión, varios profesores me llevaron a visitar iglesias y ministerios metodistas en São Paulo. Uno de ellos era un albergue para indigentes apoyado por la Iglesia Metodista. Las instalaciones y la gente eran como las que he visto en muchos otros lugares, excepto una persona que conocí. Era un expolicía que había sido condenado por asesinar a un indigente. Mientras estaba en la cárcel por este crimen, los pastores metodistas lo evangelizaron, y después de ser liberado, oyó que Cristo lo llamaba a seguirlo sirviendo a las mismas personas indigentes a las que una vez había victimizado. Este antiguo policía dedicó su vida a dirigir el refugio. No era un teólogo académico, aunque llamaba amigos a varios de ellos. Encarnaba la divinidad práctica como misericordia en busca de entendimiento.

El refugio no es el único lugar apropiado para hacer teología. La academia también tiene un papel, siempre que adopte la postura adecuada

---

64. De Souza, "Um modo equilibrado, dinâmico e vital de fazer teología," 15.

65. Josgrilberg, "A motivação originária da teologia wesleyana," 103.

ante los caminantes heridos de la *via salutis*. El Papa Francisco aborda la cuestión del lugar y la postura con su franqueza habitual: "No olvidemos que la única manera legítima de mirar a una persona de arriba abajo es cuando se le tiende la mano para ayudarla a levantarse"[66]. Dicho de otro modo, el mundo necesita urgentemente la academia teológica, siempre que la academia no sirva como torre de marfil, sino como atalaya. En un mundo corrompido por el omnipresente pecado personal y estructural, el verdadero teólogo no es sólo el que ora de verdad. El verdadero teólogo es el que se inclina para levantar a los demás.

---

66. Papa Francisco, Ángelus, Plaza de San Pedro (Domingo, 7 febrero, 2021), https://www.vatican.va/content/francesco/es/angelus/2021/documents/papa-francesco_ange-lus_20210207.html.

Capítulo Dos

Jesús nació en Guatemala: Hacia una cristología hispana

En la primavera de 2019, el Curso de Estudios Metodistas Centroamericanos donde enseño regularmente organizó un concierto en Ahuachapán con el compositor salvadoreño Guillermo Cuéllar. Los estudiantes cantaron con él mientras interpretaba música de la Misa Popular Salvadoreña, pero la canción que suscitó la respuesta más vigorosa fue una del compositor nicaragüense Carlos Mejía Godoy, que proclama "Cristo ya nació en Palacagüina"[1].

Las últimas décadas del siglo XX fueron fecundas para el cristianismo latinoamericano. Nuevas teologías como las teologías de la liberación se escribieron desde contextos en los que las generaciones anteriores sólo habían producido traducciones y adaptaciones de obras europeas. Nuevas expresiones de vida cristiana, como las Comunidades Eclesiales de Base, surgieron por todo el paisaje. Nuevos cantos, como el Cristo de Palacagüina, pusieron música a estas nuevas teologías y formas de vida. La cristología siempre está inserta en una red de prácticas culturales. El Cristo de Palacagüina no es simplemente un canto cristológico latinoamericano;

---

1. El texto en español de la canción se encuentra en Josep Ignasi Saranyana y Carmen José Alejos Grau, eds., *Teología en América Latina, Volumen III: El siglo de las teologías latinoamericanistas* (1899-2001) (Madrid: Vervuert, 2002), 358.

es nicaragüense. El lenguaje y la imaginería de su estribillo y sus versos se sitúan en una tierra que gemía bajo la dictadura de Anastasio Somoza Debayle. Para Mejía Godoy, los títulos cristológicos que comúnmente se cantaban de Jesús en la iglesia eran píldoras venenosas con sabor a miel que repartían los que estaban en el poder[2]. Se trata de una cristología nacida en un contexto de agitación civil, protesta eclesiástica y lucha por la dignidad. El Cristo de Palacagüina sueña con crecer y no ser carpintero como su padre, sino guerrillero.

¿Por qué mis amigos metodistas centroamericanos se sintieron tan identificados con la canción de protesta de un católico nicaragüense? La respuesta, sugiero, es que afirma la fe en un Cristo encarnado en su propia historia. En este ensayo, trazo los contornos de una cristología wesleyana hispana. Para lograr este objetivo, comienzo revisando la cristología de Wesley con la ayuda de la obra magistral de John Deschner sobre este tema. Luego, considero las imágenes y rostros de Cristo desde las perspectivas latinoamericana e hispana. La superposición de estas dos lentes produce una cristología wesleyana hispana que encuentra confirmación en el testimonio de un pastor metodista de que Jesús nació en Guatemala.

La cristología de Wesley

La obra de John Deschner sobre la cristología de Wesley es la exploración más significativa de la comprensión de Cristo por parte de Wesley escrita hasta la fecha[3]. Su libro se basa en los sermones normativos de Wesley y en las *Notas sobre el Nuevo Testamento* y muestra los resultados

---

2. Respecto a este abuso de la cristología, véase Pablo en Romanos 16:18: "Porque tales personas no sirven a Cristo nuestro Señor sino a sus propios estómagos, y con suaves palabras (*chréstologia*) y lisonjas (*eulogia*) engañan a los corazones de los ingenuos…". Cuando Cirilo de Jerusalén lee la carta de Pablo, interpreta que el apóstol quiere decir que "los herejes hacen esto recubriendo sus píldoras venenosas de doctrinas impías con la miel del nombre de Cristo". En Catechetical Lectures 4.2, *Ancient Christian Commentary on Romans* (Downers Grove, IL: InterVarsity, 1998), 377. El uso del término *cristología* para denominar la enseñanza de la Iglesia sobre Cristo es relativamente reciente: véase Rafael Ramis-Barcelo, "En torno al surgimiento de la noción moderna de cristología'", *Gregorianum* 100.1 (2019): 27-47.

3. John Deschner, *Wesley's Christology: An Interpretation* (Dallas, TX: Southern Methodist University Press, 1985).

en las categorías de la teología barthiana. Deschner identifica dos aspectos distintivos de la cristología de Wesley.

En primer lugar, en la teología de Juan Wesley hay una valorización del "Cristo integral". Esto significa, dice Deschner, "Cristo en todos sus oficios, no sólo expiando nuestros pecados, sino también guiando y empoderando nuestra recuperación de la imagen de Dios"[4]. Wesley creía que Jesús de Nazaret "fue un Profeta que nos reveló toda la voluntad de Dios; fue asimismo, un Sacerdote, que se entregó a sí mismo en sacrificio por el pecado, y que aún continúa intercediendo por los transgresores. Creo que él es Rey, que tiene todo poder en el cielo y en la tierra, y que reinará hasta que todas las cosas se encuentren sujetas a él"[5]. Como dejan claro los himnos del Domingo de la Ascensión, el regreso de Jesús a su Padre conlleva la exaltación del verdadero Elías, la consagración del verdadero Aarón y la coronación del verdadero David[6]. Jesús cumple sobradamente las funciones de profeta, sacerdote y rey porque es verdaderamente Dios. Él es el santo de Dios; "Su justicia divina pertenece a su naturaleza divina, puesto que él es ὁ ὤν, 'El cual es Dios sobre todas las cosas, bendito por todos los siglos', el supremo, el eterno, igual al Padre respecto de su divinidad, pero inferior al él en su humanidad"[7]. Cristo nos enseña quién es Dios, nos capacita para participar de la naturaleza divina y nos guía a la comunión del Padre, el Hijo y el Espíritu Santo.

La centralidad del "Cristo integral" es coherente con la soteriología holística de Wesley. Cristo es tanto el justificador como el santificador; perdona y sana; es por nosotros y en nosotros. Wesley advierte: "No podremos presentarnos libres de culpa ante Dios si no hemos proclamado todas sus obras"[8]. Hay que predicar y cantar al Cristo integral. Así, en el aniversario de su conversión, Carlos Wesley canta:

---

4.   Deschner, *Wesley's Christology*, xvi.

5.   Juan Wesley, "A Letter to a Roman Catholic," §7, *Works* (Jackson) 10:81. En español, véase "Carta a un católico romano". *Obras*, VIII:121, §7

6.   Véase Carlos Wesley, *Resurrection Hymns* (1746), himno 16, y *Ascension Hymns* (1746), en particular los himnos 2 y 4, https://divinity.duke.edu/initiatives/cswt/charles-published-verse.

7.   Juan Wesley, Sermon 20, "The Lord Our Righteousness," I.1, *Works* 1:452. En español, véase: *Obras*, I:400.

8.   Juan Wesley, Sermon 36, "The Law Established through Faith II," I.6, *Works* 2:37. En español, véase: *Obras*, II, 351.

Mil voces para celebrar
A mi Libertador,
Las glorias de su majestad,
Los triunfos de su amor[9].

En segundo lugar, Wesley enseña a sus compañeros metodistas a centrar su atención en el "Cristo presente". Wesley no descuida al Cristo cósmico ni al Cristo venidero. Sin embargo, Deschner señala que Wesley enfatiza "el Cristo cuya cruz es el fundamento presente de un perdón divino que subyace a todo, a quien uno encuentra 'ahora' en los medios de gracia, y cuya 'mente' toma forma hoy en los 'afectos' renovados del corazón del creyente"[10]. Los metodistas se toman a pecho las palabras de Pablo: "¡He aquí ahora el tiempo más favorable! ¡He aquí ahora el día de salvación!" (2 Cor. 6:2). En el Cristo presente, "anticipamos el cielo en la tierra"[11]. En Cristo vemos lo que significa ser verdaderamente humanos—santidad de corazón y de vida, rectitud interna y externa—y recibimos el poder de llegar a ser como él.

Cristo es santo de corazón:

Su justicia interna es la imagen de Dios estampada en cada poder y facultad de su alma. Es una copia de su justicia divina, en cuanto puede ser impartida a un espíritu humano. Es una copia de la pureza, la justicia, la misericordia y la verdad divinas. Incluye amor, reverencia y sumisión a su Padre; humildad, mansedumbre y modestia; amor a la humanidad y todos los otros atributos santos y celestiales en su más alto grado, sin defecto o mezcla de injusticia[12].

---

9. *The United Methodist Hymnal* (Nashville, TN: United Methodist Publishing House,1989), Hymn 57. Aquí hemos usado la muy conocida traducción al español de este himno como aparece en: *Mil voces para celebrar-Himnario Metodista* (Nashville, TN: United Methodist Publishing House,1996), Himno 1.

10. Deschner, *Wesley's Christology*, xvi.

11. *The United Methodist Hymnal*, Hymn 57. En español: *Mil voces para celebrar-Himnario Metodista*, Himno 1. En el himno en español esta línea de la estrofa 7, dice: "y aquí del cielo gozarán".

12. Juan Wesley, Sermon 20, "The Lord Our Righteousness," I.2, *Works* I:452-53. En español, véase: *Obras*, Tomo I: 401.

Además, Cristo es santo de vida: "la más pequeña parte de su *justicia externa* fue que no hizo nada malo, que no conoció pecado de ninguna clase, que no se halló engaño en su boca, que nunca dijo una palabra impropia o cometió una mala acción"[13]. Más aún, "Él hizo todas las cosas bien. En cada palabra de su boca, en cada obra de sus manos, hizo precisamente la voluntad del que lo envió. En todo el transcurso de su vida hizo la voluntad de Dios en la tierra como los ángeles la hacen en el cielo. Todo lo que hizo y habló fue perfecto en todas las circunstancias. Su obediencia fue perfecta en su totalidad y en cada una de sus partes. 'Él cumplió toda justicia'"[14].

Existe una clara correspondencia entre la justicia humana de Cristo y las Reglas Generales metodistas: evitar el mal, hacer el bien y cumplir todas las ordenanzas de Dios. La correspondencia no es casual, pues todo en el metodismo de Wesley estaba orientado a la renovación de la imagen de Dios en el ser humano. Al participar en los medios de gracia, los seres humanos son capacitados para evitar el mal, hacer el bien y crecer así hasta alcanzar la estatura de Cristo. La transformación del pecador en santo depende de la presencia de la gracia de Cristo hoy. La fe fracasará "si no fuéremos investidos de poder desde lo alto y esto continuamente, de hora en hora, o más bien de momento en momento"[15]. El "ahora" es muy importante porque nuestra justificación y santificación dependen de una continua morada del Cristo integral.

La interpretación de Deschner de la cristología de Wesley es respetuosa y agradecida. Al mismo tiempo, a Deschner le preocupa que la claridad de la visión cristológica de Wesley se vea perjudicada por un relato inadecuado de la humanidad de Cristo. Deschner ofrece dos pruebas para corroborar su sospecha. En primer lugar, la traducción de Wesley de 1 Juan 4:2 relega la naturaleza humana de Cristo a una cláusula subordinada. En segundo lugar, Wesley omite la frase "de su sustancia" de la ver-

---

13. Wesley, "The Lord Our Righteousness," I.3, *Works* I:453. En español, véase: *Obras*, I:401.

14. Wesley, "The Lord Our Righteousness," I.3, *Works* I:453. En español, véase: *Obras*, Tomo I, "Señor, justicia nuestra", I.3, pp. 401-402.

15. Juan Wesley, Letter 408 to Mrs. Elizabeth Bennis (September 10, 1773), *Works* (Jackson) 12:397.

sión editada de los Artículos de Religión que envió a la Iglesia Metodista Episcopal. Para Deschner, la "falta de precisión de Wesley con respecto a María como madre de Cristo en ambas naturalezas, junto con la reserva sobre la naturaleza humana", hace surgir el espectro del nestorianismo en la cristología de Wesley[16].

El espectro anti-calcedonio planteado por Deschner acecha la agenda de los intérpretes de la cristología de Wesley. Por ejemplo, Edward Oakes escribe: "El relato de Wesley acerca de los sufrimientos de Cristo en la pasión tiene un cierto aire de cristología apolinarista del *logos-sarx*"[17]. Claramente, estos intérpretes están de acuerdo en que hay un problema con la cristología de Wesley, pero no están de acuerdo con la naturaleza exacta del problema. ¿Se inclina la cristología de Wesley hacia el apolinarismo o hacia el nestorianismo? Geoffrey Wainwright ofrece una alternativa útil a la lectura de Deschner. Lo que encontramos en Wesley no es apolinarismo, nestorianismo o monofisismo, sino "una visión sanamente alejandrina de la persona de Cristo"[18]. La interpretación que hace Deschner de la cristología de Wesley no es simplemente retrospectiva, sino también prospectiva. Mira hacia el futuro para ver la manera en que esta cristología podría beneficiarse de entrar en la conversación teológica con los teólogos ecuménicos y de la liberación. Es importante que la teología wesleyana aborde la teología ecuménica precisamente desde el punto de vista de la cristología. Deschner afirma: "Hemos aprendido con la ayuda de Outler lo limitante que puede ser entender a Wesley simplemente como protestante y lo insistente que él mismo fue en la tradición ecuménica como fundamento y contexto interpretativo del mensaje metodista de salvación"[19].

Deschner cree que involucrarse en la teología ecuménica profundiza los fundamentos calcedonios de la cristología de Wesley. También cree que involucrarse en la teología de la liberación fortalecería la dimensión práctica de la teología de Wesley. Según Deschner, la teología de Wesley

---

16. Deschner, *Wesley's Christology*, 30.

17. Edward Oakes, *Infinity Dwindled to Infancy: A Catholic and Evangelical Christology* (Grand Rapids, MI: Eerdmans, 2011), 288.

18. Geoffrey Wainwright, "Wesley's Christology: An Interpretation," Book Review, *Perkins Journal*, 39.2 (1986): 55-56, 55.

19. Deschner, *Wesley's Christology*, ix.

puede leerse en diferentes niveles: la teología "articulada" de sus sermones y tratados, la teología "presupuesta" de estos escritos y la teología "actuada" de su ministerio. "Esa teología actuada requiere mucha más reflexión por parte de los estudiantes de la teología de Wesley de la que ha recibido hasta ahora, y puede ser que una teología de la liberación educada en metodologías de praxis-reflexión tenga la perspicacia y la voluntad para emprenderla"[20]. Es a las versiones latinoamericanas de estas teologías a las que nos dirigimos a continuación.

Cristología latinoamericana

Dos de las más importantes colecciones de ensayos sobre cristología desde perspectivas latinoamericanas fueron dirigidas por metodistas. En 1977, José Míguez Bonino publicó el libro *Jesús, ni vencido ni monarca celestial*. Fue publicado en inglés en 1984 como *The Faces of Jesus in Latin America*[21]. En 2009, Harold Recinos y Hugo Magallanes publicaron *Jesus in the Hispanic community*[22]. Ambos libros tienen un alcance ecuménico, dando amplia cabida a voces protestantes y católicas. En este sentido, encarnan bien el espíritu católico wesleyano. John Deschner estaba familiarizado con la teología de Míguez Bonino. De hecho, es muy posible que los rostros de Cristo representados en esta obra sean precisamente los que Deschner pensaba que debían ser considerados detenidamente por los teólogos wesleyanos[23]. Al mismo tiempo, la herencia wesleyana no es particularmente evidente en estas obras. De hecho, los términos Wesley y metodismo no aparecen en ninguno de los dos libros. A pesar de estas lagunas, los libros

---

20.   Deschner, *Wesley's Christology*, xiii.

21.   José Míguez Bonino, ed., *Jesus: Ni vencido ni monarca celestial* (Buenos Aires: Editorial Tierra Nueva, 1977); Míguez Bonino, *Faces of Jesus: Latin American Christologies* (Maryknoll, NY: Orbis, 1984).

22.   Harold J. Recinos and Hugo Magallanes, eds., *Jesus in the Hispanic Community: Images of Christ from Theology to Popular Religion* (Louisville, KY: Westminster John Knox, 2009).

23.   Para la interacción de Deschner con Míguez Bonino, véase "More than Inclusiveness: The New Christian Majority and the Shift in the Ecumenical Conversation about Church Unity," *The Ecumenical Review* 43.1 (1991): 57-67, y "The Changing Shape of the Church Unity Question", *Mid-Stream* 29.1 (1990): 23-32, 26.

son guías extremadamente útiles de las imágenes de Cristo que operan en la conformación del imaginario cristiano de los latinoamericanos. El propósito de identificar estas imágenes es señalar su cautiverio cultural para liberarse de ellas en favor de imágenes más bíblicas y vivificantes de Jesucristo como liberador y mestizo.

Jesús el liberador

En las cristologías latinoamericanas está arraigada la distinción entre el "Jesús histórico" y el "Cristo de la fe". El primero es la fuente; el segundo es la interpretación. La historia de la interpretación ha legado imágenes de Cristo que han normalizado la opresión en América Latina. El título del libro de Míguez Bonino designa con precisión dos imágenes dominantes: *vencido* y *monarca celestial*. En las iglesias de toda América Latina, las imágenes del cuerpo crucificado, sangrante, torturado y casi desnudo de Cristo se encuentran junto a imágenes de Cristo vestido con un espléndido traje bordado en oro y plata, con una corona enjoyada y un aspecto imperiosamente ajeno a los problemas del mundo. El Jesús colonial era una figura semejante a Jano que se parecía a un Atahualpa moribundo o a la apoteosis del rey Fernando I[24]. Al partir del Jesús histórico, los teólogos latinoamericanos tratan de desenmascarar al Cristo español que llegó a las Américas, con la esperanza de descubrir un rostro nuevo y más esperanzador.

La senda seguida por la cristología alejandrina y juanina de Wesley cede el paso a una cristología antioquena y sinóptica desde abajo. Jesús es plenamente humano. Los teólogos latinoamericanos llaman la atención sobre la vida de oración de Jesús, su radical apertura y entrega a Dios y su solidaridad con los marginados. En *Jesus the Liberator*, el teólogo jesuita Jon Sobrino habla de Jesús como alguien que "pertenece, pues, a la corriente de los que tienen esperanza en la historia, en medio de la opresión, que una y otra vez formulan una utopía, que creen que la justicia es posible. Y de esta forma podemos decir que la humanidad de Jesús es verdadera humanidad"[25]. La vida y el ministerio de Jesús revelan la

---

24.   Véase George Casalis, "Jesus, Neither Abject Lord nor Heavenly Monarch," in *Faces of Jesus: Latin American Christologies*, 72-76.

25.   Jon Sobrino, *Jesus the Liberator* (Maryknoll, NY: Orbis, 1993), 75.

verdadera humanidad orientada hacia el reino de Dios. El reino es una utopía que cumple los sueños de un pueblo atrapado en el sufrimiento; es una realidad liberadora que llega en medio de la opresión y la resistencia del antirreino[26]. El antirreino está vigente allí donde se niega la verdadera humanidad, incluso en la Iglesia visible, por ejemplo, en sus cristologías opresoras. En esta visión cristológica, la salvación es la liberación integral de los oprimidos y la santificación sólo puede alcanzarse uniéndose a la lucha con los pobres por el bien de los pobres.

Jesús es el libertador. Este es el título principal de Jesús en las cristologías latinoamericanas de los años setenta y ochenta. También es un tema presente en la himnología metodista latinoamericana. La traducción de "Oh for a thousand tongues to sing my great redeemer's praise" es "Mil voces para celebrar a mi libertador". El tema de la liberación se desarrolla más ampliamente en otro himno metodista, "Tenemos esperanza"[27].

> Porque Él entró en el mundo y en la historia;
> porque Él quebró el silencio y la agonía;
> porque llenó la tierra de su gloria;
> porque fue luz en nuestra noche fría.
>
> Porque nació en un pesebre oscuro;
> porque vivió sembrando amor y vida;
> porque partió los corazones duros
> y levantó las almas abatidas.
>
> Por eso es que hoy tenemos esperanza;
> por eso es que hoy luchamos con porfía;
> por eso es que hoy miramos con confianza;
> el porvenir en esta tierra mía.
> Por eso es que hoy tenemos esperanza;
> por eso es que hoy luchamos con porfía;
> por eso es que hoy miramos con confianza,
> el porvenir.

---

26. Sobrino, *Jesus the Liberator*, 72.

27. *Mil voces para celebrar* (Nashville, TN: United Methodist Publishing House, 1996), Himno 129.

"Porque Él entró en el mundo y en la historia … hoy miramos con confianza el porvenir en esta tierra mía".

En este himno, el obispo Federico Pagura examina la crisis nacional y las violaciones generalizadas de los derechos humanos durante la guerra sucia en Argentina y ancla su esperanza en un Cristo que se pone del lado de los oprimidos contra el opresor. Dos notas wesleyanas destacan en este himno. En primer lugar, el himno hace hincapié en el hoy. La esperanza que Cristo hace posible no es sólo para la vida en la gloria, sino para la vida en la historia. Nuestra esperanza es para el hoy y es la esperanza para el hoy la que nos da confianza para mirar al futuro. En segundo lugar, el himno hace hincapié en la participación humana. La esperanza en Cristo anima a los cristianos a unirse a la lucha por hacer realidad esta esperanza hoy. La visión de la vida revelada por Cristo se convierte en un encargo para el cristiano.

Jesús, el mestizo

A pesar de las muchas conexiones que existen entre ellos, el contexto hispanoamericano difiere del latinoamericano en aspectos significativos. Los hispanos se ven marginados de distintas maneras. La experiencia de escribir algo separado con un guión y la hibridación los hace demasiado latinos para los estadounidenses y demasiado estadounidenses para los latinos. Los rostros de Jesús en las comunidades hispanas concebidas por Recinos y Magallanes son más fluidos que los de América Latina porque, en Estados Unidos, Jesús es un *sato*: un mestizo, un chucho. En palabras de Loida Martell-Otero, llamar *sato* a Jesús "subraya la experiencia de ser relegado al escalón más bajo de la sociedad precisamente como alguien que es percibido como no humano, impuro y sin valor intrínseco—*sobraja*"[28].

La visión cristológica hispanoamericana de la hibridez cultural ha estado fuertemente influida por la obra del teólogo mexicano-americano Virgilio Elizondo[29]. La historia latinoamericana está marcada por el mes-

---

28. Loida Martell-Otero, "Encuentro con el Jesús Sato: An Evangélica Soterology," in *Jesus in the Hispanic Community*, 74-91, 77.

29. Virgilio Elizondo, *Galilean Journey: The Mexican-American Promise* (Maryknoll, NY: Orbis, 1997).

tizaje, término utilizado para denotar la mezcla de culturas españolas e indígenas que siguió a la conquista. Las ambigüedades y tensiones que acompañan al mestizaje han caracterizado la identidad latinoamericana e hispana. Elizondo debe su renombre como padre de la teología hispanoamericana a ser el primero en llevar esta experiencia a un registro teológico. Según Elizondo: "El escándalo humano del camino de Dios no comienza con la cruz, sino con la encarnación histórico-cultural de su Hijo en Galilea"[30]. Jesús de Nazaret en Galilea es un mestizo. Como lo entiende Elizondo, "Galilea era el hogar de la gente sencilla, es decir, de la gente de la tierra, un pueblo trabajador, marginado y oprimido independientemente de quién estuviera en el poder o qué sistema de poder estuviera vigente. Eran los marginados y explotados por todos los demás. Compartían el destino de otros pueblos que vivían al margen de civilizaciones 'mejores'"[31]. La condición fronteriza de Galilea justificaba la pregunta de Natanael a Jesús: "¿De Nazaret puede salir algo bueno?" (Jn 1:45). Elizondo explica: "Nadie busca el liderazgo ni tiene grandes expectativas en los que viven en los suburbios, los *barrios*, los *ranchitos* o los tugurios del centro de la ciudad"[32]. Hay un principio galileo en la historia de la salvación de Dios. "Dios sigue actuando hoy en los lugares y situaciones insospechados del mundo y a través de personas 'improbables'"[33]. Dios elige las tierras fronterizas como escenario de su drama de redención y a los que cruzan la frontera como su público privilegiado. El principio galileano de Elizondo coincide con la visión teológica de un himno del teólogo metodista cubanoamericano Justo González[34].

Desde los cuatro rincones del mundo
se combina la sangre en las venas,
de este pueblo que canta sus penas,
de este pueblo que grita su fe;
recia sangre traída de España,

30.　Elizondo, *Galilean Journey*, 53.

31.　Elizondo, *Galilean Journey*, 52.

32.　Elizondo, *Galilean Journey*, 52.

33.　Elizondo, *Galilean Journey*, 92.

34.　*Mil voces para celebrar*, Himno 378.

noble sangre del indio sufrido,
fuerte sangre de esclavo oprimido,
toda sangre comprada en la cruz.

González ve en la historia de las Américas la tortuosa senda del ministerio de reconciliación de Dios. De la diversidad de etnias de estas tierras, Dios está creando un pueblo nuevo, un pueblo mestizo que apunta a un mañana sin fronteras donde todos habiten juntos en paz y amor. Mediante la sangre de la cruz de Cristo, Dios está desmantelando los muros de separación y reconciliando a todos los pueblos, judíos y gentiles, africanos, indios, europeos y asiáticos. Jesús hace posible una nueva humanidad, una nueva manera de ser étnico. Él es, en palabras del Credo Hispano de González, "Dios hecho carne en un ser humano para todos los humanos, Dios hecho carne en un momento para todas las edades, Dios hecho carne en una cultura para todas las culturas"[35]. El capítulo 4 ofrece un estudio en profundidad del Credo Hispano; por ahora, basta con señalar cómo la armonización de González de los enfoques antioqueno y alejandrino, de un Jesús histórico y un Cristo cósmico, es un ejemplo de la dirección para la cristología wesleyana propuesta por Deschner.

Hacia una cristología wesleyana hispana

En su libro sobre la cristología de Wesley, John Deschner esperaba que el compromiso con las metodologías de las teologías del Sur Global pondría de relieve la orientación teológica práctica del ministerio de Wesley. En efecto, Deschner anhelaba una cristología clásicamente calcedonia y contextualmente concreta. En esta sección final, superpongo los puntos focales de la cristología wesleyana y latinoamericana con miras a una cristología wesleyana hispana. La imagen resultante puede expresarse en dos axiomas: el Cristo integral libera y el Cristo presente es mestizo hoy.

---

35. González, "Hispanic Creed," *Mil voces para celebrar*, 69.

El Cristo integral libera

Wesley insiste con razón en que Cristo tiene que ser predicado en todos sus oficios, pero sus herederos no siempre han sido fieles en el cumplimiento de esta responsabilidad. El énfasis ha estado en Cristo como sacerdote y mediador del perdón. Las voces latinoamericanas e hispanas aquí consideradas animarían al wesleyano a predicar también a Cristo como profeta y rey. Al mismo tiempo, mirar al Cristo integral a través de la superposición de las lentes wesleyana y latinoamericana pone en primer plano otros dos rasgos significativos.

En primer lugar, el Cristo integral es humano y divino. Los enfoques alejandrino y antioqueno deben mantenerse unidos. Los seguidores de la vía antioquena deben tener siempre presente la ambigüedad inherente a todas las obras "históricas" de Jesús. De hecho, sus discípulos malinterpretaron con frecuencia sus señales y dichos. Los seguidores de la vía alejandrina nunca pueden olvidar las limitaciones inherentes a todo conocimiento de Dios. Ambas vías convergen en la segunda persona de la Trinidad, el Hijo de Dios. La cristología wesleyana hispana que concibo aquí se resistiría a una dura distinción entre el Jesús de la historia y el Cristo de la fe. Fracasar en mantenerlos unidos resulta en los callejones sin salida cristológicos descritos por Míguez Bonino. "Parece que tenemos tanto un Cristo que es la Segunda Persona de la Trinidad pero históricamente inoperante, como 'Cristos' localizados cuyos actos (mágicos, tal vez) se buscan en el mundo natural y humano"[36]. Es a través del testimonio de la Iglesia en el poder del Espíritu Santo como conocemos a Jesucristo hoy. El Cristo integral incluye a Cristo como cabeza y a su cuerpo.

En segundo lugar, el Cristo integral es el liberador. No es necesario contraponer los papeles de Cristo, como si ser profeta estuviera relacionado con las luchas por la liberación y ser sacerdote con el mantenimiento del statu quo. El triple oficio de Cristo en su conjunto está orientado a la liberación de la humanidad y de la creación de la esclavitud del pecado y a conducirla a la perfección en el reino de Dios. El desarrollo de una cristología wesleyana hispana exige una relectura del *munus triplex* del Cristo

---

36. Míguez Bonino, *Faces of Jesus: Latin American Christologies*, 6.

integral desde la periferia. Elsa Tamez explica: "Lo novedoso para nosotros es la consideración de la justificación y la liberación desde una perspectiva histórica de opresión, pobreza y lucha"[37]. La importancia de una perspectiva histórica nos lleva al segundo rasgo cristológico.

El Cristo presente es mestizo hoy

La presencia de Jesús, Emanuel, es central en la cristología wesleyana hispana. Al final de la jornada de su vida, la declaración de Juan Wesley en su lecho de muerte lo dice bien: "Lo mejor de todo es que Dios está con nosotros"[38]. Jesús es "Dios encarnado y mora, por su Espíritu, en el corazón de su pueblo"[39]. Pablo Andiñach está siendo un buen erudito bíblico wesleyano al titular su teología del Antiguo Testamento *El Dios que está*. Escribe: "El Dios que está presente no es un mero espectador en el drama de la creación. Las Escrituras ponen de relieve a un Dios comprometido con la vida humana y que, lejos de aislarse, se inserta en los caminos de la humanidad y sigue de cerca el destino de los seres humanos"[40].

El énfasis wesleyano hispano en el Cristo presente exige una doble concreción de ese presente. En primer lugar, el presente se concreta en la vida cotidiana. Jesús se inserta en la vida ordinaria. Haciéndose eco del pensamiento de Ireneo de Lyon, Wesley escribe: "De modo que nuestro Señor atravesó y santificó todas las etapas de la vida humana"[41]. Jesús san-

---

37. Elsa Tamez, *The Amnesty of Grace: Justification by Faith from a Latin American Perspective* (Portland, OR: Wipf & Stock, 2002), 36.

38. John Whitehead, *The Life of the Rev. John Wesley* (Auburn, NY: J.E. Beardsley, 1793), 542.

39. La nota de Juan Wesley's sobre Mt 1:23 en *Explanatory Notes Upon the New Testament*, 3rd ed., 2 vols. (Bristol, UK: Graham & Pine, 1760-61), 15; de aquí en adelante *NT Notes*. En español, véase la nota sobre Mateo 1:23 en *Obras*, IX:321.

40. Pablo Andiñach, *El Dios que está* (Pamplona, España: Editorial Verbo Divino, 2014), 25.

41. Juan Wesley, *NT Notes*, Lk. 2:43, 1:220 (Es español, nota sobre Lc. 2:43, *Obras*, IX:436). Wesley no siguió a Ireneo en su valoración positiva de la vejez. Wesley añade: "Sólo la ancianidad no le correspondía". Por el contrario, Ireneo escribe de Cristo: "Fue un anciano para los ancianos, a fin de ser un Maestro perfecto para todos, no sólo en cuanto a la exposición de la verdad, sino también en cuanto a la edad, santificando al mismo tiempo también a los ancianos y convirtiéndose asimismo en ejemplo para ellos. Luego, finalmente, llegó a la muerte misma, para ser 'el primogénito de entre los muertos, para que en todas las cosas tuviera la preeminencia, [Col 1:18] el Príncipe de la vida [Hechos 3:15], existiendo antes que todos, y yendo antes que todos'"

tifica la infancia, la niñez, la juventud y la edad adulta. Puesto que estas etapas no se viven en abstracto sino en concreto, la santificación que hace Jesús de las etapas de la vida humana tiene implicaciones para las condiciones de la vida humana. Elsa Tamez escribe: "La primera señal de vida es la recuperación de la imagen de Dios en la humanidad ahogada por el pecado, donde la muerte acecha en la emboscada, en el hambre y la insignificancia. Se trata de sentir el pulso de Dios 'en las profundidades del infierno' y de experimentar la gracia en el basurero"[42].

Dios en Cristo es más inmanente en los lugares de exclusión. Elsa Tamez lo expresa con precisión: "Aunque todos los seres humanos manifiestan una imagen rota de Dios (tanto los victimarios como las víctimas), Dios elige un lugar de encuentro para que la imagen de Dios se reproduzca en todo ser viviente. Dios hace esta elección no para excluir a algunas personas, sino precisamente para negar la exclusión mediante la inclusión de todas las personas, empezando por las actualmente excluidas"[43].

En segundo lugar, el presente se concreta en la historia. Así, discernir al Cristo presente exige leer los signos de los tiempos. Para Wesley, los signos de los tiempos están centrados cristológicamente y orientados soteriológicamente[44]. Una lectura wesleyana hispana de los signos de los tiempos buscaría señales del advenimiento de Cristo dentro de la historia violenta y mestiza de América Latina y Estados Unidos porque Cristo entró en nuestra historia. El Cristo presente es mestizo porque el cuerpo de Cristo en la

---

(Ireneo, AH 2.22.4). El juicio de Wesley sobre este punto sigue una corriente de la tradición cristiana recogida por Hans Urs von Balthasar, quien escribe: "Jesús aparece ante el mundo a los treinta años, a la edad de la plena madurez, más allá de la cual no podía esperarse humanamente ningún desarrollo esencial". Balthasar, *Man in History* (Londres, Reino Unido: Sheed & Ward, 1968), 268. Más positivamente, y quizá a modo de síntesis, Balthasar observa también: "No hay santos 'viejos'. Todos son jóvenes incluso en edad avanzada". Balthasar, "Young until death", *Explorations in Theology, V: Man Is Created* (San Francisco, CA: Ignatius, 2014), 223.

42. Tamez, *The Amnesty of Grace*, 132.

43. Tamez, *The Amnesty of Grace*, 132.

44. Juan Wesley, Sermon 66, "The Signs of the Times," I.1, *Works* 2:523 (En español: Sermón 66, *Obras*, IV:46) "¿A qué tiempo hace referencia nuestro Señor en este texto? La respuesta es sencilla: el tiempo del Mesías, el tiempo preparado desde antes de la fundación del mundo cuando agradó a Dios 'dar a su Hijo unigénito', quien, asumiendo nuestra propia naturaleza, 'se hizo semejante a los hombres', para vivir una vida de pena y dolor 'haciéndose obediente hasta la muerte y muerte der cruz'. Todo ello a fin de que, 'todo aquel que en él crea, no se pierda mas tenga vida eterna'.

historia es mestizo. Jesús puso fin a la hostilidad entre judíos y gentiles y los convirtió en una nueva humanidad por medio de su carne crucificada (Ef. 2:13-16). Este Momento Efesio, como lo denomina el misiólogo Andrew Walls, se revive a lo largo de la dilatada historia de encuentros mestizos de la Iglesia, dando lugar a Cristos latinoamericanos e hispanos[45].

Una cristología wesleyana hispana parte del misterio de la concepción y el nacimiento de Jesús, pero no se detiene ahí. Una cristología centrada en el misterio de la encarnación con exclusión de la transfiguración subestima la posibilidad de que el statu quo sea barrido por el Espíritu Santo en la historia de la salvación. Todas las culturas, épocas históricas y pueblos llevan las marcas del pecado. Podemos profesar fe, siguiendo a González, en el "Dios hecho carne en una cultura para todas las culturas" sólo si leemos el "para" misiológicamente. Los teólogos wesleyanos hispanos se beneficiarían de comprometerse con la visión teológica de San Óscar Romero, cuyo pensamiento cristológico se centra en el Cristo transfigurado que transfigura al pueblo de Dios y a la tierra de El Salvador[46]. Dios es "para todas las culturas" en el sentido de que Dios promete la sanidad y transfiguración de todas las naciones. Comentando sobre la montaña a la que Jesús condujo a sus discípulos en Mateo 28:16, Wesley dice que es "probablemente el Monte Tabor, donde, según se supone, se había antes transfigurado. También parece que fue aquí donde apareció a más de quinientos hermanos juntos"[47]. Tabor es el punto de partida de la Gran Comisión y su objetivo. Cristo envía a su Iglesia a hacer discípulos para la transfiguración del mundo.

Conclusión

¿Qué impide que la cristología se convierta en un ejercicio de eiségesis bíblica y afirmación cultural? ¿Cantan los nicaragüenses a un Cristo na-

---

45.   Véase Andrew Walls, *The Cross-Cultural Process in Christian History* (Maryknoll, NY: Orbis, 2002), 72-84.

46.   Véase Edgardo Colón-Emeric, *Óscar Romero's Theological Vision: Liberation and the Transfiguration of the Poor* (Notre Dame, IN: University of Notre Dame Press, 2018): 115-68.

47.   Wesley, *NT Notes*, Mt 28:16, 1:142. (En español, nota sobre Mat. 28:16, *Obras*, IX:398).

cido en Palacagüina simplemente porque son nicaragüenses? Míguez Bonino nos advierte del riesgo de este tipo de aproximación feuerbachiana a Cristo. "En ese caso, la cristología no sería más que una manera de hablar, o una forma de proyección de tales condiciones e ideologías… La cristología sólo podría servir para justificar una praxis histórica ya existente"[48]. La solución de Míguez Bonino a este enigma es hermenéutica, a saber, "una hermenéutica que respete no sólo la historicidad original del texto, sino también la singularidad del locus del lector"[49]. Se trata de un sabio consejo, al que Carlos Wesley recomendaría añadir una coda doxológica.

> Furnished with intellectual light,
> In vain I speak of thee aright,
> while unrevealed thou art:
> that only can suffice for me,
> the whole mysterious Trinity
> inhabiting my heart[50].

Hace unos años, enseñaba teología en el Programa Pastoral de Duke, en Guatemala. Como la lengua materna de varios de mis alumnos era el k'iche', una de las lenguas mayas, necesité la ayuda de un traductor; y como se trataba de una cultura oral, prescindí de los exámenes escritos. En su lugar, evaluaba a mis estudiantes planteándoles una serie de preguntas de verdadero o falso como: "Marción amaba el Antiguo Testamento, ¿verdadero o falso?". Mis estudiantes nunca habían hecho este tipo de pruebas, así que les ofrecí una pregunta de ejemplo: "Jesús nació en Guatemala, ¿verdadero o falso?". La mayoría de los alumnos lo entendieron rápidamente hasta

---

48. Bonino, *Faces of Jesus: Latin American Christologies*, 3.

49. Bonino, *Faces of Jesus: Latin American Christologies*, 4.

50. Carlos Wesley, *Hymns on the Trinity* (1767), Hymn 19, https://divinity.duke.edu/initiatives/cswt/charles-published-verse. Nota del traductor: a continuación ofrecemos una traducción libre al español:

Dotado de luz intelectual,
en vano hablo de Ti con propiedad,
mientras no seas revelado:
sólo me podrá bastar,
la misteriosa Trinidad
habitando en mi corazón.

que llegó el turno de Juan. Hizo una pausa y luego dijo: "Verdadero". Supuse que Juan me había entendido mal, así que volví a preguntar. "Jesús de Nazaret, no Jesús tu primo, nació en Guatemala. ¿Verdadero o falso?" De nuevo, hizo una pausa, lo pensó mejor y contestó: "Verdadero". Reconozco que me puse un poco nervioso. Si Juan tenía problemas con esta pregunta, ¿qué pasaría cuando pasáramos a las preguntas sobre Ireneo? Así que le pregunté: "¿Por qué dices que Jesús nació en Guatemala, la Biblia dice que nació en Belén?". "Sí", dijo, "pero nació en mi corazón". Marvin, mi traductor, intentó ayudar, pero Juan se mantuvo firme. Jesús nació en Guatemala. Más tarde, mientras reflexionaba sobre esta experiencia, recordé haber leído que Ático de Constantinopla, el predecesor de Nestorio, instruyó a la emperatriz y a sus hermanas que "si imitaban la virginidad y castidad de María, darían a luz a Dios místicamente en sus almas"[51]. Juan era un buen teólogo wesleyano; no era nestoriano. Por el poder del Espíritu Santo, el Cristo integral se había hecho presente en su vida. Sí. Jesús nació en Guatemala.

---

51.   Maxwell Johnson, "*Sub Tuum Praesidium: The Theotokos* in Christian Life and Worship before Ephesus," Pro Ecclesia 17.1 (2008): 52-75, 69.

Medellín con ojos metodistas

El movimiento ecuménico parece haber pasado su mejor momento. Ya en 1989, Robert Runcie, entonces Arzobispo de Canterbury, habló del "invierno del ecumenismo"[1]. Cuando el pastor noruego Olav Fykse Tveit, Secretario General del Consejo Mundial de Iglesias (CMI), visitó al Papa Benedicto, le regaló un grueso par de guantes de lana[2]. La academia teológica ha perdido claramente el interés por el ecumenismo. Mientras que a mediados del siglo XX los gigantes de las escuelas teológicas europeas y norteamericanas tenían una presencia destacada en las conferencias del CMI, esto ya no era así a finales de siglo. Mark Heim atribuyó este distanciamiento a varios factores, entre ellos, "la divergencia de la teología académica respecto a las preocupaciones eclesiásticas, así

---

1. Según Jelle Creemers, *Theological Dialogue with Classical Pentecostals: Challenges and Opportunities* (Nueva York: T&T Clark, 2015), 1 nota 1.

2. Según Bruce Myers, Tveit explicó a Benedicto XVI que, para los noruegos, el invierno no es algo que haya que temer: "Sabemos que el invierno puede ser hermoso, y sabemos que el invierno es sólo una de las cuatro estaciones. En invierno, tenemos tiempo para la reflexión, tiempo para pensar en lo que hemos vivido en el pasado y en lo que esperamos del futuro, y, por supuesto, en cómo podemos prepararnos para el futuro." Myers, "Keeping Warm: Reception in the Ecumenical Winter," *The Ecumenical Review* 65.3 (October 2013): 376. Véase también Minna Hietamäki, "Finding Warmth in the Ecumenical Winter: A Nordic Viewpoint", *The Ecumenical Review* 65.3 (octubre de 2013): 368-75.

como la creciente urgencia de las cuestiones de liberación y pluralismo religioso"[3]. La Iglesia también perdió interés. Para algunos, el movimiento ecuménico alcanzó tal éxito que ya no parecía tan urgente. Para otros, las cuestiones en torno a la sexualidad humana y la ordenación de mujeres se intensificaron e introdujeron nuevas divisiones. Ricardo Assolari ha señalado que la caída de la Cortina de Hierro en 1989 contribuyó al invierno ecuménico[4].

Desde el comienzo del movimiento ecuménico, se cuestionaron la teología y la política del CMI. En América Latina, en particular, la opción preferencial por los pobres de las teologías de la liberación se convirtió en un catalizador del movimiento ecuménico. El tema de la quinta asamblea del CMI en Nairobi, "Jesucristo libera y une", resonó con fuerza entre muchos teólogos latinoamericanos[5]. Emilio Castro, metodista uruguayo y ex Secretario General del CMI, sugirió que sus amigos del Norte podrían estar malinterpretando las señales porque "en la imaginería del Norte, el invierno es la época en que no pasan muchas cosas. En mi parte del mundo, el invierno es lo contrario"[6].

Cualquiera que fuese la temperatura ecuménica, un giro hacia el hemisferio Sur podría ser útil para aportar cierta perspectiva global a los pronósticos meteorológicos. En particular, quiero que volvamos a Medellín. Han pasado cincuenta años desde que el Consejo Episcopal Latinoamericano (CELAM) celebró una conferencia en Medellín, Colombia. Este acontecimiento ha sido considerado, con razón, como un momento decisivo en la historia de la Iglesia latinoamericana. Ha sido celebrado o condenado como una fuente de teología de la liberación. Como era de esperar, ha generado una gran cantidad de reflexiones académicas a lo largo de las décadas, pero su legado se lee ahora a través de la óptica del ponti-

---

3.   S. Mark Heim, "Montreal to Compostela: Pilgrimage in Ecumenical Winter," *The Christian Century* 109.11 (April 1, 1992): 334.

4.   Ricardo Assolari, "As estações ecumênicas: implicações do conceito de tradição para os desafios do inverno ecumênico," *Protestantismo em Revista* 42 (2016): 49-51.

5.   Véase Julio de Santa Ana, *Ecumenismo y liberación* (Sao Paulo: Ediciones Paulinas, 1987).

6.   Emilio Castro, "Ecumenical Winter," *Mid-Stream* 32.2 (1993): 12.

ficado de Francisco[7]. Su llamado a "una Iglesia que sale" a las periferias de la sociedad universaliza las lecciones de Medellín[8].

En este ensayo, leo Medellín con ojos metodistas, en particular a través de los escritos de José Míguez Bonino (1924-2012). Al hacerlo, espero mostrar el impacto de la conferencia en la escena ecuménica latinoamericana y responder a la pregunta del metodista argentino: "¿Cómo entenderse como metodistas a la luz de Medellín?"[9] El papel preponderante que concedo a Míguez Bonino en el planteamiento y tratamiento de esta interrogante, se justifica por su amplio reconocimiento como decano de la teología protestante latinoamericana[10]. Cuando los metodistas se reunieron en 1983 para explorar las perspectivas de una teología metodista latinoamericana, cuatro de los diez ensayos dedicados a la reinterpretación de la herencia metodista para el contexto latinoamericano fueron escritos por Míguez Bonino[11].

Con el propósito de abordar la cuestión de la importancia de Medellín para los metodistas, estructuraré el ensayo de la siguiente manera. En primer lugar, haré una breve reseña de los antecedentes y el contenido de la Conferencia de Medellín. Luego, examinaré la lectura que hace Míguez Bonino de los documentos de la conferencia, antes de considerar el impacto de esta reunión católica en los movimientos ecuménicos y evangélicos protestantes latinoamericanos. Finalmente, concluiré con algunas respuestas tentativas a la pregunta marco: ¿Cómo se entienden a sí mismos los metodistas a la luz de Medellín?

---

7. Véase Juan Miguel Espinosa Portocarrero, "Memoria, gratitud y profecía: De Medellín a Francisco", *Páginas* 43.249 (2018): 36-43.

8. Véase *Evangelii gaudium*, nos. 20-24.

9. José Míguez Bonino, "¿Conservar el metodismo?—En busca de un genuino ecumenismo," en *La tradición protestante en la teología latinoamericana Primer intento: Lectura de la tradición metodista*, ed. José Duque (San José, Costa Rica: Departamento Ecuménico de Investigaciones, 1983), 328.

10. Véase Orlando Costas, *Theology of the Crossroads in Contemporary Latin America: Missiology in Mainline Protestantism: 1969-1974* (Amsterdam: Editions Rodopi, 1976), 91.

11. Orlando Costas, *Theology of the Crossroads in Contemporary Latin America*, 91. Míguez Bonino no sólo fue autor de numerosos ensayos en esta colección, sino que muchas de las otras ponencias y los documentos finales de ese congreso hacían referencia a su lectura de Wesley como básicamente normativa para todo compromiso latinoamericano.

Medellín: un pentecostés católico

Recordando su experiencia en la Conferencia de 1968, el obispo Marcos McGrath dijo: "Salimos de Medellín inspirados como por un nuevo Pentecostés"[12]. La reunión de obispos católicos latinoamericanos en Medellín marcó la primera vez que un Papa visitaba América Latina. En su discurso de apertura de la asamblea de Medellín, Pablo VI afirmó: "La primera visita personal de un Papa a sus hermanos e hijos de América Latina no es un simple y singular acontecimiento noticioso. Es, a nuestro juicio, un acontecimiento histórico que se inserta en la larga, compleja, fatigosa y evangélica labor de estos inmensos territorios"[13]. En esa larga historia, la Iglesia católica en América Latina había convocado numerosos concilios, que debían servir como instrumentos de difusión de las enseñanzas de los concilios que tenían lugar en Europa. Un breve repaso de esta historia es importante para comprender el significado y la sorpresa de Medellín.

Contexto histórico

La penosa historia de América Latina a la que aludió Pablo VI en su discurso coincidió estrechamente con la Reforma protestante. El Concilio de Trento (1545-63) fue convocado con el propósito de ofrecer una versión católica de la reforma eclesial que la distinguiera de la de los reformadores protestantes. Unos pocos prelados latinoamericanos estuvieron presentes en Trento. También estuvieron presentes teólogos españoles como Melchor Cano, que realizó importantes aportaciones a las deliberaciones de Trento. En general, fue un concilio de y para europeos. Aun así, las enseñanzas de Trento eran vinculantes para todos los católicos y llegaron a América Latina a través del Concilio de Lima (1582-83) y el Concilio de Ciudad de

---

12. Citado por Carlos Schickendantz, "Un enfoque empírico-teológico. En el método, el secreto de Medellín," *Teología y Vida* 58.4 (2017): 423.

13. Medellín (en adelante, M), "Discurso Inaugural". La fuente utilizada aquí es Consejo Episcopal Latinoamericano, *Las Cinco Conferencias Generales del Episcopado Latinoamericano* (Bogotá, Colombia: CELAM, 2014) para los documentos de Medellín, Puebla y Río.

México (1585).[14] El catolicismo tridentino trasplantado desde Europa por estos concilios encontró tierra fértil en las tierras latinoamericanas.

El Concilio Vaticano I (1869-70) fue convocado por Pío IX para hacer frente a las crisis europeas derivadas de la Ilustración europea. De América Latina asistieron 53 obispos de lengua española y 7 de lengua portuguesa (23 no asistieron). A modo de comparación, de Estados Unidos acudieron cuarenta y seis obispos, a pesar de que acababan de atravesar una guerra civil. La estancia de casi un año en Roma de muchos obispos latinoamericanos contribuyó a la romanización de las iglesias latinoamericanas y a la "modernización" de la vida eclesial a partir del contacto con las corrientes de renovación que circulaban en Europa[15]. Tras el Concilio Vaticano I, en 1899 se celebró en Roma un Concilio Plenario Latinoamericano bajo los auspicios de León XIII. El principal objetivo de este concilio era consolidar las iglesias latinoamericanas que habían experimentado una fragmentación tras los movimientos independentistas del siglo XIX. En general, el Concilio tuvo éxito en la consecución de este objetivo. El Catecismo de Trento se citó con frecuencia en las actas del concilio y se ratificaron las enseñanzas del Vaticano I sobre la fe y la revelación. Casi la mitad de los obispos latinoamericanos participaron en este concilio, y la experiencia dio frutos en un mayor sentido de vida y misión compartidas en América Latina. Entre estos frutos, cabe destacar dos. En primer lugar, se celebraron una serie de congresos eucarísticos en toda América Latina[16]; en segundo lugar, se fundó el CELAM con la aprobación de Pío XII y se reunió en Río de Janeiro en 1955.

---

14. Véase Brian Larkin, "Tridentine Catholicism in the New World," en *Cambridge History of Religions in Latin America*, ed. Virginia Garrard-Burnett, Paul Freston, and Stephen C. Dove (New York: Cambridge University Press, 2016), 107-32.

15. Josep Ignasi Saranyana, ed., *Teología en América Latina*, Vol II,2 (Vervuert: Iberoamericana, 2001), 78.

16. Por ejemplo, en 1934 se celebró en Buenos Aires un encuentro internacional, el trigésimo segundo congreso de este tipo, pero el primero de su clase en América Latina. Merece la pena destacar algunos temas de este congreso, ya que resultan significativos para futuros congresos regionales. Se compuso un himno que expresaba la devoción al Sagrado Corazón de Jesús, una forma de piedad cristocéntrica muy promovida por Pío XI. El himno también expresaba notas fuertemente patrióticas, alabando "las particularidades geográficas y agrícolas propias de la Argentina, como el color azul (presente en la bandera de la república) como alusión al río, el oro del trigo y del sol (también en la bandera); la extensión sin límites de la Pampa, etc.". (Saranyana, *Teología en América Latina*, 72).

Cuando la segunda conferencia de obispos latinoamericanos se reunió en Medellín en 1968, existía una fuerte expectativa de que la conferencia se centraría en la recepción del Concilio Vaticano II (1962-65). Al fin y al cabo, ésta era el patrón histórico. Durante casi 500 años, la Iglesia en América Latina había sido un reflejo de la Iglesia en Europa. Los concilios latinoamericanos se convocaban con el propósito de traducir, adaptar y difundir la enseñanza de los concilios que se consideraban "católicos" o "ecuménicos", pero que también eran innegablemente "europeos". La luz del Vaticano II brilló ciertamente sobre Medellín, pero lo que esta luz reveló no fue un tenue reflejo de la Iglesia de Roma, sino una naciente Iglesia latinoamericana que se convertiría en una fuente para la Iglesia Católica en su conjunto.

El Pentecostés latinoamericano de Medellín se produjo en un momento históricamente denso[17]. La independencia latinoamericana fue un proyecto incompleto, que condujo a la autonomía política de España pero a la dependencia económica de Gran Bretaña. Con la Segunda Guerra Mundial y el ascenso de Estados Unidos como potencia mundial, las riendas económicas de América Latina pasaron de las orillas orientales del Atlántico Norte a las occidentales. Durante la década de 1950, América Latina buscó un equivalente de un Plan Marshall para promover el tipo de desarrollo económico en el hemisferio sur que la protegiera de la amenaza soviética. Tal plan no se llevó a cabo. El año 1959 marcó un antes y un después, ya que la revolución cubana mostró la posibilidad de una América Latina libre de la dependencia económica y política de Estados Unidos.

La administración Kennedy respondió a este acontecimiento apuntalando a Puerto Rico como modelo de democracia liberal e inversión capitalista, un modelo que se ofrecería a toda Latinoamérica mediante la Alianza para el Progreso. La labor de la Alianza para el Progreso, con su énfasis en el desarrollo a través de la asistencia técnica y económica, fue bien recibida tanto por los demócratas cristianos como por los socialdemócratas de América Latina. Se esperaba que la ayuda de Estados Unidos contribuyera a estabilizar la situación económica y política de América Latina y evitara así las condiciones que condujeron a las revoluciones de

---

17. Véase Norman Rubén Amestoy, "De la crisis del modelo liberal a la irrupción del movimiento Iglesia y Sociedad en América Latina (ISAL)," *Teología y Cultura* 8.13 (2011): 7-11.

izquierda. Sin embargo, la falta de financiación adecuada y las ineficiencias internas condenaron esta labor al fracaso. La década de 1960 fue testigo del aumento de la hiperinflación en muchos países latinoamericanos, lo que contribuyó al malestar social y a la inestabilidad política. La "Doctrina de Seguridad Nacional" que Estados Unidos había desarrollado al comienzo de la Guerra Fría se convirtió en la base de una alianza entre las élites económicas latinoamericanas y diversas administraciones estadounidenses, que dio lugar a golpes de Estado de derechas en toda América Latina. Cuando los obispos se reunieron en Medellín, todos los signos de la época apuntaban a una situación intolerablemente pecaminosa.

La Conferencia de Medellín

En Medellín, los obispos expresaron su compromiso de involucrarse eclesialmente en la transformación social que ya se estaba produciendo en todo el continente. Para ello, el informe del Concilio se organiza en torno a tres ejes: primero, la promoción de los pueblos latinoamericanos hacia los valores humanos de la justicia, la paz, la educación y la familia; segundo, la evangelización de los pueblos y de las élites sociales a través de la catequesis y la liturgia; tercero, la adaptación de las estructuras de la Iglesia a las nuevas realidades sociales del continente. Para abordar esta nueva situación, los obispos adoptaron la metodología "ver, juzgar, actuar" del movimiento de la Juventud Obrera Católica (JOC). Dos ejemplos ayudarán a aclarar cómo se empleó el método.

Medellín aborda el tema de la justicia viendo los hechos pertinentes en el continente: "Existen muchos estudios sobre el pueblo latinoamericano. En todos ellos se describe la miseria que margina a grandes grupos colectivos. Esa miseria, como hecho colectivo, es una injusticia que clama al cielo". Tras constatar estos hechos sociológicos e históricos, los juzga sobre una base doctrinal: "La Iglesia latinoamericana tiene un mensaje para todos los hombres de este continente que 'tienen hambre y sed de justicia' … para nuestra verdadera liberación, todos necesitamos una profunda conversión a fin de que llegue a nosotros 'el reino de justicia, de amor y de paz'" (M 1, 1). De esta visión y juicio teológico se deriva una acción pastoral concreta: "Estimamos que las comunidades nacionales han de tener una organización global. En ellos toda la población, muy especialmente las clases populares, han de tener, a través de estructuras territoriales y funcionales, una participación receptiva y activa, creadora y decisiva, en la construcción de una nueva sociedad" (M 1,7).

El llamado de Medellín a una iglesia de los pobres comienza atendiendo al escenario latinoamericano: "Un sordo clamor brota de millones de hombres, pidiendo a sus pastores una liberación que no les llega de ninguna parte" (M 14, 2). Por ello, Medellín concluye que "el episcopado latinoamericano no puede permanecer indiferente ante las tremendas injusticias sociales existentes en América Latina, que mantienen a la mayoría de nuestros pueblos en una dolorosa pobreza cercana en muchísimos casos a la inhumana miseria" (M 14, 1). Estas injusticias sociales se juzgan comparándolas con el relato cristológico de la pobreza de la Iglesia: "Cristo, nuestro Salvador, no sólo amó a los pobres, sino que 'siendo rico se hizo pobre', vivió en la pobreza, centró su misión en el anuncio a los pobres de su liberación y fundó su Iglesia como signo de esa pobreza entre los hombres" (M 14, 7). Este juicio cristológico ayuda a los obispos a distinguir entre los distintos tipos de pobreza y exhorta a los católicos a responder a la pobreza pecadora del continente evangelizando a los pobres, buscando la solidaridad con los pobres y haciéndose pobres[18].

Medellín promovió la recepción de las enseñanzas de Vaticano II. Su adaptación de *Gaudium et spes* fue especialmente rica[19]. Sin embargo,

---

18.   Medellín distingue tres tipos de pobreza. "La pobreza, como carencia de los bienes de este mundo necesarios para vivir dignamente como hombres, es, en cuanto tal, un mal. Los profetas la denuncian como contraria a la voluntad del Señor y la mayoría de las veces como fruto de la injusticia y del pecado de los hombres" (M 14, 4a). "La pobreza espiritual es el tema de los pobres de Yahvé. La pobreza espiritual es la actitud de apertura a Dios, la disponibilidad de quien todo lo espera del Señor. Aunque valoriza los bienes de este mundo, no se apega a ellos y reconoce el valor superior de los bienes del Reino" (M 14, 4b). "La pobreza como compromiso, que asume, voluntariamente y por amor, la condición de los necesitados de este mundo para dar testimonio del mal que ella representa y de la libertad espiritual frente a los bienes, sigue el ejemplo de Cristo que hizo suyas todas las consecuencias de la condición pecadora de los hombres y que 'siendo rico se hizo pobre' para salvarnos" (M 14, 4c).

19.   Carlos Schickendantz es uno de los muchos que sostienen que "*Gaudium et spes* ha sido el texto conciliar que 'mayor impacto ha tenido en América Latina', precisamente por la contribución de su método que invita a palpar y discernir los signos de los tiempos en las aspiraciones y anhelos profundos de la humanidad" (véase Schickendantz, "Un enfoque empírico-teológico", 445).

las enseñanzas de Medellín fueron algo más que meras traducciones de Vaticano II. Los participantes sintieron que se estaba produciendo algo nuevo, que recordaba a Pentecostés. El Espíritu Santo estaba convirtiendo a la Iglesia latinoamericana en una fuente para la Iglesia universal. Esta fue la sorpresa de Medellín[20]. Aunque fue una conferencia regional, Medellín se inspiró en un espíritu ecuménico y católico. Robert Curnow afirmó: "Las conclusiones de Medellín se convirtieron en preguntas planteadas a la comunidad cristiana en general. ¿Qué iba a hacer con ellas la Iglesia Universal?"[21]

Un protestante en Medellín

Los vientos pentecostales que abrieron las ventanas del Vaticano y sorprendieron a los obispos en Medellín eran ecuménicos en espíritu. Vaticano II invitó a observadores protestantes. Entre ellos, eminencias metodistas como Robert Cushman y Albert Outler, y José Míguez Bonino, el único protestante latinoamericano invitado[22]. Míguez Bonino admiró la valentía de Juan XXIII y la audaz visión del concilio que convocó. El metodista argentino escribió: "Por primera vez en la historia del cristianismo

---

20. Por supuesto, esta sorpresa no gustó a todos. El jesuita belga Roger Vekemans y el arzobispo Alfonso López Trujillo vieron demasiado Marx en Medellín. Desde sus privilegiadas posiciones (Vekemans fundó un grupo de reflexión y una revista, y Trujillo llegó a ser secretario y luego presidente del CELAM), plantearon serias advertencias a las conclusiones de Medellín. Aun así, la crítica de Medellín como reunión de socialistas cristianos es miope. Un examen del vocabulario de Medellín es revelador. Palabras como "comunismo" y "marxismo" se utilizan poco y sólo de forma crítica. Además, la acción resultante del método "ver, juzgar, actuar" es de carácter abrumadoramente eclesial.

21. Rohan M. Curnow, "Which Preferential Option for the Poor? A History of the Doctrine's Bifurcation," *Modern Theology* 31.1 (2015): 27-59.

22. Para los informes de estos observadores metodistas sobre el Vaticano II, véanse los siguientes: Albert Outler, *Methodist Observer at Vatican II* (Westminster, MD: Newman, 1967); Robert Cushman, "Protestant View of Vatican Council II in retrospect," *Divinity School Review* 31.3 (1966): 163-74; José Míguez Bonino, *Concilio abierto: una interpretación protestante del Concilio Vaticano II* (Buenos Aires: Editorial La Aurora, 1967). Véase también Leopoldo Cervantes-Ortiz, "El 'Concilio Abierto' de J. Míguez Bonino," *Protestante Digital.com*, December 30, 2012, http://protestantedigital.com/magacin/13223/El_Concilio_Abiertorsquo_de_J_Míguez_Bonino.

se convoca un Concilio con el propósito específico de abrir líneas de comunicación, en lugar de construir trincheras y muros para la protección de la fe cristiana"[23]. Independientemente de la exactitud histórica de su afirmación, el giro misional de la Iglesia Católica fue trascendental para el contexto latinoamericano. Incluso antes de que concluyera el Concilio, Míguez Bonino se refirió a él como "un concilio para América Latina"[24]. En cierto sentido, era incluso un Concilio de América Latina. Muchas de las preocupaciones que animaron el Concilio y los movimientos de reforma que se plasmaron en sus declaraciones, se gestaron por primera vez en el contexto latinoamericano. Míguez Bonino comprendió que el espíritu ecuménico que soplaba en Roma encontraría resistencia al otro lado del Atlántico. Algunos protestantes "temerían que el acercamiento debilitara los bríos del protestantismo"[25]. Algunos católicos "temerían que la actitud ecuménica fomentara el indiferentismo y abriera la puerta a un 'proselitismo' aún más pronunciado por parte de los protestantes"[26]. Cuando Pablo VI convocó a los obispos latinoamericanos en Medellín unos años más tarde, Míguez Bonino fue invitado de nuevo a observar.

A través de ensayos y discursos públicos, el metodista argentino ofreció una interpretación de la conferencia católica desde una perspectiva protestante. Aquí me enfocaré en dos ensayos. El primero de ellos, "Medellín y el Ecumenismo: Una lectura protestante de los documentos", fue escrito en 1969, poco después de la conclusión de la conferencia[27]. El segundo, "La Iglesia y Puebla", fue escrito en 1979, cuando la tercera conferencia de obispos latinoamericanos se reunió en Puebla[28]. De estas reflexiones se destacan tres temas: la cuestión ecuménica de Medellín, el método teológico con el que aborda esta cuestión y su propuesta eclesiológica.

---

23. José Míguez Bonino, *Concilio abierto*, 16.

24. José Míguez Bonino, "Vatican II and Latin America," *The Christian Century* 81.53 (December 30, 1964): 1616.

25. Míguez Bonino, "Vatican II and Latin America," 1617.

26. Míguez Bonino, "Vatican II and Latin America," 1617.

27. José Míguez Bonino, "Medellín y el ecumenismo: Una lectura protestante de los documentos," *Teología* 15-16 (1969): 228-32.

28. José Míguez Bonino, "La Iglesia en Puebla," in *Puebla y Oaxtepec: Una crítica protestante y católica* (México: Tierra Nueva, 1980).

La cuestión ecuménica de Medellín

Reflexionando sobre la reunión de Medellín, Míguez Bonino señaló la contradicción de la presencia protestante y la casi total invisibilidad del ecumenismo. Se pueden escuchar algunas notas ecuménicas. En su exhortación final dirigida a los pueblos de América Latina, los obispos se dirigieron directamente a "todas las Iglesias y comunidades cristianas que comparten nuestra misma fe en el Señor Jesús"[29]. Los prelados católicos se alegraron de que "nuestros hermanos de estas confesiones cristianas participaran en nuestras tareas y esperanzas". Según Míguez Bonino, "al comienzo de la segunda semana, varios de nosotros estábamos trabajando con los expertos en la redacción de los documentos finales"[30]. El Espíritu Santo estaba guiando a la Iglesia Católica a renovar su testimonio de Cristo en América Latina. Para ser fiel a esta tarea, la Iglesia Católica en su conjunto necesitaba "colaborar con otras confesiones cristianas y con todas las personas de buena voluntad que se dedican a trabajar por una paz verdadera que tenga sus raíces en la justicia y el amor"[31]. Un área de colaboración concreta fue la educación, en la que los católicos están llamados a trabajar con "iglesias e instituciones no católicas dedicadas a la tarea de instaurar la justicia a las relaciones humanas" (M 1, 22)[32]. Se trata de suscitar entre católicos y protestantes de las naciones ricas una mayor solidaridad con los pueblos de América Latina[33]. Se anima a las familias católicas a mostrar una "generosa apertura" a las familias pertenecientes a tradiciones cristianas diferentes (M 3, 20). Míguez Bonino entendió la Conferencia de 1968 como de suma importancia ecuménica: "No encontramos aquí una invitación a discutir las relaciones intereclesiásticas. Pero cualquier cristiano o iglesia que la lea halla una irresistible

---

29.   M, "Mensaje a los pueblos de América Latina". En su discurso inaugural en Medellín, el Papa Pablo VI exhortó a sus compañeros obispos a predicar, hablar y escribir sobre "los caminos que conducen al diálogo con los Hermanos separados."

30.   Míguez Bonino, "Medellín y el ecumenismo," 228.

31.   M, "Mensaje a los pueblos de América Latina," 23. Véase también M 2, 26.

32.   Véase M 4, 28

33.   Véase M 2, 30.

invitación a confrontar el llamado y la misión de Jesucristo en este continente hoy"[34].

Medellín diagnosticó con precisión el contexto en el que debe anunciarse el evangelio: "La Iglesia ha buscado comprender el momento histórico del hombre latinoamericano a la luz de la Palabra, que es Cristo, en quien se manifiesta el misterio del hombre" (M, Intro.). La frase resume sucintamente la manera en que Medellín extendió y aplicó las enseñanzas de Vaticano II a la situación latinoamericana. Se hace eco de *Gaudium et spes*, nº 22, que afirma que "sólo en el misterio de la Palabra encarnada cobra luz el misterio del hombre"—pero el genérico "hombre" es ahora "latinoamericano". Lo universal se ha hecho concreto. Los signos de los tiempos constituyen un *locus theologicus* significativo en el documento[35]. El llamado ecuménico no viene de Roma sino de los pueblos latinoamericanos "que anhelan su liberación y su humanización" (M, Intro.). Míguez Bonino se encontró en Medellín con un problema ecuménico al que había que dar respuesta.

"¿Cómo entender y servir la misión de la iglesia en un continente cuya situación se define por la búsqueda de la justicia y la paz? Este es el problema que nos propone Medellín. Este es *nuestro problema ecuménico*"[36]. Indiferentemente de cuál haya sido la decepción que experimentó Míguez Bonino al sentir que en los documentos finales de Medellín faltaba el aporte de los observadores ecuménicos, las preguntas allí planteadas disiparon esas preocupaciones. ¿Cómo sirve la Iglesia católica a los pueblos de América Latina? ¿En qué sentido el ecumenismo es un movimiento liberador en el continente? ¿Cuál es la vocación y la misión de Jesucristo

---

34.　Míguez Bonino, "Medellín y el ecumenismo," 229.

35.　La posibilidad de considerar la historia o la interpretación que hace Vaticano II de los signos de los tiempos como *locus theologicus* es una tarea compleja, que ha sido objeto de mucha atención por parte de los estudiosos. Véase Jorge Costadoat, "La historia como 'lugar teológico' en la teología latinoamericana de la liberación," *Perspectiva teológica* 47.132 (2015): 179-200; Andrés Tornos, "Los signos de los tiempos como lugar teológico," *Estudios Eclesiásticos* 53.207 (1978): 517-32; Henrique de Lima Vaz, *Escritos de filosofia IV: Introdução à Ética filosófica* (São Paulo: Loyola, 2008), 190-222; Giuseppe Ruggieri, "La storia come luogo teológico," *Laurentianum* 35.2-3 (1994), 319-37; Carlos Schickendantz, "Una elipse con dos focos: Hacia un nuevo método teológico a partir de *Gaudium et Spes*," *Revista teología* 110 (2013): 85-109.

36.　Míguez Bonino, "Medellín y el ecumenismo," 229.

aquí y ahora? Para encontrar respuestas a estas preguntas ecuménicas, Míguez Bonino examinó el método de Medellín.

El método de Medellín

En el corazón de Medellín se encuentran los asuntos misionales. Al discernir el movimiento del Espíritu Santo en un mundo marcado por la pobreza, los obispos católicos emplearon un método que les ayudara a mirar a Dios sin perder de vista el mundo. Es curioso que Míguez Bonino omitió cualquier mención de los "signos de los tiempos" o del método "ver-juzgar-actuar" tan obviamente integrado en la arquitectura del documento. En cambio, llamó la atención sobre la tensión dinámica de dos movimientos en el documento, que identificó como síntesis y concentración.

Por síntesis, Míguez Bonino entendía "el intento de hallar una relación de continuidad y complementación entre el ámbito 'secular' y lo específicamente cristiano"[37]. Esta dinámica está presente en varios lugares del documento, empezando por su introducción, que llama a un nuevo éxodo, a pasar "de condiciones de vida menos humanas a condiciones más humanas" (M, Intro., 6)[38]. En apoyo de esta transformación social, "se expresa el anhelo de integrar toda la escala de valores temporales en la visión global de la fe cristiana" (M, Intro., 7)[39]. Uno de los pasajes clave que expresa el movimiento sintético se encuentra en las reflexiones de los obispos sobre la ansiada catequesis:

> Sin caer en confusiones o en identificaciones simplistas, se debe manifestar siempre la unidad profunda que existe entre el proyecto salvífico de Dios, realizado en Cristo, y las aspiraciones del hombre; entre la historia de la salvación y la historia humana; entre la Iglesia, Pueblo de Dios, y las comunidades temporales; entre la acción reveladora de Dios y la experiencia del hombre; entre los dones y carismas sobrenaturales y los valores humanos. (M 8,4)

---

37. Míguez Bonino, "Medellín y el ecumenismo," 230.

38. La reflexión del documento de Medellín sobre este punto se apoya en un pasaje de la *Populorum progressio*, nn. 20-21, que se ha convertido en un leitmotiv de la reflexión teológica latinoamericana.

39. Véase M 1, 4; 1, 6; 8, 2.

Por concentración, Míguez Bonino entendía "el esfuerzo de entender la realidad secular a la luz del Evangelio"[40]. Encontró que la presencia de este movimiento era notoria en todo el documento, pero no ofreció ejemplos. En cambio, ofreció términos que sirven como evidencia de esta dinámica en funcionamiento: "la Palabra", "la historia de la salvación" o "el plan de Dios". El problema de utilizar estos términos como indicadores de la dinámica de concentración es que también se utilizan en el movimiento sintético. Así, por ejemplo, se espera que las universidades católicas creen las condiciones para un diálogo entre la teología y las ciencias que "aporte la luz del Evangelio para la convergencia de los valores humanos en Cristo" (M 4, 6). En todo caso, lo que Míguez Bonino parece haber tenido en mente es que la concentración en la Palabra de Dios sirve como resistencia al movimiento sintético del "y" católico (naturaleza y gracia, fe y obras, Escritura y tradición). En Europa, esta síntesis provocó los lemas de protesta de la Reforma de *sola gratia*, *sola fide*, *sola scriptura*. En América Latina, la síntesis católica condujo a una integración de la Iglesia *y* el Estado, la cruz *y* la espada, que Medellín estaba tratando de interrumpir.

Sobre este punto, Míguez Bonino planteó a Medellín una pregunta protestante: ¿Es demasiado armoniosa la síntesis de los obispos latinoamericanos? Sí, Medellín tiene razón al decir que la luz de Cristo "sana y eleva la dignidad de la persona humana, consolida la unidad de la sociedad y da un sentido y un significado más profundo a toda la actividad de los hombres" (M 1, 5). Pero ¿no es Jesús también un agente de división que enfrenta "al padre contra el hijo, y el hijo contra el padre, a la madre contra la hija, y la hija contra la madre; la suegra contra su nuera, y la nuera contra su suegra" (Lc. 12,53)? Se trata de una pregunta ecuménica, no porque la plantee un protestante a los católicos, sino porque se trata de la misión de la Iglesia. No se trata de encontrar respuestas protestantes o católicas a las perennes preguntas de continuidad y crisis en la proclamación del Evangelio, sino de caminar juntos en busca de una mayor claridad. Míguez Bonino escribió: "En la medida en que podamos aceptar la invitación de Medellín y sentirnos convocados a una común confrontación con la misión de Jesucristo en un continente acuciado por la imposterga-

---

40. Míguez Bonino, "Medellín y el ecumenismo," 229.

ble necesidad de transformación, estaremos dando realidad a una dimensión profundamente bíblica de la unidad"[41]. Los problemas misionales se responden mejor de manera ecuménica y los problemas ecuménicos sólo pueden responderse de manera misionera. Por eso Míguez Bonino expresó su frustración con el estatus de "observador" otorgado a los protestantes, que los relegaba en gran medida al papel de visitantes en lugar de contribuyentes. Medellín desafió a católicos y protestantes a invitar a peritos ecuménicos a las conferencias y reuniones de cada uno.

La iglesia según Medellín

El compromiso de Medellín con la realidad latinoamericana no fue simplemente diagnóstico. Si el secreto de Medellín fue metodológico, sus propuestas más importantes fueron eclesiológicas. Las reflexiones de Míguez Bonino sobre la eclesiología de Medellín se hacen más claras a la luz de sus reflexiones sobre la conferencia del CELAM III en Puebla en 1979. Es interesante notar que en esa ocasión no mencionó el método del documento de Medellín, sino que destacó tres movimientos eclesiológicos significativos de Medellín. En primer lugar, está la identificación de la Iglesia con los pobres. En América Latina, la Iglesia Católica quiere ser "evangelizadora de los pobres y solidaria con ellos, testigo del valor de los bienes del Reino y humilde servidora de todos los hombres de nuestros pueblos" (M 14, 8). La obediencia a la misión de Dios para América Latina exige una iglesia pobre. En segundo lugar, por su solidaridad con los pobres, la iglesia latinoamericana está comprometida con su liberación. Desde todo el continente, "un sordo clamor brota de millones de hombres pidiendo a sus pastores una liberación que no les llega de ninguna parte" (M 14, 2). Es Cristo quien clama y llama a la iglesia a responder con el mensaje de liberación.

En tercer lugar, Medellín promueve una eclesiología de comunión. Todos los hijos de Dios, no sólo la jerarquía, pueden "compartir la responsabilidad y el trabajo para realizar la común misión de dar testimonio del Dios que los salvó y los hizo hermanos en Cristo" (M 15, 6). Medellín

---

41. Míguez Bonino, "Medellín y el ecumenismo," 232.

dio impulso al movimiento ya emergente de Comunidades Eclesiales de Base y otros grupos paraeclesiásticos comprometidos con la transformación de la sociedad latinoamericana. Estos grupos, en ocasiones, entraron en conflicto con la jerarquía, pero Míguez Bonino corrigió rápidamente cualquier lectura de Medellín que enfrentara una eclesiología de comunión con una iglesia jerárquica. En cambio, señaló tensiones ampliamente reconocidas dentro de la eclesiología católica. La Iglesia está constituida a partir de dos principios: un principio cristológico "desde arriba" y un principio pneumatológico "desde abajo"[42]. Existen dos principios constitutivos en la Iglesia. El primero está mejor representado por la estructura jerárquica de la Iglesia y fue el principio dominante en la Iglesia Tridentina Latinoamericana. El segundo está mejor representado por la comunión de los creyentes y fue el principio ascendente en Vaticano II y más aún en Medellín.

Los contrastes entre Medellín y Puebla agudizan la propuesta eclesiológica de la primera. En Puebla, los obispos tuvieron la oportunidad de explicitar los fundamentos doctrinales de la eclesiología de Medellín. Los documentos de este encuentro adoptan un enfoque clásico sobre la doctrina de la Iglesia, a partir de su origen en Cristo y su reino, su naturaleza como pueblo en comunión con Dios y su misión en el mundo. Curiosamente, Míguez Bonino excluyó deliberadamente de su análisis las reflexiones de Puebla sobre María como madre y modelo de la Iglesia, pero no ofreció razones para ello. En cualquier caso, señaló que el enfoque eclesiológico de Puebla se basa en el principio cristológico "desde arriba" en lugar del pneumatológico "desde abajo"[43]. Míguez Bonino escribió:

> La eclesiología de Medellín se presenta como un momento de derribar muros, estaba destinada a despertar la iniciativa, estimular la participación y abrir el camino para que todos en la Iglesia participen de la misión común en América Latina. Puebla, sin renunciar a ello, trata de fijar los límites, las condiciones, la disciplina dentro de la cual se ha de llevar a cabo esa acción. Por eso necesita desarrollar un enfoque doctrinal más sistemático y robusto

---

42. Míguez Bonino atribuyó esta terminología al teólogo dominico Yves Congar en "La Iglesia en Puebla", 10.

43. Véase Puebla, no. 263; véase también Míguez Bonino, "La Iglesia en Puebla," *Cristianismo y Sociedad*, Vol. 17, No. 61-62 (1979), 13.

que resalte el vínculo y la integridad interna del dogma para corregir o evitar desviaciones y sesgos[44].

El origen divino y la naturaleza de la iglesia "desde arriba" encuentran su manifestación más importante en la iglesia institucional, que sirve como criterio para evaluar cualquier afirmación de una "iglesia popular" nacida del pueblo.

Uno de los aspectos más importantes de la propuesta eclesiológica de Medellín es la promoción de las Comunidades Eclesiales de Base. Una vez más, el modo contrastante en que Medellín y Puebla las tratan ilumina su importancia. Puebla ubica la discusión de las comunidades de base dentro de una sección que comienza con la pastoral familiar. Medellín ubica el mismo tema dentro de su núcleo eclesiológico. Hay que tener cuidado de no leer demasiado sobre la importancia relativa de las comunidades de base a partir de su ubicación en el texto, pero Míguez Bonino afirma que "las opciones que parten de las 'comunidades de base' y las que parten de 'la familia' como núcleos iniciales de comunión y participación tienden a divergir profundamente en sus implicaciones sociales"[45]. Más importante que la cuestión del lugar donde se presenta el tema de las comunidades de base, es el tono con que se las trata. Mientras en Medellín se destaca por todas partes el significado positivo de las comunidades de base para la renovación de la Iglesia y la evangelización latinoamericana, en Puebla sobresalen las señales de alerta que acompañan el crecimiento de estas comunidades. La Comunidad Eclesial de Base no es sólo "el primero y fundamental núcleo eclesial" (M 15, 10). Son comunidades "en peligro de degenerar hacia la anarquía organizativa por un lado y hacia un elitismo cerrado o sectario por otro" (Puebla, n. 261).

Míguez Bonino califica de "equivocada y perversa" toda interpretación que ponga en contraposición la eclesiología de Puebla con la de Medellín. En muchos sentidos, Puebla ratifica y profundiza las trayectorias eclesiológicas de Medellín. "Pero es claro que pretende colocarlas todas en un marco marcado por una eclesiología 'desde arriba' en su doble pero unifi-

---

44. Míguez Bonino, "La Iglesia en Puebla," 11

45. Míguez Bonino, "La Iglesia en Puebla," 16.

cado sentido de trascendencia y ordenamiento jerárquico", escribió[46]. El resultado es una ambigüedad fundamental sobre la compatibilidad entre la opción eclesial básica hecha en Medellín y la doctrina eclesiológica de Puebla. Para Míguez Bonino la solución a esta ambigüedad se encuentra en hacer de la opción por los pobres la clave hermenéutica de la eclesiología de Medellín y Puebla. Afirma que "la 'ortodoxia' teológica y eclesial puede leerse como una exhortación, una invitación a la autodisciplina y a la comunión eclesial, como una advertencia contra la idiosincrasia y el culto a la personalidad *dentro de la opción fundamental*"[47].

En suma, Míguez Bonino se sintió profundamente conmovido por la Conferencia de Medellín. Allí escuchó un llamado que ya resonaba en muchas iglesias protestantes (particularmente en aquellas comprometidas con el movimiento ecuménico): un llamado a los protestantes a poner fin a su "huelga social" y a enfrentar las realidades del contexto latinoamericano. Un llamado que resultaría divisivo.

Medellín entre los evangélicos

Medellín no perturbó el sueño de los metodistas en Estados Unidos. Dow Kirkpatrick probablemente habló por muchos cuando afirmó: "La mayoría de nosotros no sabíamos nada sobre el CELAM II cuando se estaba llevando a cabo. La publicación en inglés de *Teología de la liberación* (1973) de Gustavo Gutiérrez condujo al descubrimiento de que cinco años antes se había producido un importante hito en la historia de la iglesia moderna"[48]. El hecho de que la mayoría de los norteamericanos oyeran hablar de Medellín por primera vez a través de fuentes católicas llevó a la creencia errónea de que los protestantes latinoamericanos eran meros espectadores en el panorama teológico. Esto está muy lejos de la verdad. No sólo teólogos metodistas como Míguez Bonino participaban activamente en los movimientos católicos, sino que también el término "teología de la

---

46. Míguez Bonino, "La Iglesia en Puebla," 15.

47. Míguez Bonino, "La Iglesia en Puebla," 21, énfasis en el original.

48. Dow Kirkpatrick, "What U.S. Protestants Need from CELAM III," *Cross Currents* 28.1 (1978): 90.

liberación" parece haber sido acuñado por el teólogo presbiteriano brasileño Rubem Alves[49]. Además, Medellín no fue el único estallido significativo de Pentecostés en el continente. Las corrientes ecuménicas vividas por Míguez Bonino en Medellín convergieron con las corrientes teológicas "evangélicas" que se abrían paso en el protestantismo latinoamericano de la época[50]. Estas corrientes surgían de tres fuentes: el CMI, la teología de la liberación latinoamericana y el pensamiento evangélico norteamericano. Todas ellas, a su manera, intentaban responder al desafío ecuménico que Míguez Bonino escuchó en Medellín: "¿Cómo entender y servir la misión de la iglesia en un continente cuya situación se define por la búsqueda de la justicia y la paz?"[51]

Las corrientes ecuménica y liberacionista fluyeron y se entrecruzaron en la obra de teólogos metodistas latinoamericanos como Míguez Bonino, Julio de Santa Ana y Emilio Castro. Estas corrientes teológicas dieron origen a la primera "Conferencia Evangélica Latinoamericana" (CELA) en 1949[52]. Los orígenes de esta reunión se remontan a la Conferencia Misionera de Edimburgo de 1910 y a la ausencia de los latinoamerica-

---

49. La tesis doctoral de Rubem Alves, que defendió en 1968 en Princeton, se titulaba "Hacia una teología de la liberación". Los editores la cambiaron más tarde por "Una teología de la esperanza humana" porque pensaron que este título tendría más eco con las teologías de la esperanza, entonces populares, que surgían de Europa, de teólogos como Jürgen Moltmann. Véase Guillermo Kerber, "Teología de la liberación y movimiento ecuménico: breve reflexión desde una práctica", *Horizonte* 11.32 (2013): 1820, y José Míguez Bonino, "Reading Jürgen Moltmann from Latin America," *Asbury Journal* 55.1 (2000): 106.

50. En América Latina, el término "evangélico" tiene un sentido diferente del que se ha vuelto común en Estados Unidos. Estas iglesias se consideran herederas de la Reforma y enfatizan los lemas protestantes tradicionales: *solus Christus, sola Scriptura, sola fide, sola gratia*. A diferencia de sus contrapartes del norte, estas iglesias no experimentaron los cismas resultantes de las controversias modernistas o la desilusión del movimiento del evangelio social. Al menos, no experimentaron estas convulsiones de primera mano, aunque sus repercusiones se sintieron en América Latina. Tradicionalmente, los evangélicos han sido anticatólicos en formas en que solo una minoría protestante perseguida podría serlo. Además, dado que sus energías se han dedicado a la difusión del evangelio y a hacer discípulos, por lo general no se han interesado por la erudición. Véase Daniel Salinas, *Latin American Evangelical Theology in the 1970's: The Golden Decade* (Boston, MA: Brill, 2009), 7-11.

51. Míguez Bonino, "Medellín y el ecumenismo," 229.

52. La convergencia de las corrientes ecuménica y liberacionista también dio origen al Consejo de Iglesias Evangélicas Metodistas de América Latina (CIEMAL) en 1969 y al Consejo Latinoamericano de Iglesias (CLAI) en 1989.

nos en esa conversación. El CELA I trató de definir el protestantismo en América Latina como un movimiento "evangélico" único que abarcaba a todos los grupos cristianos no católicos. Cuando el CELA se reunió en Perú en 1961, ya empezaban a verse las costuras en la unidad "evangélica". Un punto de fricción fue el compromiso evangélico con el ecumenismo. Emilio Castro señaló que, al comienzo de su ministerio, la palabra "ecumenismo" se consideraba un anatema. Sonaba demasiado cercana a comunismo y evocaba espectros de un cristianismo modernista y liberal inadecuado para las realidades de América Latina[53].

Una causa aún mayor de estrés en el mundo evangélico fue la formación de la organización "Iglesia y Sociedad en América Latina" (ISAL) con el apoyo del CMI. ISAL interpretó la realidad latinoamericana con la ayuda de la "Teología de la Revolución" de Richard Shaull y el análisis social de Marx. Las noticias de estas corrientes teológicas entrecruzadas causaron gran ansiedad entre los observadores norteamericanos como Carl McIntire del Consejo Americano de Iglesias Cristianas y los miembros de la Asociación Evangélica de Misiones Extranjeras (EFMA). Calificaron a la CELA III, la reunión en Perú, de procomunista, lo que dio como resultado el arresto de algunos de los líderes clave de la conferencia, entre ellos Míguez Bonino[54]. Cuando la CELA se reunió en Buenos Aires, unos meses después de Medellín, la oposición norteamericana ya estaba plenamente movilizada. El Comité Evangélico para América Latina (ECLA, por sus siglas en inglés) boicoteó esa reunión organizando el primer Congreso para la Evangelización Latinoamericana (CLADE) ese mismo año. Así, en 1969 se celebraron dos encuentros de evangélicos latinoamericanos: CELA III y CLADE I.

La reunión del CELA en Buenos Aires contó con el apoyo del CMI y con una fuerte presencia latinoamericana en su organización y participación, incluso con la presencia de observadores católico-romanos. Recién llegado de Medellín, Míguez Bonino pronunció un discurso de apertura sobre las relaciones entre católicos y evangélicos que encontró una apro-

---

53.   Carlos Sintado y Manuel Quintero Pérez, *Pasión y compromiso con el Reino de Dios: el testimonio ecuménico de Emilio Castro* (Buenos Aires: Kairós, 2007), 466.

54.   Véase Salinas, *Latin American Evangelical Theology*, 54ff.

bación casi universal entre los asistentes[55]. Describió el estado de la Iglesia católica latinoamericana como una situación de crisis. La descripción que hizo Pablo VI de las "tendencias centrífugas" en la Iglesia, que surgen del "afán de novedad" de "un fermento prácticamente cismático" de "vivisectores del cuerpo místico de Cristo", fue acertada[56]. La crisis eclesiológica enfrentó a la iglesia establecida con la iglesia del pueblo, a la iglesia jerárquica con la comunidad de amor, a la iglesia de la "religión" con la iglesia del evangelio. Medellín no causó estos conflictos, pero reveló y contribuyó a las tendencias centrífugas del catolicismo al favorecer al último de los pares anteriores.

Después de Medellín, la Iglesia católica buscó ser más auténticamente latinoamericana. Sin comprometer su fidelidad a Roma, buscó su propio camino a través de los rápidos cambios que afectaban al continente. Se despojaba de su acogedora relación con las élites sociales para solidarizarse con los pobres; incluso admitía "sus elementos de corrupción, superficialidad y deformación, y [apostaba] por una pastoral centrada en el Evangelio, fundamentada en el conocimiento de las Escrituras, que conduzca a los hombres individual y colectivamente hacia Cristo"[57]. Ante una Iglesia católica desgarrada por fuerzas centrífugas, los protestantes tienen una responsabilidad. Lo que los protestantes deben a los católicos, dijo Míguez Bonino, es simplemente el evangelio: "No tenemos nada más que valga la pena; y nada más es tan necesario, ya sea para la comunidad católica, la nuestra o alguna otra comunidad"[58]. Esto significa que los protestantes deben relacionarse con los católicos romanos llenos del amor de Dios derramado en nuestros corazones por medio del Espíritu Santo (Rom 5:5), un amor que "todo lo cree, todo lo espera, todo lo sufre" (1 Cor. 13:7). La "actitud evangélica" que los protestantes deben a los católicos incluye la voluntad de ofrecer y recibir admonición y corrección.

---

55. El discurso fue publicado en inglés como "Our Debt as Evangelicals to the Roman Catholic Community," *The Ecumenical Review* 21.4 (1969): 310-19.

56. Míguez Bonino, "Our Debt as Evangelicals," 311.

57. Míguez Bonino, "Our Debt as Evangelicals," 312.

58. Míguez Bonino, "Our Debt as Evangelicals," 315.

Es precisamente por esta fidelidad al Evangelio que hemos sentido el deber de resistir a la doctrina y a las pretensiones del catolicismo romano. En nuestra polémica se han mezclado otros motivos que a veces han desplazado nuestra preocupación fundamental. Pero nuestra oposición sólo puede justificarse en la medida en que se somete a este criterio único y decisivo. Y es precisamente este criterio el que nos obliga también hoy a reconocer la presencia del Espíritu de Dios en muchos movimientos que crecen en el seno de la comunidad católica y que le imparten un nuevo espíritu, una nueva comprensión de su tarea[59].

El Pentecostés latinoamericano de Medellín exigió una reevaluación de la deuda que los protestantes tienen con el catolicismo. Lo que se deben entre sí no es polémica ni proselitismo. Se deben mutuamente el evangelio por el bien de los pueblos de América Latina. "El evangelio es mayor que nuestras doctrinas. El poder del Espíritu trasciende nuestras fronteras eclesiásticas. La misión de Dios en un continente ávido de justicia y de Cristo es mayor que todas nuestras iglesias"[60]. El primer Congreso de Evangelización Latinoamericana se celebró en Bogotá, Colombia. La agenda se elaboró sin casi ninguna aportación latinoamericana y excluyó de la participación a muchos evangélicos destacados debido a su asociación con el CMI. Aunque Míguez Bonino fue invitado a asistir a CLADE I —para lo que muchos esperaban que fuera una repetición de su discurso en el CELA III— no se le dio la oportunidad de hablar porque se consideró que estaba demasiado influenciado por teólogos europeos como Barth, Brunner y Bultmann[61].

En su influyente libro *Latin American Theology: Radical or Evangelical?* (Teología latinoamericana: ¿radical o evangélica?), Peter Wagner describió la situación eclesial latinoamericana definida por tres bandos: "los protestantes evangélicos conservadores, a menudo llamados 'fundamentalistas'; los católicos conservadores del establishment; y el grupo de izquierda radical compuesto tanto por protestantes como católicos y caracterizado generalmente por una teología secular y una política revolucionaria"[62]. Estos

---

59.   Míguez Bonino, "Our Debt as Evangelicals," 318.

60.   Míguez Bonino, "Our Debt as Evangelicals," 319.

61.   Véase Salinas, *Latin American Evangelical Theology*, 71ss.

62.   C. Peter Wagner, *Latin American Theology: Radical or Evangelical? The Struggle for the Faith in a Young Church* (Grand Rapids, MI: Eerdmans, 1970), 9.

bandos se encontraban enzarzados en un conflicto de alto riesgo, mientras la misión de la iglesia en América Latina pendía de un hilo. En esta batalla, los cristianos evangélicos se veían superados por la producción literaria de teólogos de la izquierda radical, entre ellos Ricardo Chartier, Justo González, Emilio Castro y José Míguez Bonino[63]. Wagner criticó el aparente rechazo de Míguez Bonino al debate entre conservadores y liberales, calificándolo de "estéril y equivocado"[64], pero Míguez Bonino se negó a dejarse enmarcar por esas etiquetas banales y condenó a ambos caminos como heréticos. El camino conservador o "fundamentalista" "tiende a ignorar el hecho de que Cristo reconcilió al mundo consigo mismo" y el camino liberal "no reconoce el llamado a la fe, la conversión y la escatología bíblica"[65].

Wagner estaba convencido de que el metodista argentino había malinterpretado el panorama teológico: "A Míguez le gustaría desvincularse de la derecha y la izquierda y permanecer en el centro. Sin embargo, si se confirma nuestra tesis de que la teología latinoamericana se está polarizando, podría encontrarse en un punto medio relativamente despejado"[66]. Wagner elogió a Míguez Bonino por su negativa a desmitificar el evangelio, pero criticó al decano de la teología latinoamericana por confiar exclusivamente en las armas de la izquierda radical (análisis social, reforma económica, revolución política) en la batalla contra los poderes demoníacos que amenazan el florecimiento humano. Escribió: "Rara vez se mencionan la oración, la Palabra de Dios, la predicación del evangelio y la obra del Espíritu Santo en los corazones y vidas individuales como recursos válidos y útiles para el cristiano en el mundo"[67].

---

63.   Wagner advirtió a sus lectores sobre diez teólogos radicales, los cuatro metodistas que acabamos de mencionar y también Gonzálo Castillo Cárdenas, Joaquim Beato, Valdo Galland, Rubem Alves, Jorge Lara-Braud y Richard Shaull. Curiosamente, cuando llegó el momento de encontrar buenas alternativas "evangélicas" latinoamericanas a los teólogos radicales, Wagner identificó a cuatro personas (Fernando Vangioni, Washington Padilla, José María Rico y José Fajardo) que, según reconoció, no eran teólogos y no son muy conocidos en América Latina, pero que "han tomado suficiente conocimiento de las corrientes teológicas en América Latina como para abordar al menos una vez esos temas" (Wagner, *Latin American Theology*, 83).

64.   Wagner, *Latin American Theology*, 27.

65.   Míguez Bonino, citado en Wagner, *Latin American Theology*, 28.

66.   Wagner, *Latin American Theology*, 28.

67.   Wagner, *Latin American Theology*, 30.

En CLADE, en 1969, Wagner distribuyó ediciones gratuitas de su libro en español. Las críticas fueron diversas. Entre evangélicos como René Padilla, hubo aprecio por ciertos aspectos del argumento de Wagner. Padilla reconoció que "la ecuación de ideología (marxismo) y fe (cristianismo), la eliminación de la frontera entre iglesia y mundo, la santificación de la revolución, el rechazo de la autoridad bíblica: estos son los hilos con los que se teje la teología de ISAL"[68]. Al advertirles sobre este sincretismo peligroso, Wagner prestó un valioso servicio a los evangélicos latinoamericanos. Sin embargo, los metodistas a quienes Wagner señaló para criticar, entre ellos González y Míguez Bonino, no pueden incluirse en el grupo de los teólogos de la izquierda radical. Además, Padilla preguntó: "¿No es la teología de los izquierdistas radicales en sí misma, al menos en parte, una reacción contra la reducción mortal de la misión cristiana que ha caracterizado al protestantismo latinoamericano?"[69] Sea como fuere, Padilla acusó a Wagner y compañía de su propio tipo de sincretismo—ejemplificado por su adopción y promoción acrítica de la ideología del "crecimiento de la iglesia"—que separa el *kerigma* de la *diaconía*.

La convergencia de Medellín con el CELA y CLADE no puede enmarcarse en las simples categorías liberal-conservadora que Wagner quiso utilizar. El CELA no fue acrítico con Medellín, como lo ejemplifica el discurso de Míguez Bonino sobre la deuda que los protestantes tienen con los católicos, ni la CLADE fue sorda a las realidades sociales del continente. Evangélicos como Padilla apreciaban profundamente el hecho de que Medellín y el CELA estuvieran haciendo las preguntas correctas, aunque no siempre estuvieran de acuerdo con las respuestas que daban.

Medellín, una pregunta ecuménica

Las inciertas notas ecuménicas que Míguez Bonino escuchó en Medellín suponían una gran mejora respecto a la situación eclesial anterior. En la primera reunión del CELAM, celebrada en Río de Janeiro en 1955,

---

68.   C. René Padilla, "A Steep Climb Ahead for Theology in Latin America," *Evangelical Missions Quarterly* 7.2 (1971): 100.

69.   Padilla, "A Steep Climb Ahead for Theology in Latin America," 101.

se había abordado el tema de las relaciones con los protestantes bajo el encabezado "Protestantismo y movimientos anticatólicos: preservación y defensa de la fe" y se había pedido la realización de cruzadas espirituales para proteger a los fieles, especialmente a los niños, de la apostasía protestante[70]. Resulta oportuno que el CELAM II se reuniera en Colombia, un país que Emilio Castro había señalado como un escollo para los encuentros entre católicos y protestantes en América Latina, debido a la proscripción legal del evangelismo protestante en la mayor parte del país[71]. Con Medellín se produjo, en palabras de Patricio Merino-Beas, "una nueva toma de conciencia de la Iglesia latinoamericana y, en este contexto, el diálogo ecuménico adquiere cada vez más relevancia"[72]. Según Medellín, hay que promover "celebraciones ecuménicas" de acuerdo con la *Unitatis redintegratio*, n. 8, que establece:

> En ciertas circunstancias especiales, como en las oraciones prescritas "por la unidad" y durante las reuniones ecuménicas, es lícito, y más aún deseable, que los católicos se unan en oración con sus hermanos separados. Tales oraciones en común son ciertamente un medio eficaz para obtener la gracia de la unidad y son una verdadera expresión de los vínculos que aún unen a los católicos con sus hermanos separados[73].

La oración ya no es un arma que blandir contra los protestantes, como en Río de Janeiro, sino alimento para el camino que sostiene a

---

70.   Rio, 69-71.

71.   Véase Emilio Castro, "Situación y problema del ecumenismo en América Latina", *Teología y Vida* 5.2 (1964): 108-18. Castro afirmó que "la labor ecuménica fundamental de la Iglesia católica no será creíble *mientras existan casos como el de Colombia en el que un documento oficial de la Iglesia católica que sirve de carta de naturaleza a su actividad misionera menoscaba la libertad de conciencia de miles de protestantes*" (p. 116, énfasis en el original). Carlos Arboleda Mora reconoció que el dolor causado por agravios históricos como el caso colombiano perjudica el movimiento hacia la unidad. La Iglesia católica no ha reflexionado plenamente sobre la importancia de este problema, incluso después de que la Constitución colombiana reconociera oficialmente la diversidad religiosa en el país en 1991. Véase Carlos Arboleda Mora, "Medio siglo de ecumenismo: Retos del futuro", *Cuestiones Teológicas* 40.93 (2013): 199-212.

72.   Patricio Merino-Beas, "El diálogo ecuménico desde el CELAM", *Theologica Xaveriana* 67.2 (2017): 397. Cuando el CELAM se reunió en Aparecida en 2007, había una conciencia general, al menos entre los obispos, de que "el diálogo ecuménico es una parte integral de la misión evangelizadora de la iglesia" (404).

73.   Véase M, 9, 14.

católicos y protestantes "en la vía de conversión fraterna que llamamos ecumenismo"[74].

El encuentro metodista de Medellín suscitó muchas preguntas: ¿cómo responder al llamado de Jesucristo hoy en América Latina? ¿Qué exige la fidelidad al evangelio de los cristianos latinoamericanos en un continente marcado por la violencia y la pobreza? Estas son las preguntas que los obispos reunidos en Medellín escucharon que el Espíritu les planteaba, y es una cuestión ecuménica para todos los cristianos del continente. Se trata, argumentó Míguez Bonino, de "nuestro" problema ecuménico. En esta sección final, consideraré algunos posibles abordajes a este problema por medio de la pregunta que Míguez Bonino formuló: "¿Cómo nos entendemos como metodistas a la luz de Medellín?"[75]

En primer lugar, a la luz de Medellín, los metodistas deben entenderse a sí mismos como vinculados a los latinoamericanos. El filósofo brasileño Henrique de Lima Vaz sostiene que, antes de Medellín, la iglesia latinoamericana era simplemente un reflejo de la iglesia europea[76]. Las élites latinoamericanas, tanto en el ámbito social como en el eclesial, buscaban en Europa la orientación para todos los proyectos y las respuestas a todos los problemas. Hubo una marcada tendencia a depender de Europa para el personal eclesial, las espiritualidades, las teologías y las finanzas. La mímesis, más que la creatividad, fue el calificativo más adecuado para la acción de la Iglesia durante los largos años del periodo colonial. Estas tendencias no se superaron inmediatamente con la independencia. Sin embargo, las cosas cambiaron en 1968. Con Medellín, comenzó a surgir una iglesia-fuente entre los católicos romanos. Podría decirse que algo similar estaba sucediendo en el CELA III en Argentina entre los protestantes.

La resistencia a estas nacientes iglesias-fuente fue evidente entre católicos (especialmente en la cuarta conferencia del CELAM en Santo Domingo en 1992) y protestantes (especialmente en la CLADE I en Bogotá en 1969). Esta resistencia se expresó a través de medidas disciplinarias y declaraciones teológicas, algunas de las cuales (como las instrucciones

---

74. Merino-Beas, "El diálogo ecuménico desde el CELAM," 405.

75. Míguez Bonino, "¿Conservar el metodismo?" 329.

76. Véase Alfonso García Rubio, "Em direção à V Conferência Geral do Episcopado da AL e do Caribe: fidelidade ao legado de Medellín?" *Atualidade Teológica* 11.25 (2007): 9-42.

de la Sagrada Congregación para la Doctrina de la Fe sobre la teología de la liberación)[77] eran quizás necesarias, aunque torpes. Otros (como el libro de Wagner) eran prematuros, prejuiciosos y paternalistas. La cuestión principal parece ser una notable falta de confianza y paciencia en la obra del Espíritu Santo entre los teólogos latinoamericanos. El miedo a la propagación del comunismo llevó a cerrar el paso a cualquier hilo de pensamiento cristiano fresco en el continente. Sin embargo, la situación latinoamericana exigía que la investigación teológica se desarrollara en un espíritu de libertad cristiana. Mortimer Arias planteó preguntas pertinentes a los cristianos que, como Wagner, querían una teología que abordara las cuestiones del momento, pero que querían predeterminar estrictamente el resultado de esta indagación. Escribió:

> ¿Puede la mentalidad fundamentalista de algunos círculos evangélicos conservadores proporcionar ese tipo de libertad? Cuando la fe ya ha sido definida de una vez por todas, ¿qué alternativa tenía el pensador evangélico aparte de las polémicas "anticatólicas" (antiecuménicas, antiseculares, antirradicales, o cualquier otra anti) o las reformulaciones del corpus evangélico tradicional de "teología sistemática" de las que se queja Wagner?[78]

El Espíritu Santo, como el viento, sopla donde quiere. Es siempre el Espíritu que Cristo envía de parte de Dios, pero actúa de manera sorprendente, como en Medellín. Los vientos ecuménicos que soplaban en el continente llevaron a los cristianos a abordar de frente las realidades de las Américas. Paradójicamente, al convertirse en la voz de los sin voz, encontraron su propia voz y América Latina se convirtió en una fuente de teología para la Iglesia católica. Por lo tanto, para los metodistas latinoamericanos, Medellín se convirtió en un punto de referencia para la misión de difundir la santidad bíblica por todo el continente, una misión que les exigía abrazar su historia e identidad latinoamericanas con todas sus riquezas y ambigüedades. Para los metodistas no latinoamericanos, Medellín es un llamado a convertirse en deudores de sus hermanas y her-

---

77. Sagrada Congregación para la Doctrina de la Fe, "Instrucción sobre algunos aspectos de la 'Teología de la Liberación,'" 1984.

78. Mortimer Arias, citado en Salinas, *Latin American Evangelical Theology*, 87.

manos del Sur y a escuchar lo que el Espíritu está diciendo a y a través de las iglesias-fuente emergentes en América Latina.

En segundo lugar, a la luz de Medellín, los metodistas deben entenderse a sí mismos como católicos. ¿En qué se manifiesta la catolicidad en Medellín? José Duque sostuvo que la teología latinoamericana es intrínsecamente ecuménica y católica cuando "se elabora y articula a partir de la religiosidad expresada por los pobres, ya sean estos católicos o protestantes"[79]. Míguez Bonino fundamentó la catolicidad en la encarnación plena del Evangelio en las particularidades de un contexto determinado. Así, un cristianismo latinoamericano que refleje uniformemente sus contextos misioneros europeos y norteamericanos no es todavía verdaderamente católico. Míguez Bonino reconoció ambigüedades en la teología latinoamericana anunciada por Medellín:

> Aun cuando intentamos liberarnos del peso de nuestra herencia eurocéntrica y arraigar nuestra teología cada vez más profundamente en el suelo nativo de nuestra tierra y nuestra gente, nuestro trabajo delató—como muchos críticos han documentado ampliamente—el uso constante de categorías, presupuestos y métodos creados y desarrollados en el extranjero. Después de todo, con toda su originalidad -que no puede ser negada- Medellín es una interpretación latinoamericana de Vaticano II e ISAL (el movimiento latinoamericano "Iglesia y Sociedad") es una hija del CMI (más específicamente, de los desarrollos del movimiento Vida y Obra)[80].

La catolicidad es fundamentalmente una realidad teológica, pero tiene ramificaciones sociales. Existe un cuerpo de Cristo, pero hay una diferencia entre la conexión y la dependencia espiritual y social. Hay un Espíritu,

---

79. Duque, *La tradición protestante en la teología latinoamericana*, xii.

80. Míguez Bonino, "Reading Jürgen Moltmann," 105. Una de las formas en que Míguez Bonino caracterizó los malentendidos de los teólogos del Norte con respecto a los del Sur es en su enfoque del sinergismo. Teólogos europeos como Moltmann acentúan la trascendencia de Dios; los teólogos latinoamericanos quieren llamar la atención sobre el significado teológico de la praxis humana. Míguez Bonino encontró una posible solución en la cristología latinoamericana de Guillermo Hansen, que ofrecía un nuevo relato cristológico de la enhipóstasis. Míguez Bonino comentó: "Si 'enhipostático' significa 'encontrar la propia identidad en el otro', la iniciativa divina obtiene su 'identidad' histórica al incorporarse ('encarnarse') en la praxis humana, y la praxis humana obtiene su significado y realidad trascendentes al ser asumida por el Espíritu Santo" (Míguez Bonino, "Reading Jürgen Moltmann", 112).

pero hay una diferencia entre dar testimonio de la manera en que el mismo Espíritu ha actuado en Nicea, Aldersgate y Vaticano II, y decir que el Espíritu hace lo mismo en Medellín, Buenos Aires y Topeka. La catolicidad de la iglesia metodista (latinoamericana o no) no proviene de sus relaciones con el pensamiento europeo, sino de la fidelidad a su misión inspirada por el Espíritu. La presencia bibliográfica europea en este contexto misional no es un signo definitivo a favor o en contra de su catolicidad.

Hablar de la catolicidad del metodismo exige hablar de doctrina. Las primeras teologías protestantes latinoamericanas fueron fruto del movimiento Vida y Obra del CMI. A partir de categorías protestantes clásicas, Míguez habla de la misión como principio material de la teología latinoamericana. Es el ethos que "impregna el discurso, el culto y la vida de la comunidad protestante, una autocomprensión que se manifiesta en todas las actitudes, conflictos y prioridades"[81]. El cristianismo protestante latinoamericano—ya sea en su faceta histórica, evangélica o pentecostal— es esencialmente un movimiento misionero. En Medellín, Míguez Bonino reconoció esencialmente este mismo principio en la Iglesia católica. Puede que trabajaran con principios formales diferentes, o quizá sería más exacto decir que recibieron y leyeron las Escrituras a través de lentes hermenéuticas diferentes: el Vaticano II en un caso, el CMI en el otro. El principio formal requiere un principio material. Míguez Bonino afirmó: "Fe y Constitución nunca se arraigó en las iglesias latinoamericanas"[82]. Lo atribuyó a la falta de interés por la unidad doctrinal. Sin duda, hay algo de verdad en esta valoración del panorama ecuménico latinoamericano[83], pero la reflexión doctrinal es ineludible si la Iglesia ha de ser fiel a su misión. El Vaticano II ofreció a los católicos la "Constitución Pastoral de la Iglesia en el Mundo" (Gaudium et spes) y la "Constitución Dogmática sobre la Iglesia" (Lumen gentium).

---

81. José Míguez Bonino, *Faces of Latin American Protestantism*, trans. Eugene L. Stockwell (Grand Rapids, MI: Eerdmans, 1997), 131.

82. Míguez Bonino, *Faces of Latin American Protestantism*, 131.

83. Castro coincidió. La Iglesia debe ser sal y luz. La tarea clave en el centro del diálogo ecuménico no es la comparación de doctrinas, sino "¿qué quiere Dios hacer con nuestro país? Y dentro de nuestro país, ¿qué quiere Dios hacer con nosotros, los cristianos?… ¿Cómo somos testigos del reino que viene a la sociedad?" (en Sintado y Pérez, *Pasión y compromiso*, 461).

La visión misionera de Medellín en 1968 fue seguida por las definiciones cristológicas de los obispos católicos latinoamericanos reunidos en Puebla en 1979. Sin conexiones explícitas, sólidas y vibrantes con la doctrina católica de la Iglesia, la Iglesia latinoamericana, especialmente en su versión protestante, quedó teológicamente desvinculada. El resultado es el "reduccionismo" característico de gran parte del protestantismo latinoamericano donde "la teología es prácticamente engullida en la cristología, y ésta en la soteriología, y más aún, en una salvación que se caracteriza por ser una experiencia individual y subjetiva"[84]. Si una libertad guiada por el Espíritu es necesaria para que la iglesia sea auténticamente latinoamericana, una recepción de la doctrina de la iglesia guiada por el Espíritu es igualmente necesaria para que esa misión sea auténticamente cristiana.

En tercer lugar, a la luz de Medellín, los metodistas deben entenderse a sí mismos como wesleyanos. La enseñanza de Medellín es inequívocamente católica romana. Sus documentos hacen referencia a las Escrituras (aunque no tan ricamente como cabría esperar), la tradición (especialmente los escritos de Vaticano II) y las estructuras eclesiales. En comparación, la teología de los Wesley brilla por su ausencia en el abordaje metodista de Medellín y de las cuestiones latinoamericanas del momento. Hay varias razones que explican este déficit wesleyano. En primer lugar, el metodismo traído a América Latina por los misioneros norteamericanos estaba más influido por el avivamiento del siglo XIX que por el wesleyanismo del siglo XVIII. En segundo lugar, los teólogos metodistas latinoamericanos alcanzaron la mayoría de edad cuando la neo-ortodoxia estaba en auge. La constelación ya mencionada de Barth, Bonhoeffer y Bultmann iluminó su lectura de las Escrituras y de los signos de los tiempos. De hecho, el metodista uruguayo Emilio Castro fue el primer latinoamericano que estudió con Barth[85].

---

84.   Míguez Bonino, *Faces of Latin American Protestantism*, 112.

85.   El impacto de Barth en Castro fue profundo. En la teología de Barth, Castro encontró una alternativa a la dialéctica fundamentalista-liberal que dominaba la vida eclesiástica protestante en América Latina (véase Sintado y Pérez, *Pasión y compromiso*, 114). La forma en que Barth privilegiaba el "sí" de Dios a la humanidad sobre el "no" de la humanidad a Dios revolucionó la forma en que Castro entendía su propio contexto uruguayo. En un contexto marcado por el secularismo (Uruguay era y sigue siendo la nación más secularizada de América Latina), Castro podía predicar con la confianza de esperar una respuesta positiva porque, a fin

Al lado de estos gigantes teológicos, Wesley le parecía a Míguez Bonino y a muchos metodistas un teólogo pastoral, en el mejor de los casos. "En vano buscaríamos en él el genio creador de teólogos de la talla de Agustín, Lutero o Calvino. Wesley no pertenece al grupo de estas grandes columnas de la teología cristiana. Carece de la profundidad, el enfoque seguro y la perspicacia de los grandes teólogos… no es un genio teológico"[86]. Aunque este juicio sobre Wesley como teólogo sea cuestionable, la búsqueda de una identidad metodista plantea riesgos. La teología wesleyana puede ser un escape de los retos y complejidades del momento presente hacia un pasado seguro, nostálgico y retocado. Míguez Bonino advirtió de estos peligros en una serie de preguntas:

> ¿Quiénes somos los cristianos evangélicos metodistas en América Latina? ¿Es importante esta pregunta? ¿Ser identificado como 'cristiano latinoamericano' no es suficiente?… ¿Es real la 'identidad metodista'? ¿No es artificial el intento de reconocernos en los retratos de nuestros antepasados con los que de hecho tenemos poca relación? ¿No estamos llamados a identificarnos plenamente con la realidad de nuestro pueblo en lugar de trazar una conexión histórica con la Inglaterra de los George?[87]

Las dificultades para encontrar una identidad metodista que sea wesleyana son complejas. Al mismo tiempo, esta búsqueda es necesaria para

---

de cuentas, la salvación no dependía de él. Afirmó: "La salvación no es algo que me pertenezca. La salvación es la seguridad de que Dios siempre estará conmigo y de que la experiencia llamada salvación es la presencia de Dios que se experimentará de nuevo mañana, no porque yo tenga algún tipo de garantía, sino porque Dios así lo promete" (ibíd., 121). Al mismo tiempo, algunos aspectos de la teología de Barth, o quizá más exactamente, sus juicios prudenciales, no tuvieron eco en Castro. El estudiante uruguayo presionó a su maestro sobre su dura crítica al metodismo. Las preocupaciones de Barth sobre la herencia wesleyana provenían de leer esta tradición como hija del pietismo de Zinzendorf y abuela de la teología de la experiencia de Schleiermacher. Sin embargo, Castro pudo reconciliar la crítica de Barth con la realidad de las iglesias metodistas en América Latina (ibid., 115ss.). Castro apreciaba mucho el rigor del enfoque teológico de Barth, pero al mismo tiempo lo veía como una forma muy europea, de hecho, muy académica, de hacer teología (ibid., 109).

86. José Míguez Bonino, "Juan Wesley y la teología de la reforma," *Cuadernos Teológicos* 4 (1951): 63, citado en Nellie Ritchie, "¿Existe una pastoral metodista?" en *La tradición protestante en la teología latinoamericana*, 95.

87. José Míguez Bonino, "¿Fue el metodismo un movimiento liberador?" en *La tradición protestante en la teología latinoamericana*, 63.

discernir la forma en que el pueblo llamado metodista puede contribuir a las exigencias del momento misionero latinoamericano. Duque habló en nombre de muchos cuando afirmó la necesidad de una "re-lectura de la tradición y de la teología protestantes, con el propósito de volver a nuestras raíces y recuperar todos aquellos elementos de protesta y fuerza liberadora que estuvieron presentes en el surgimiento del movimiento protestante, y que pueden servir como criterios para la práctica de los cristianos en el actual y difícil proceso de transformación latinoamericano"[88]. Para los metodistas, este recurso latinoamericano comienza con una relectura de Wesley. "El horizonte del reino de Dios —es decir, el mensaje central de la Biblia— será nuestro criterio fundamental. La práctica misionera de Wesley, su identificación con los pobres, su llamado a la conversión serán nuestra clave interpretativa. La angustiante realidad de América Latina será el lugar de encuentro entre nuestra tradición y nuestra obediencia"[89].

En este *ressourcement*, la teología wesleyana está bien preparada para unir los pares por tanto tiempo desunidos: evangelismo y liberación[90]. Dada la posición de la Iglesia Metodista en el panorama latinoamericano y mundial, la contribución wesleyana a la teología misional de Medellín puede ser modesta. Quizás solo represente, en palabras de Míguez Bonino, "una nota al pie en la vida religiosa de nuestro continente. Pero, si se cumple fielmente, puede ser una nota al pie significativa"[91]. De hecho, si se cumple fielmente, el impacto de la contribución wesleyana puede ser tan sorprendente como el de la semilla de mostaza.

---

88. Duque, *La tradición protestante en la teología latinoamericana*, xii.

89. Duque, *La tradición protestante en la teología latinoamericana*, 347.

90. En Sintado y Pérez, *Pasión y compromiso*, 472, Castro reconoció que, aunque el CMI siempre se ha preocupado por la evangelización, en la práctica ha quedado marginada: "Hemos interiorizado el hambre de justicia, pero hablamos de justicia. Hemos interiorizado la importancia del diálogo con otras religiones, pero insistimos en tratar estos temas para profundizar en ellos. Luchamos decididamente contra todo tipo de marginación y apoyamos las causas de los pueblos oprimidos. Todo esto, al igual que la evangelización, pertenece al evangelio y podríamos darlo todo por sentado, pero lo tratamos explícitamente. Del mismo modo, debemos hablar abiertamente de nuestra pasión por la evangelización".

91. José Míguez Bonino, "Protestantism's Contribution to Latin America," *The Lutheran Quarterly* 22.1 (1971): 97.

Postludio

Comencé este capítulo con el trillado tropo de un invierno ecuménico, y vuelvo a él de nuevo. Medellín no es algo que pueda calentar a los enfriados por la mezcla teológica invernal del norte como un par de guantes. Es un testimonio de la sorprendente labor del Espíritu Santo. Después de muchos años y en contra de todas las expectativas, las semillas del evangelio sembradas en un suelo ensangrentado por las espadas de los conquistadores, las balas de los narcos y el dinero de las multinacionales, han dado su fruto. El Espíritu que renueva la faz de la tierra es también el Espíritu que manifiesta el cuerpo de Cristo en el mundo. Medellín a través de los ojos metodistas se lee como una declaración de misión incluso para aquellos que no son latinoamericanos. Somos llamados a ser uno para que el mundo, especialmente el mundo de los pobres y marginados, crea que el Padre ha enviado al Hijo como uno que se hizo pobre para enriquecer a muchos. Leer Medellín con ojos metodistas puede resultar, en realidad, no sólo en un "extraño ardor en el corazón", sino también en un "corazón ardiente" despreocupado del invierno ecuménico, porque se acerca un nuevo Pentecostés. La esperanza de ese día está bien cantada por Carlos Wesley:

Eterno Paracleto, desciende
Tú, don y promesa de nuestro Señor,
A cada alma, hasta que el tiempo acabe,
Tu socorro, y tú mismo,
Convéncenos, conviértenos, e inspíranos;
Ven, y bautiza al mundo con fuego.[92]

---

92.   Charles Wesley, *Hymns for Whitsunday* (1746), Hymn 17. Traducción libre al español.

Capítulo Cuatro

El día de la gran fiesta:
Renovando el culto desde el final

Cuando me gradué de Duke Divinity School, mi obispo me nombró para iniciar un ministerio metodista unido entre la población hispana de Durham, Carolina del Norte. Tras algunos tropiezos, un pequeño grupo de familias comenzó a reunirse semanalmente para estudiar la Biblia en sus hogares. Cuando se acercaba la Semana Santa de 1998, una familia sugirió que celebráramos un culto el Viernes Santo y ofreció su casa, un dúplex en una calle sin asfaltar. Acepté. Al llegar, vi el pórtico decorado con globos y serpentinas. Una mesa repleta presentaba un festín, con bandejas de aluminio llenas de arroz, mole y tortillas, y el pastel de tres leches y las piñatas prometían más a la celebración. Treinta personas se apiñaron en un pequeño salón para un servicio de *Tenebrae* (tinieblas) seguido de fiesta. Cantamos alabanzas. Leímos y proclamamos las Escrituras. Confesamos la fe. Ofrecimos oraciones de lamento y esperanza. Celebramos la Cena del Señor. Era Jueves Santo, Viernes Santo y Pascua, todo en uno, con un cumpleaños incluido.

Esta reunión de metodistas para celebrar el culto no negaba el escándalo de la cruz[1]. Promulgó una sabiduría profunda, reconociendo que

---

1. Los lectores con mentalidad litúrgica podrían preguntarse si aceptar la luz de la Resurrección durante el Jueves Santo viola la progresión de la Semana Santa, buscando lo que Martín Lutero llamó "una teología de la gloria" a expensas de una "teología de la cruz". Sin

la cruz es el árbol de vida. Sólo aquellos cuyas vidas están marcadas por cruces comprenden esta especial sensibilidad a la luz de la Pascua. Esta reunión afirmó que, en el fondo, la realidad es buena, la vida es bella y el evangelio es verdadero. Era el sueño de un pueblo que anhela un futuro mejor, un futuro que sea fiesta.

En este capítulo, examino cómo el culto anticipa este futuro. En particular, propongo que el carácter festivo del culto hispano y latinoamericano, al dialogar críticamente con las afirmaciones de credo latinas y latinoamericanas, puede revitalizar el culto metodista.

Pongo juntos credo y fiesta porque la doctrina y el culto van unidos. En la introducción de este volumen, exploro la interconexión entre doctrina, culto y misión. Allí repaso el principio de *lex credendi est lex orandi*, que significa creemos como oramos y oramos como creemos. A continuación, recurro a Justo González, que ofrece un resumen sucinto:

> La principal fuente de doctrina no es la especulación teológica, sino el culto de la iglesia. Con frecuencia los eruditos se refieren a este principio como *lex orandi est lex credenti*. Es decir, la regla del culto se convierte en la regla de la creencia... . Nuestra tendencia es creer que nuestras doctrinas principalmente surgen del debate teológico, pero la verdad es que la mayoría de ellas son expresiones de lo que la iglesia ha venido experimentando y afirmando en su culto durante mucho tiempo.[2]

La dinámica va en ambos sentidos, ya que la doctrina influye en prácticas como el culto, pero la influencia de la *lex orandi* en la *lex credendi* no se aprecia lo suficiente y, por tanto, merece una atención especial.

El cristianismo occidental ha permitido la separación entre la *lex credendi* y la *lex orandi*[3], en la que la iglesia relega la teología a los márgenes,

---

embargo, esto representaría un profundo malentendido de la fiesta cristiana, un malentendido que este capítulo pretende corregir. Para una introducción a la distinción de Lutero, véase Justo L. González, *The Story of Christianity, Volume 2: The Reformation to the Present Day* (Nueva York: HarperCollins, 2010), 50.

2. Justo L. González, *A Concise History of Christian Doctrine* (Nashville, TN: Abingdon, 2005), 5. En español véase: Justo L. González, *Breve historia de las doctrinas cristianas* (Abingdon Press (2007)), 11-12.

3. Alexander Schmemann, *Church, World, Mission: Reflections on Orthodoxy in the West* (Crestwood, NY: St. Vladimir's Seminary Press, 1979), 129-46.

dejándola a menudo como poco más que un juego abstracto jugado en torres de marfil. La liturgia adolece de falta de conexión y sentimentalismo, formando inadecuadamente las vidas cristianas individuales o las cosmovisiones de las comunidades cristianas. En un sentido real, toda teología debería ser litúrgica, no porque tenga a la liturgia como objeto, sino porque la liturgia es su fuente. Debemos renovar la doctrina para rescatar el culto del historicismo que lo osifica hasta convertirlo en un texto muerto, del racionalismo que lo evacua del misterio y del emotivismo que lo reduce a una doxología vacía[4]. Además, tenemos que renovar la doctrina para anclar la base fundamentalmente escatológica del culto. Más específicamente, tenemos que renovar una sólida práctica basada en el credo para que la celebración del culto oriente a la congregación hacia el día de la gran fiesta.

Celebrando la fiesta cristiana

El culto en las comunidades hispanas y latinoamericanas a menudo se parece a una fiesta. El recurso para el culto metodista de la Iglesia Metodista Unida se titula *Fiesta cristiana*. El pueblo llamado metodista "cree que la adoración del Dios viviente—creador, redentor y sustentador de la vida—siempre debe ser una fiesta, un regocijarnos en el Dios de la vida"[5]. El culto como fiesta, dice Justo González, es "una celebración de los grandes hechos de Dios. Es una reunión de la familia de Dios"[6]. Es una exube-

---

4. En este último sentido, pienso en Walter Brueggemann y su categoría de doxología sin razón. Véase Walter Brueggemann, *Israel's Praise: Doxology against Idolatry and Ideology* (Philadelphia, PA: Fortress, 1988): 89-121. Brueggemann aplica esta categoría a los salmos que ofrecen alabanzas a Dios sin dar testimonio de cómo Dios ha estado actuando concretamente en la historia y está obrando para transformar el mundo, empezando por Israel, de acuerdo con los propósitos de Dios para la creación. Por ejemplo, identifica el Salmo 150 como la articulación de "un dios sin razón, una comunidad sin memoria, una fe sin transformación concreta... Por supuesto, es demasiado sugerir que el Salmo 150 es un acto de idolatría. Lo que quiero decir es que la tendencia en esa dirección es inequívoca. Este dios no hace nada, no ha hecho nada y no hará nada. Por supuesto, uno puede imaginarse simplemente que se trata de un acto comunitario de total liberación y éxtasis. ¿Pero para qué?" (108).

5. *Fiesta cristiana: Recursos para adoración (Resources for Worship)*, ed. Raquel M. Martínez (Nashville, TN: Abingdon, 2003), 16.

6. Justo L. González, "Hispanic Worship: An Introduction," in *¡Alabadle! Hispanic Christian Worship*, ed. Justo González (Nashville, TN: Abingdon, 1996), 20.

rante afirmación de la vida y una anticipación de la vida eterna que supera el cálculo racional. Las fiestas invitan a *bótates* (excesos). La riqueza visual de imágenes y colores en una celebración católica romana de la fiesta de Guadalupe en Durham, el fresco aroma de las agujas de pino que cubren el suelo de una iglesia metodista guatemalteca y los palpitantes sonidos de una banda tocando coritos en una iglesia pentecostal de los Andes peruanos ponen de manifiesto la riqueza existencial del don de la vida de Dios de maneras que sobrecargan los sentidos[7].

La fiesta cristiana es rica en comida, abrazos y música. El título del Himnario Metodista Unido en español se hace eco de este tema: *Mil voces para celebrar*[8]. En la tradición wesleyana, la música puede considerarse un medio de gracia. Por ejemplo, Alejo Hernández da testimonio de su primer encuentro con el culto metodista al meterse en una capilla, donde buscaba refugio de la lluvia. "Allí sentí el Espíritu de Dios aunque no entendía ni una palabra de lo que se decía"[9]. Hernández se hizo metodista y se ordenó en Texas en 1871. René de León expresa elocuentemente la importancia del canto para la fiesta cristiana en su prefacio al himnario de la Iglesia Evangélica Nacional Metodista Primitiva de Guatemala, *Cánticos de vida y esperanza*. Escribe: "Cantamos porque tenemos vida; creemos en el Dios de la vida; proclamamos que en él está la vida y que quiere ofrecer plenitud de vida a todos. Cantamos con esperanza porque por la fe vislumbramos esta plenitud"[10].

Las fiestas reconcilian categorías a menudo opuestas. Al igual que la fiesta, el culto implica tanto planificación como improvisación. La planifi-

---

7. El concepto de exceso desempeña un papel fundamental en los debates teológicos sobre las artes y la estética, y ese mismo exceso anima la fiesta, en la que la materialidad mundana de las criaturas puede, por la gracia de Dios, compartir de la abundancia divina. Véase Jeremy Begbie, "Looking to the Future: A Hopeful Subversion", en *For the Beauty of the Church: Casting a Vision for the Arts*, ed. David O. Taylor (Grand Rapids, MI: Baker, 2010); Rowan Williams, *Grace and Necessity: Reflections on Art and Love* (Londres: Continuum, 2005), 139-56; Richard Viladesau, *Theological Aesthetics: God in Imagination, Beauty, and Art* (Nueva York: Oxford University Press, 1999), 94-121.

8. *Mil voces para celebrar: Himnario metodista*, ed. Raquel Martínez (Nashville, TN: Abingdon, 1996). El himnario se compuso en respuesta al deseo de los *metodistas* de Estados Unidos de escuchar música y cantos con acentos, ritmos y melodías latinos.

9. *Mil voces para celebrar*, v.

10. *Cánticos de vida y esperanza* (Quetzaltenango: IENMPG, 1996), 3.

cación incluye la preparación del espacio de culto. Tanto si la comunidad dispone de un edificio como si no, planifica la música, los sermones y las formas estéticas, como las flores y la decoración, que resaltan la belleza de la santidad. En muchas comunidades, la planificación también implica transformar en santuario un espacio diseñado para un fin distinto (un aula, una sala de estar). Como fiesta, el culto también tiene un carácter no ensayado. Por ejemplo, a menudo no se sabe cuántos fieles se unirán a la celebración, ni cuándo. De ahí que el culto comunitario como fiesta requiera adaptabilidad y generosa hospitalidad.

Al igual que concilian la preparación y la improvisación, las fiestas de la comunidad hispana difuminan las distinciones entre lo sagrado y lo profano. Un vía crucis católico en San Juan de Puerto Rico no se limita al santuario, sino que se extiende por las calles adoquinadas, donde Jesús lleva la cruz flanqueado por soldados romanos, fieles, turistas y piragüeros (vendedores ambulantes). Incluso las fiestas de origen no sagrado o de carácter marcadamente cívico están abiertas a lo sagrado. Las fiestas afirman el fundamento trascendental de la vida en lo verdadero, lo bueno y lo bello de lo cotidiano (cumpleaños, mayoría de edad).

En la teología hispana/latina, la fiesta es una categoría antropológica. La modernidad privilegia una antropología diferente, en la que el yo autónomo construye sus propios fines; ser humano es ser *homo faber*, un ser creador. Esta antropología encuentra una excelente expresión en la lengua inglesa: trabajamos para "hacernos la vida" (traducción literal), exhortamos a las personas a "hacer algo de sí mismas" y celebramos al individuo que 'se hace a sí mismo". Las antropologías posmodernas, por el contrario, valoran el juego y exaltan al *homo ludens*, el ser que juega. En sus primeras etapas, la teología de la liberación latinoamericana adoptó la primera antropología, el *homo faber*. Roberto Goizueta observa que para muchos teólogos de la liberación, ser humano es "comprometerse en la transformación de la sociedad, convertirse en un agente de cambio"[11]. La centralidad del *homo faber* en la visión teológica latinoamericana devaluó las acciones que son un fin en sí mismas y confundió el *hacer* con el *crear*. La religio-

---

11.   Roberto Goizueta, "Fiesta: Life in the Subjunctive," en *From the Heart of Our People: Latino/a Explorations in Catholic Systematic Theology*, ed. Orlando O. Espín and Miguel H. Díaz (Maryknoll, NY: Orbis, 1999), 84-99, 88.

sidad popular, las celebraciones litúrgicas y las luchas cotidianas por una vida bella fueron vistas, en el mejor de los casos, como "inútiles" y, en el peor, como obstáculos para la transformación social. Sin embargo, versiones más recientes de la teología latinoamericana y hispana han visto las limitaciones del *homo faber* y, basándose en el *homo ludens* posmoderno, han crecido en la apreciación del *homo festivus*[12]. Como explica Goizueta, "la lucha histórica por la justicia—la construcción de un mundo que sea verdaderamente imagen del Dios de la vida, el "Dador de vida"—debe fundamentarse en la actitud y el acto previos, más fundamentales, en los que reconocemos nuestra dependencia de un Dios que *es* vida"[13].

Las fiestas celebran la vida en subjuntivo. Goizueta, basándose en la obra de Victor Turner, contrasta las conjugaciones de la cultura en el modo indicativo con las del modo subjuntivo. La cultura en el modo indicativo afirma cómo son las cosas y se expresa en las políticas económicas, las ideologías políticas y la vida tal y como se planifica. La cultura en subjuntivo dice cómo podrían ser las cosas y se expresa en el teatro, la danza, la canción, el carnaval y la fiesta. Goizueta cita a Turner: "Quizás sea significativo que, como dice el *Concise Oxford Dictionary*, 'subjuntivo = modo verbal, obsoleto en inglés'[14]. Para los angloparlantes, aprender cómo y cuándo usar el subjuntivo en español suele resultar difícil. Una pista útil: el subjuntivo siempre va después de la palabra "ojalá". Esta palabra es una muestra de la influencia de la cultura árabe en la lengua española. El término se deriva del árabe y literalmente significa "si Alá quiere" o "si Dios quiere". El punto teológico sigue al gramatical: el modo subjuntivo es el modo profético; es una forma de vivir desde el futuro prometido por Dios.

La fiesta no es sólo una fiesta. No es simplemente un descanso del trabajo o un mecanismo de supervivencia. Ramón Luzárraga afirma: "La Fiesta no está concebida para escapar de los deberes, las cargas y los acontecimientos cotidianos de la vida"[15]. En cambio, en el corazón de la fiesta

---

12. Cándido Pozo, "La teología de la fiesta, ¿ocaso de la teología de la liberación?" en *Teología de la liberación*, ed. Teodoro Ignacio Jiménez Urresti (Burgos: Ediciones Aldecoa, 1973), 411-25.

13. Goizueta, "Fiesta: Life in the Subjunctive," 96.

14. Goizueta, "Fiesta: Life in the Subjunctive," 96.

15. Ramón Luzárraga, "Fiesta," in *Hispanic American Religious Cultures, Vol. 1*, ed. Miguel de la Torre (Santa Barbara, CA: ABC-CLIO, 2009), 261-68, 266.

subyace un misterio escatológico[16]. Las fiestas declaran que la vida merece ser vivida, incluso en medio de las fuerzas que pretenden acortarla o quitarle su sentido. Declaran un mundo en el que la diversidad no divide, sino que une en alabanza al Dios de la vida. "La Fiesta presenta una visión alternativa en la que los seres humanos reciben la vida como un don de Dios"[17]. Como explica González: "Fiesta y misterio van de la mano... No se nos exige que entendamos todo lo que ocurre. Ni siquiera se espera que estemos de acuerdo con todo lo que dicen los demás. Simplemente se nos invita a unirnos a la fiesta, a dejarnos llevar y definir por ella, a hacer nuestra propia contribución, sea cual sea, y, sobre todo, a celebrar lo que sea la fiesta"[18]. En su mejor expresión, el culto latino une el espíritu de fiesta a una profunda reverencia por el misterio cristiano. Cuando el pueblo de Dios se reúne para celebrar las maravillas de Dios, afirma su fe en el día de la gran fiesta y adelanta su llegada.

Profesando la fe metodista

La fiesta cristiana promulga y empodera la *fe metodista*. La fe del pueblo llamado metodista se guía por declaraciones de credo. Como ya se ha señalado, la *lex orandi* es la fuente de la *lex credendi*. La celebración del culto como fiesta encuentra forma de credo en la expectación del día de la gran fiesta. A veces, los credos se tratan como explicaciones y se utilizan para evacuar el misterio de la fe. Algunas prácticas catequéticas y litúrgicas pueden dar crédito a esta impresión. Sin embargo, cuando están arraigados en la *lex orandi*, los credos celebran el misterio.

Juan Wesley valoraba la tradición litúrgica de la Iglesia de Inglaterra. Como escribe en el prefacio de *El Servicio Dominical*, la liturgia que legó a los metodistas recién independizados en Norteamérica, no se puede encontrar "una liturgia en el mundo, ya sea en lenguaje antiguo o moderno, que respire una piedad más sólida, escritural y racional, que *el Libro de la Oración*

---

16. González, "Hispanic Worship," 21.

17. Luzárraga, "Fiesta," 265.

18. González, "Hispanic Worship," 20.

Común de la Iglesia de Inglaterra"[19]. A pesar de su aprecio, Wesley revisó esta liturgia mediante adiciones, sustracciones y sustituciones siempre que la experiencia demostró que eran ventajosas para promover las bondades del culto. Como miembro de la Iglesia de Inglaterra, se adhirió al Credo de los Apóstoles, al Credo Niceno y al Credo Atanasiano. No obstante, rechazó los anatemas del Credo de Atanasio y no insistió en la necesidad de ningún credo formal para la salvación[20]. Dados estos compromisos y preocupaciones, es revelador que Wesley pidiera el uso del Credo de los Apóstoles en el culto. Es precisamente como confesiones litúrgicas—más que como explicaciones doctrinales—que los credos expresan la fe viva del pueblo de Dios.

La fe *metodista* encuentra palabras en los nuevos credos y en los antiguos. En lo que sigue, considero dos ejemplos tomados de Justo González, el teólogo *metodista* más eminente de su generación[21]. El primero ofrece una lectura del Credo de los Apóstoles en español, es decir, en solidaridad con los refugiados latinoamericanos. El segundo, el Credo Hispano, afirma la fe viva, expresando los acentos culturales de cómo viven la fe los herederos hispanohablantes de Wesley.

Leyendo el Credo de los Apóstoles en español

Leer el Credo de los Apóstoles en español incluye leerlo intencionadamente de fuera hacia dentro y al revés. Significa leerlo desde las fronteras y en solidaridad con aquellos que son excluidos por la construcción de

---

19. Juan Wesley, Preface to *The Sunday Service of the Methodists in North America; With Other Occasional Services* (London: J. Kershaw, 1825), 2. En español, véase: *Obras* IX:105.

20. Juan Wesley, Sermon 55, "On the Trinity," §3, *Works* 2:376-77. En español, véase: Sermón 55, "Sobre la Trinidad", §3, *Obras* III:335-336.

21. Justo González (n. 1939, La Habana, Cuba) acumuló seis títulos a los veintitrés años, convirtiéndose en el más joven en obtener el doctorado en teología histórica de Yale. Ha enseñado en varias instituciones teológicas, entre ellas el Seminario Evangélico de Puerto Rico y la Candler School of Theology de Georgia. Es autor de más de ciento treinta libros y de más de mil trescientos artículos y lecciones bíblicas para adultos. (¡Sí, esas cifras son correctas!) Entre otros logros, es presbítero ordenado de la Iglesia Metodista Unida, cofundador de la primera revista académica dedicada a la teología hispana (*Apuntes*), impulsor de múltiples programas de teología hispana y, clave para nuestros propósitos, autor del Credo Hispano. Véase González, "Curriculum Vitae", Princeton, New Jersey: Hispanic Theological Initiative, 2017, https://hti.ptsem.edu/wp-content/uploads/2017/08/Justo_L_Gonz%C3%A1lez_CV.pdf.

fronteras. De hecho, como dice González, "se puede argumentar que los acontecimientos más significativos en la historia de la Iglesia han tenido lugar precisamente en esos márgenes"[22]. El historiador Andrew Walls está de acuerdo, argumentando que "la difusión transcultural ha sido siempre el alma del cristianismo histórico; que la expansión cristiana ha venido característicamente de los márgenes más que del centro". El encuentro transcultural de judíos y gentiles, cristianismo latino y pueblos germánicos, misioneros españoles y pueblos indígenas, en toda su complejidad histórica, son lugares donde se pone a prueba y se profundiza en la verdad del evangelio[23].

Leer el Credo de los Apóstoles desde las fronteras nos compromete a leer desde abajo. González recuerda la curiosa anécdota contada por Gregorio Nacianceno de cómo las cuestiones abordadas por el Concilio de Nicea estaban en boca de todos: no se podía visitar un mercado o un baño público sin toparse con personas que le preguntaran a uno la opinión sobre si Jesús fue engendrado o creado. González se pregunta si una de las razones por las que los teólogos modernistas descartan la fe nicena como una adaptación mal concebida, desafortunada e ilegítima de la fe bíblica es porque no están leyendo desde abajo. González escribe: "Harnack ha dicho que el Concilio de Nicea fue 'la apoteosis de Jesús'. ¿No será que lo que realmente estaba en juego era la *carpinterización* de Dios'? ¿Podría ser esta la razón por la que muchos de los emperadores pronto llegaron a ver la fe nicena con gran desagrado?"[24]

Como en el caso del Credo Niceno, González lee el Credo de los Apóstoles desde abajo[25]. González sitúa la composición del Credo de los Apóstoles

---

22. Justo L. González, "Towards a New Reading of History," *Apuntes* 1.3 (1981): 4-14, 10.

23. Andrew Walls, "Structural Problems in Mission Studies," *International Bulletin of Missionary Research* 15 (1991): 147.

24. Justo L. González, "Towards a New Reading of History," 12. La visión de González sobre la "carpinterización" de Dios se concreta en la experiencia de ministerio de Peter Storey en Sudáfrica. Cuando su iglesia metodista del Distrito 6 construyó un centro comunitario, lo llamaron la Casa del Carpintero. En una de las paredes, sus miembros colgaron una pancarta con una oración al "Carpintero Maestro de Nazaret". Peter Storey, *Protest at Midnight: Ministry to a Nation Torn Apart* (Eugene, OR: Cascade Books, 2022): 27.

25. Para una breve historia del Credo de los Apóstoles y su relación con el Credo Niceno, véase Justo L. González, The Apostles' Creed for Today (Louisville, KY: Westminster John Knox, 2007), 1-7 y *The Story of Christianity, Volume 1: The Early Church to the Dawn of the Reformation* (Nueva York: HarperCollins, 2010), 77-79; 189-90.

en el contexto de las luchas contra Marción, cuya teología separaba la creación de la redención y separaba el Antiguo Testamento del Nuevo. Marción murió hace mucho tiempo, pero el marcionismo sigue vivo. González profesa el credo en español leyéndolo en diálogo con el nuevo marcionismo, que separa lo sagrado de lo secular y le dice a la Iglesia que no se inmiscuya en asuntos políticos como el trato a los refugiados[26].

Al afirmar que Dios Padre es *pantokrator* (todopoderoso), la Iglesia rechaza los intentos de circunscribir el poder y el cuidado de Dios. Dios está más allá de las fronteras. "Esto era cierto de la frontera que Marción trató de construir entre lo espiritual y lo material. También era cierto de la barrera que intentó construir entre Israel y la Iglesia"[27]. También se aplica a la distinción entre creador y criatura. "El Jesucristo de la fe de la Iglesia es [el] mismo Dios que rompe la barrera que separa a Dios de lo humano"[28]. El lenguaje es provocativo y, si se le da peso ontológico, problemático, pero capta correctamente el escándalo de la encarnación. Si la distinción entre creador y criatura es real e importante y, sin embargo, la Palabra se hizo carne, ¿qué son las fronteras políticas?

Profesar la fe en Jesucristo, Dios hecho carne, hermoso y vulnerable, pone freno a las tendencias espiritualistas y secularizadoras que privatizan el testimonio de la Iglesia. La creencia en la vida, muerte y resurrección de Jesús sostiene a los cristianos que trabajan entre los pueblos marginados con la convicción de "que los cuerpos son importantes; que los cuerpos no deben pasar hambre; que los cuerpos no deben ser torturados; que los cuerpos no deben ser asesinados; pero, al mismo tiempo, que los torturadores de cuerpos y los asesinos de cuerpos no tienen la última palabra"[29]. Esta afirmación concreta de la creencia en la resurrección del cuerpo aparece en el tercer artículo del credo porque sólo es posible por el poder del Espíritu Santo.

Los *metodistas* profesan la fe en el Espíritu Santo, que rompe cadenas, sopla más allá de las fronteras y guía a la iglesia en su misión. Dado que el Espíritu habla a través de la Iglesia, los cristianos pueden conocer la verdad

---

26. Justo L. González, "The Apostles' Creed and the Sanctuary Movement," *Apuntes* 6.1 (1986): 12-20.

27. González, "The Apostles' Creed and the Sanctuary Movement," 14.

28. González, "The Apostles' Creed and the Sanctuary Movement," 14.

29. González, "The Apostles' Creed and the Sanctuary Movement," 18.

sobre Dios y sobre lo que ocurre realmente en el mundo de Dios. La década de 1980 estuvo marcada por la opresión de los regímenes centroamericanos y por el cuestionable involucramiento de Estados Unidos en Latinoamérica y su imagen de esta; en este contexto, González ofrece un ejemplo: "Si no fuera por la Iglesia, creería en los periódicos, o creería en el Gobierno, o creería en lo que me dicen personas que se interesaron por Centroamérica el año pasado. Pero gracias a la Iglesia, a este cuerpo único, santo y católico, tengo hermanas y hermanos en todos los países centroamericanos"[30]. Gracias al Espíritu Santo, existe una Iglesia, un cuerpo, una comunión de santos sin fronteras.

Afirmando la *fe viva*

La experiencia metodista de la divinidad práctica valora la tradición y la traducción, lo antiguo y lo nuevo. Karen Westerfield Tucker señala que, para las primeras congregaciones metodistas norteamericanas, "las prácticas innovadoras en el culto, por tanto, podían evaluarse no sólo en función de su testimonio de las Escrituras y la tradición, sino también por el testimonio del Espíritu en la vida humana"[31]. El pueblo llamado *metodista* profesa fielmente la fe en el lenguaje transmitido por las madres y padres de la Iglesia en símbolos como el Credo de los Apóstoles, y acoge la libertad de encontrar nuevos símbolos que resuenen con la experiencia de ser un pueblo peregrino en solidaridad con herencias culturales particulares (por ejemplo, el Credo Hispano, el Credo Guatemalteco) y la experiencia de comunidades marginadas (por ejemplo, el Credo del Pueblo Inmigrante).

Afirmar la fe viva compromete a los metodistas a valorar la cultura en la que se vive esa fe. Cuando los primeros cristianos dieron testimonio del evangelio de Jesucristo entre los griegos, se enfrentaron a cuestiones críticas sobre cómo el evangelio se relaciona con la cultura. ¿Deben los gentiles abandonar completamente sus culturas para seguir el camino de Cristo? ¿O pueden los gentiles convertirse en cristianos sin abandonar sus cultu-

---

30. González, "The Apostles' Creed and the Sanctuary Movement," 17.

31. Karen B. Westerfield Tucker, *American Methodist Worship* (New York: Oxford University Press, 2001), 5.

ras? Si los cristianos han de ofrecer una explicación razonable (*apologia*) de la esperanza que hay en ellos (1 Pe. 3:15), deben ser comprendidos, y esto requiere que utilicen el lenguaje y las convenciones culturales de sus oyentes, incluso si éstas se ponen a prueba y se cuestionan. Según González, "una cultura es, básicamente, la forma en que cualquier grupo de seres humanos se relaciona consigo mismo y con el entorno que le rodea"[32]. Norman Wirzba contrapone la cultura abstracta a la cultura concreta. La cultura abstracta olvida la red de interrelaciones que hacen que la vida sea posible y tenga sentido, mientras que la cultura concreta fundamenta la cosmovisión de un pueblo en una tierra, una lengua y una historia concretas[33]. El pueblo metodista guatemalteco profesa: "Creemos que Dios nos da la vida y las condiciones para la vida. Él nos da la tierra, las plantas, las aguas, los cielos con la multitud de estrellas, las aves, los peces y otros animales, generando interrelación, independencia y equilibrio en todas las formas de vida"[34]. Este es el Dios que afirma culturas concretas y que es confesado por personas que aprecian su cultura concreta. Este es el Dios profesado en el credo del pueblo metodista guatemalteco y en el Credo Hispano de González, que nombra a cada persona de la Trinidad en relación con la cultura[35].

Dios es "el creador de todos los pueblos y todas las culturas". Contrariamente a los gnósticos, la creación no es el acto erróneo de un Dios inferior y malvado, sino una expresión amorosa de generosa abundancia de un Dios bueno y sabio. El encargo de Dios a los seres humanos de "ser fructíferos y multiplicarse; llenar la tierra y sojuzgarla", compromete a los seres humanos a generar muchas culturas. En la "Tabla de las

---

32. Justo L. González, *Culto, cultura, y cultivo: Apuntes teológicos entorno a las culturas* (Lima, Perú: Ediciones Puma, 2014), 37.

33. Véase Norman Wirzba, *The Paradise of God: Renewing Religion in an Ecological Age* (Nueva York: Oxford University Press, 2003), 85-90. Wirzba afirma: "Otra forma de describir una cultura abstracta es decir que sus miembros han sufrido un estrechamiento de la visión y la simpatía. Este estrechamiento se refleja e instiga en unas condiciones de vida prácticas que fomentan la insularidad y la ceguera con respecto a los contextos más amplios de una vida sana" (86).

34. *Cánticos de vida y esperanza*, 4.

35. El Credo Hispano se encuentra en español e inglés tanto en *Mil voces para celebrar*, 69-70, como en *Fiesta cristiana*, 269-70.

Naciones" de Génesis 10, leemos cómo la multiplicación y dispersión de los hijos de Noé por la faz de la tierra provocó la proliferación de familias, lenguas y naciones. La cultura comunica una memoria cultural compartida. Los seres humanos comparten la memoria cultural de maneras explícitas, por ejemplo, a través de la producción artística, y de maneras implícitas, como las historias transmitidas desde tiempos inmemoriales. Lo que se comparte y se transmite es un bien caído que no debemos ni idealizar ni satanizar. "No cabe duda de que hay mucha maldad en el modo en que funcionan hoy la creación, la historia y las culturas que ha creado la humanidad. Aun así, la historia y la cultura existen en el ámbito de la creación de Dios y bajo la sombra del amor de Dios. No todo lo que sucede en la historia y en la cultura es malo por la acción continua de Dios en ellas"[36].

El Credo Hispano confiesa a Jesucristo como "Dios hecho carne en una cultura para todas las culturas"[37]. Esta afirmación reafirma el escándalo de la particularidad del cristianismo. Jesús es un judío nacido en Belén de Judea "mientras Cirenio era gobernador de Siria" (Lucas 2,2), y es el logos de Dios, "la luz verdadera que alumbra a todos" (Juan 1,9). Como Palabra de Dios por quien y para quien fueron hechas todas las cosas, Cristo ilumina a todos los pueblos y culturas y revela su bondad como modos históricos de expresión de la riqueza de la naturaleza humana. Justino Mártir (c.100-165) afirmó la luminosidad de la cultura, viendo semillas de la Palabra en los logros de la civilización en Grecia. Como redentor, Cristo es también purificador y perfeccionador de la cultura, porque todos los pueblos están marcados por el pecado y necesitan santificación. Tertuliano (c.155-220) subrayó este carácter caído de la cultura, cuestionando la posibilidad de conciliar los acontecimientos salvíficos de Jerusalén con las escuelas filosóficas de Atenas. El Credo Hispano afirma tanto la continuidad de la obra de Dios en la creación y la redención (como Justino Mártir), como la unicidad de la revelación cristiana (como Tertuliano), aunque también afirma que la luz de Cristo alcanza todas las dimensiones de la existencia humana, no sólo las religiosas. "Es decir, al examinar cualquier cultura, debemos buscar signos

---

36. González, *Breve Historia de las Doctrinas Cristianas* (Nashville, TN: Abingdon, 2007), 71.

37. González, "Hispanic Creed," *Fiesta cristiana*, 269; *Mil voces para celebrar*, 69.

del *logos* no sólo en su religión, sino también en su práctica de la justicia, en su orden social, en la estructura de sus familias, en su arte, su música y sus antiguas leyendas y mitos"[38]. En general, los misioneros europeos no siguieron este camino cuando cruzaron el Atlántico y luego el Pacífico. La mayoría consideraba que las tierras y los pueblos que encontraban estaban a la sombra de la luz de Cristo, de la que sólo se filtraban algunos destellos. Bartolomé de Las Casas (c.1484-1566) —que aparece en el capítulo 7 de este libro—es una notable excepción. Su *Apologética Historia Sumaria* examina la manera en que todos los aspectos de la cultura indígena, desde la organización política y las prácticas religiosas hasta el trabajo artesanal, estaban bajo la autoridad de Cristo.

El Espíritu Santo "se hace presente en nuestro pueblo y nuestra cultura"[39]. El cristianismo siempre se encarna culturalmente. Pensar lo contrario es coquetear con el docetismo. El Evangelio sólo puede escucharse en la lengua materna de la persona. Pero al afirmar la presencia del Espíritu Santo en la cultura, debemos evitar la idealización cultural. Todas las culturas surgen de historias heridas por el pecado. También debemos evitar la osificación cultural. Todas las culturas se desarrollan a través de su entorno. González insiste en que los cristianos siempre viven al menos en dos culturas, la circundante y la cristiana[40]. "Un aspecto de la paradoja es claro: por el mero hecho de tener ahora fe en Cristo, los cristianos no son arrancados de su cultura ni de su manera de entender el mundo y de organizar su vida"[41]. Al mismo tiempo, es indudable que comprenderán mejor algunos elementos de su cultura a la luz del evangelio, lo que llevará a la afirmación en algunos casos, a la reforma en otros y al rechazo incluso en otros. Los apologistas de la Iglesia primitiva (por ejemplo, las epístolas a Diogneto) muestran una aguda conciencia de la naturaleza conflictiva de estas pertenencias múltiples y de la importancia de privilegiar la identidad cristiana. La presencia del Espíritu Santo en las culturas confiere a estas identidades una orientación escatológica ha-

---

38.   González, *Breve Historia de las Doctrinas*, 80.

39.   González, "Hispanic Creed," 269; *Mil voces para celebrar*, 69.

40.   González, *Culto, cultura, y cultivo*, 139.

41.   González, *Breve Historia de las Doctrinas*, 70.

cia el día de la gran fiesta "cuando todos los pueblos de la tierra se unirán en banquete de alegría, cuando todas las lenguas del universo se unirán en un coro de alabanza"[42].

"Creemos en la Iglesia, que es universal … donde todos los colores pintan un mismo paisaje"[43]. La Iglesia y sus pueblos son uno. En este paisaje escatológico, los colores se unen, se mezclan, adquieren nuevas formas y aportan vitalidad y sorpresa, participando en el mestizaje. Mestizo se refiere históricamente a los niños nacidos del encuentro traumático entre conquistadores españoles y mujeres amerindias, así como a la mezcla cultural y religiosa más amplia debida a la conquista española. A partir de las articulaciones influyentes de Virgilio Elizondo, la teología hispana ha dado al mestizaje múltiples valencias evolutivas[44]. Aunque la terminología conlleva retos[45], el mestizaje como categoría teológica combina su dolorosa historia con la esperanza de mejores formas de unión generativa, posibles gracias al ejemplo y la fuente últimos del mestizaje: la unión de Dios con la humanidad en la encarnación. La fe viva encuentra esperanza en la sombra de la muerte, no ignorando la sombra, sino mirando al Dios que se une a nosotros y nos invita al paisaje luminoso y multicolor de la

---

42. González, "Hispanic Creed," 270; *Mil voces para celebrar*, 69.

43. González, "Hispanic Creed," 269-270; *Mil voces para celebrar*, 69.

44. Para un panorama exhaustivo del mestizaje en la teología latina, véase Néstor Medina, "U.S. Latina/o Theology: Challenges, Possibilities, and Future Prospects", en *Theology and the Crisis of Engagement*, ed. Jeff Nowers y Néstor Medina. (Eugene, OR: Pickwick, 2013), 141-60. Véase también la entrada de Medina sobre "Mestizaje" *en Encyclopedia of Christianity in the Global South*, ed., Mark A. Lamport (Lanham, EE. UU.). Mark A. Lamport (Lanham, MD: Rowman & Littlefield, 2018), 500-502. Para la articulación original de Elizondo, véase Virgilio P. Elizondo, *Galilean Journey: The Mexican-American Promise* (Maryknoll, NY: Orbis, 2006).

45. Rubén Rosario Rodríguez nos acerca a uno de los retos que conlleva la terminología: "El énfasis de Elizondo en el mestizaje biológico proviene del hecho de que sus intentos de articular una alternativa al lenguaje del racismo moderno—que considera a varios grupos humanos como entidades biológicas distintas—pueden perpetuar una visión esencialista de los grupos humanos al insistir en que el *mestizaje* describe una entidad biológica nueva y distinta. Apoyo su proyecto emancipador y creo firmemente que el *mestizaje* es un concepto vital para la reconciliación racial, pero no como fuente de una identidad genética latina distinta. Más bien, al enfatizar la universalidad del *mestizaje* como una descripción científica más precisa de la diversidad biológica humana, la teología latino/a puede resistir el racismo y transformar positivamente el discurso racial". Rubén Rosario Rodríguez, *Racism and God-talk: A Latino/a Perspective* (New York: New York University Press, 2008), 68.

gran fiesta. La fe viva acoge el cambio que nos trae el encuentro genuino, anticipando el modo en que el futuro es mestizo.

Renovando el culto mediante la práctica de credos

"Creemos en el reino venidero, día de la gran fiesta"[46]. Esta afirmación del Credo Hispano expresa la fe del pueblo llamado *metodista* en cuanto al futuro prometido por Dios. El fin no se asemeja a pandemias globales, ni a una guerra mundial, ni al gran crujido del colapso cósmico, ni al prolongado gemido de la muerte entrópica. El fin se parece al reino pacífico de Isaías 2, al coro multiétnico de Apocalipsis 7, a la cena global de Mateo 8, y al banquete de bodas de Apocalipsis 19. En otras palabras, el futuro parece una fiesta. La renovación del culto se beneficia de los dones que los *metodistas* han recibido al recorrer el camino wesleyano de la salvación en los cantones de El Salvador, los barrios de Nueva York y las calles secundarias de Durham. Los dones de la fiesta y la profesión de fe en español pueden reconectar el culto con su fin: el día de la gran fiesta.

La fiesta cristiana no tiene fronteras y la fe *metodista* no tiene anatemas. Es cierto que el día de la gran fiesta, tal como se anuncia en las Escrituras, traza una línea nítida entre los que han sido acogidos y los que han sido desechados. Un relato universalista de la salvación en el que todas las personas, pueblos y culturas se salvan necesariamente no es ni bíblico ni metodista. Sin embargo, mientras que credos como el Credo Atanasiano y el Credo Niceno original concluían con anatemas[47]—declaraciones que condenan a quienes no profesan su formulación particular de la fe—, el Credo Hispano termina de manera diferente: "Y porque creemos, nos comprometemos a creer por los que no creen, a amar por los que no aman, a soñar por lo que no sueñan, hasta que lo que esperamos se torne

---

46. González, "Hispanic Creed," 270; *Mil voces para celebrar*, 69.

47. Para una consideración profunda de los anatemas en los credos cristianos, véase Jaroslav Pelikan, *Credo: Historical and Theological Guide to Creeds and Confessions of Faith in the Christian Tradition* (New Haven, CT: Yale University Press, 2005), 189-95.

realidad"[48]. El día de la gran fiesta es precisamente el día de esperanza, y la esperanza renueva la fiesta cristiana y la fe *metodista*.

Celebrar la fiesta cristiana aviva la fe. Uno de los dones de las Iglesias hispanas a la Iglesia universal es el redescubrimiento del culto como fiesta y la renovación de la antropología cristiana. Según Goizueta, "lo que subyace en el corazón de la afinidad latina por la celebración festiva no es necesariamente un temperamento más feliz, más cálido o despreocupado, sino una comprensión fundamentalmente diferente de lo humano y, en concreto, de la naturaleza de la actividad humana en el mundo"[49]. El ser humano no es ante todo *homo faber* u *homo ludens*, sino lo que Cándido Pozo llama *homo festivus*. Ser humano es ser "el que adora a Dios con espíritu libre, alegre y festivo, el humano que tiene una postura cúltica y litúrgica"[50]. Esta postura contrasta con la postura nihilista poderosamente captada en la exhortación: "Comamos y bebamos, que mañana moriremos" (Is. 22:13). La postura del *homo festivus* es de gratitud por el pasado, compromiso con el presente y esperanza en el futuro.

La fiesta cristiana abarca todos los tiempos de la historia. "Celebramos lo que Dios hizo por y con nosotros; y especialmente celebramos la vida, muerte y resurrección de Jesucristo. Pero, por sobre todo, nos gozamos porque estamos anticipando el futuro, la gran celebración, la fiesta final de todas las edades, el banquete celestial, el Reino de Dios"[51]. La celebración de la fiesta cristiana, vinculada al Reino, capacita al pueblo de Dios para cantar incluso cuando camina en el valle más profundo y en las sombras más oscuras. La visión del fin confiere al culto contextual la catolicidad sin la cual dejaría de ser cristiano. Esta postura hacia el reino sólo es alcanzable en comunidad. Las fiestas son sociales. Uno no puede celebrar una fiesta solo. El *homo festivus* es plural y el *homines festivus* un "nosotros" social.

La fiesta es una práctica del reino con el poder de renovar nuestra comprensión del ser humano como ser cultural hecho para el culto. La fiesta cristiana celebra la fe en su diversidad de expresiones culturales concretas.

---

48. González, "Hispanic Creed," 270; *Mil voces para celebrar*, 70.

49. Goizueta, "Fiesta: Life in the Subjunctive," 90.

50. Pozo, "La teología de la fiesta," 419.

51. *Fiesta cristiana*, 8.

Esta celebración se produce a través de la doxología. Por ejemplo, el corito popular "Alabaré" expresa la orientación escatológica de la fiesta y de la fe[52].

Alabaré, alabaré a mi Señor.
Juan vio el número de los redimidos
Y todos alababan al Señor,
unos oraban, otros cantaban,
y todos alababan al Señor.

Todos unidos, alegres cantamos
gloria y alabanzas al Señor.
Gloria al Padre, gloria al Hijo,
Y gloria al Espíritu de amor.

En las iglesias metodistas carismáticas de la región peruana de Cuzco, el líder del culto suele invitar a la congregación a ofrecer a Dios *tres glorias*. Aunque la fe metodista encuentra su expresión más allá de los credos, la exuberancia y el misterio de la fiesta pueden evitar que los credos se conviertan en una lista de proposiciones doctrinales abstraídas del camino de salvación. Inmersos en la densidad y la belleza de la fiesta, los credos pueden convertirse en la confesión de fe de un pueblo peregrino.

Profesar la fe *metodista* santifica la fiesta. Leer el Credo de los Apóstoles en español y afirmar la fe viva ayuda a los cristianos a vivir en subjuntivo. El modo subjuntivo es frágil. Como dice Goizueta: "Toda situación de subjuntivo tiene tendencia a revertir a la indicatividad; es decir, a perder su capacidad de celebrar el presente proyectado en un futuro posible"[53]. Esta tendencia hacia lo indicativo y el statu quo confiere a las fiestas un carácter ambiguo. El derroche o *bótate* de una fiesta puede ser una celebración de

---

52. "Alabaré" © 1979, Manuel José Alonso y José Pagán. Todos los derechos reservados. Agente exclusivo en EE.UU., Canadá y México: OCP. Utilizado con permiso.

Daniel Ramírez relaciona este corito de "autoría anónima" con el "subalterno" latino del avivamiento de Azusa Street, también conocido como el nacimiento del pentecostalismo moderno. Según Ramírez, la popularidad emergente del corito traza el crecimiento del pentecostalismo, fluyendo desde las "tierras fronterizas pentecostales negro-marrones" que a menudo pasan desapercibidas y extendiéndose a través de fronteras culturales, nacionales e incluso religiosas. Daniel Ramírez, *Migrating Faith: Pentecostalism in the United States and Mexico in the Twentieth Century* (Chapel Hill, NC: University of North Carolina Press, 2015), 197.

53. Goizueta, "Fiesta: Life in the Subjunctive," 93.

la riqueza de estar vivo, o una expresión de los valores consumistas de que cuanto más grande, mejor. El protagonismo de una joven en la fiesta de quince años puede apuntar a una inversión de los roles sociales que pone en primer plano a una persona marginada, o a una fiesta de mayoría de edad que solidifica los roles patriarcales de género. Las fiestas son asuntos estructurados, una confluencia de planificación y espontaneidad, trabajo y juego. En el mejor de los casos, "la fiesta desafía y subvierte tanto una concepción escapista (posmoderna) del juego como una concepción mecanicista (moderna) del trabajo"[54]. En el peor, la fiesta se romantiza y se reduce a mero juego. En el mejor de los casos, la fiesta es una "auténtica pérdida de tiempo" que aviva nuestra esperanza de transformar el mundo[55].

Los credos ayudan a mantener la fiesta en su mejor expresión al renovar sus raíces en el misterio de Cristo. Como afirma Goizueta, "la solidaridad y compasión de Jesús por los marginados de su sociedad, es decir, la celebración activa de sus vidas, es lo único que hace posible—y creíble—la celebración de la vida como un don"[56]. Al profesar la fe *metodista*, creemos en el Dios que tiene una afinidad especial con las culturas de los pueblos marginados. El Dios que se encarnó en Jesucristo es un Dios que libera a los oprimidos haciéndose víctima. Justo González tiene razón. "Si ser minoría significa ser sometido y victimizado por fuerzas que uno no controla, ¡Dios es una minoría!"[57] Esta es la escandalosa afirmación que se encuentra en el corazón de la fiesta cristiana: el Dios del pueblo llamado *metodista*, el anfitrión del día de la gran fiesta, es un Dios minorizado que trabaja por la liberación, reconciliación y santificación de todos los pueblos y culturas. Y acoger esta afirmación es dar esperanza para la renovación del culto.

---

54. Goizueta, "Fiesta: Life in the Subjunctive," 95.

55. Véase Marva J. Dawn, *A Royal "Waste" of Time: The Splendor of Worshipping God and Being Church for the World* (Grand Rapids, MI: Eerdmans, 1999), 17: "La adoración es una pérdida real de tiempo que se convierte en pasión por vivir como cristianos y de nuevo en una adoración más apasionada. Es totalmente irrelevante, no es eficiente, no es poderosa, no es productiva, a veces ni siquiera nos satisface. También es la única esperanza de cambiar el mundo".

56. Goizueta, "Fiesta: Life in the Subjunctive," 91.

57. Justo L. González, *Mañana: Christian Theology from a Hispanic Perspective* (Nashville, TN: Abingdon, 1990), 93.

Capítulo Cinco

Los wesleyanos y los guadalupanos: Una reflexión teológica

Cuando Elvira Arellano, una inmigrante indocumentada que se enfrentaba a la deportación, buscó refugio en la Iglesia Metodista Unida Adalberto de Chicago, desencadenó una vorágine mediática. Probablemente, para la mayoría de las personas que seguían la cobertura informativa de los principales medios de comunicación, se trataba de una historia sobre las relaciones entre la Iglesia y el Estado. Pero para los protestantes hispanos y latinoamericanos que veían las numerosas entrevistas en televisión, lo que más les llamó la atención no fue la imagen de la Sra. Arellano de pie junto al púlpito de la iglesia en la que había encontrado refugio, sino la gran estatua de la Virgen de Guadalupe expuesta junto a ella[1]. Fue esta última imagen la que despertó profundos sentimientos de confusión e incluso resentimiento entre los protestantes de habla hispana, en particular los metodistas, tanto en los Estados Unidos como en el ex-

---

1. Véase Jason Byassee, "Sanctuary," *Christian Century* 123.22 (2006): 10-11. La presencia de la estatua de Guadalupe en Adalberto UMC formaba parte de una estrategia de desarrollo congregacional para acoger a los hispanos.

tranjero[2]. Los pastores metodistas hispanos respondieron a este incidente enfatizando la singularidad de la identidad metodista hispana y rechazando el uso de la religiosidad popular católica romana como herramienta de evangelización. La respuesta por parte del liderazgo episcopal metodista unido fue más equívoca. Aunque afirmaron el rechazo metodista tradicional a la adoración de imágenes, permitieron el uso de la imagen de la Virgen como signo de hospitalidad. En resumen, la Virgen de Guadalupe podía exhibirse cerca de la entrada de la iglesia, pero no cerca del altar.

Para muchos teólogos, la imagen de la Virgen de Guadalupe es rica en potencial ecuménico. En palabras del teólogo católico Virgilio Elizondo: "Guadalupe, bien entendida, puede convertirse en la fuente más profunda de unidad no sólo de los cristianos, sino también de los pueblos de todas las religiones"[3]. La labor de Maxwell E. Johnson en este campo ecuménico ha sido pionera[4]. Su ejemplo ha sido seguido por metodistas como Paul Barton[5] y presbiterianos como Rubén Rosario Rodríguez, así como por otros colaboradores del libro *American Magnificat: Protestants on Mary of Guadalupe*[6].

Sin embargo, como demuestra la polémica suscitada por el incidente de los Arellano, la Virgen de Guadalupe es un signo de contradicción. Para

---

2.   La presencia de la Virgen de Guadalupe en esta iglesia metodista unida de Chicago provocó que algunos metodistas de México retiraran su membresía eclesiástica, a pesar de que la Iglesia Metodista de México es autónoma de la Iglesia Metodista Unida.

3.   Virgilio Elizondo en el prefacio a Maxwell E. Johnson, *The Virgin of Guadalupe: Theological Reflections of an Anglo-Lutheran Liturgist*, "Celebrating Faith: Explorations in Latino Spirituality and Theology" (Lanham, MD: Rowman & Littlefield, 2002), ix.

4.   Véase M. E. Johnson, *The Virgin of Guadalupe*; and Johnson, "The Feast of the Virgin of Guadalupe and the Season of Advent," *Worship* 78.6 (2004): 482-99. Véase también Paul Barton, "Guadalupe in Theology and Culture (panel): A Hispanic Response to Nuestra Senora de Guadalupe," *ATLA Proceedings* 59 (2005): 141-57.

5.   Barton, "Guadalupe in Theology and Culture," 142-48. En opinión de Barton, "Guadalupe representa una auténtica revelación del evangelio que se ha ocultado a los protestantes latinos debido al mensaje anticatólico de los misioneros protestantes... Creo que Guadalupe tiene un mensaje tanto para los protestantes latinos como para los católicos, y que es un camino difícil para los protestantes latinos llegar al punto de acoger a Guadalupe, o ser acogidos por ella" (142). Su argumento principal es que, hasta que se conoce personalmente a Guadalupe, esta permanece como una abstracción de la que se sabe sin llegar a conocer íntimamente.

6.   Por ejemplo, véase Rubén Rosario Rodríguez, "Beyond Word and Sacrament: A Reformed Protestant Engagement of Guadalupan Devotion," *American Magnificat: Protestants on Mary of Guadalupe*, ed. Maxwell E. Johnson (Collegeville, MN: Liturgical, 2010).

muchos protestantes latinos, el rostro de esta Virgen de piel morena, *La Morenita*, no presenta una imagen maternal, sino un espectro siniestro. En ocasiones, los devotos de la Virgen de Guadalupe, los guadalupanos, han manifestado la arrogancia de los conquistadores en lugar de la humildad de Juan Diego. A mediados del siglo XX, el teólogo metodista mexicano Gonzalo Báez-Camargo relacionó los resurgimientos del fervor guadalupano con las cruzadas antiprotestantes: "Como de costumbre, los sentimientos que se despiertan son de un resurgimiento de la intolerancia. Se rompieron todas las ventanas de una iglesia protestante, por la que los peregrinos tenían que pasar de camino a la basílica, y otras capillas protestantes de la vecindad sufrieron daños"[7]. Como en tiempos del cura Hidalgo (el "Padre de México", muerto en 1811), Guadalupe sirvió tanto de icono de unidad como de estandarte de batalla. En esta lucha, los protestantes han estado lejos de ser pasivos. Los protestantes hispanos y latinoamericanos han elevado la oposición a la Virgen de Guadalupe al nivel de dogma. Además de distribuir folletos que pretenden denunciar el fraude del Tepeyac, los grupos protestantes han fomentado teorías conspirativas como la que vincula el guadalupanismo con el fascismo español. Dada esta historia, lejos de promover la causa de la unidad de los cristianos, la Virgen de Guadalupe sigue siendo motivo de división. Como afirma Justo González: "La idea de que los católicos y protestantes cubanos se unirán en torno a la imagen de la Caridad, o los mexicanos en torno a Guadalupe, puede ser muy hermosa, pero resulta menos creíble por nuestras propias historias"[8].

En el presente capítulo me propongo realizar una lectura wesleyana de la Virgen de Guadalupe. Mi mayor propósito es sugerir que un compromiso serio con las fuentes de la teología wesleyana prepara el camino para una recepción metodista de Guadalupe, un guadalupanismo wesleyano. Aunque mis argumentos no sean muy convincentes desde el punto de vista histórico y sociológico, consideraré que mi trabajo ha sido un éxito siempre que despeje algunos de los obstáculos teológicos más importantes

---

7.   Gonzalo Báez-Camargo, "Mexico Recrowns Guadalupe Virgin," *Christian Century* 62.47 (1945): 129.

8.   Justo L. González, "Reinventing Dogmatics: A Footnote from a Reinvented Protestant," en *From the Heart of Our People: Latino/a Explorations in Catholic Systematic Theology*, ed. Orlando O. Espin and Miguel H. Diaz (Maryknoll, NY: Orbis, 1999), 217-29, 224f.

que dificultan esa devoción. Mi argumento se divide en dos partes. Primero, haré un breve análisis histórico-teológico del estado de la cuestión mariana en el metodismo. Segundo, haré una lectura wesleyana de la misión de la Virgen de Guadalupe. Consideraré el envío de la Virgen a Juan Diego en el Tepeyac, aplicando un sello wesleyano a los criterios católicos clásicos para juzgar la autenticidad de las apariciones marianas. Finalmente, ofreceré algunas observaciones sobre las perspectivas de un guadalupanismo wesleyano.

María entre los metodistas

La reflexión mariana no fue un tema significativo de la teología de Juan Wesley. A diferencia de Martín Lutero, que predicó numerosos sermones con motivo de festividades marianas, ni uno solo de los 151 sermones publicados de Wesley se basa en un texto mariano[9]. Wesley conocía la creencia católica romana en la asunción de María, y conocía algunos de los títulos que se le otorgaban, como "puerta al cielo" y "abogada". Conocía estas cosas y le desconcertaba la atención que el catolicismo romano dedicaba a alguien "cuyas acciones aquí en la tierra, y poder en el cielo, la Escritura registra muy escasa, o ninguna, información"[10].

Wesley creía sinceramente que los católicos adoraban a María junto con los santos y los santos ángeles[11]. Comentando Marcos 3:34, donde Jesús deja de lado la solicitud de su familia terrenal en su favor, Wesley afirma:

> en esta preferencia por sus verdaderos discípulos aun sobre la Virgen María, a quien considera meramente como su madre en la carne, no solamente muestra su alto aprecio y tierno amor por sus discípulos sino que parece

---

9.   David Butler, "The Blessed Virgin Mary in the Protestant Tradition," in *Mary Is for Everyone*, ed. William McLoughlin and Jill Pinnock (Leominster, UK: Gracewing, 1997), 64.

10.   John Wesley, "A Roman Catechism with a Reply," *Works* (Jackson) 10:103. En español, véase Juan Wesley, "Un catecismo católico romano", *Obras*, VIII:210.

11.   Wesley, "A Roman Catechism," *Works* (Jackson) 10:103, 105, 107. En español, véase Juan Wesley, "Un catecismo católico romano", *Obras*, VIII: 202, 205, 209, 210.

precavernos contra los excesivos e idólatras honores que previó que en generaciones futuras se le rendirían a ella[12].

Wesley conocía la distinción entre *doulia* y *latria*, pero la consideraba una distinción ilícita e inadecuada[13]. Estaba convencido de que la devoción católica a María era irremediablemente idolátrica[14]. Así, cada vez que Wesley dirigía su atención a María solía ser con el propósito de dar una admonición: "Hijitos, guardaos de los ídolos" (1 Juan 5:22).

Las opiniones de Wesley sobre María, convencionales para su época y lugar, fueron legadas a sus seguidores por medio de su abreviación de los Artículos Anglicanos de Religión, que establecían entre otras cosas que:

> La doctrina romanista sobre el purgatorio, la absolución, la veneración tanto de imágenes como de reliquias, y también la invocación de los santos, es una patraña, pura invención sin fundamento en la Escritura, sino antes bien, repugnante a la Palabra de Dios[15].

La valoración de la piedad católica, incluida su devoción mariana, expresada en esta declaración sigue siendo la opinión dominante entre los metodistas de habla hispana. Para algunos, todo lo que huela a "litúrgico" o "ecuménico" es rechazado porque huele a católico. De hecho, en muchas iglesias metodistas de América Latina ni siquiera está claro que la cruz deba estar en el santuario[16].

---

12. John Wesley, *NT Notes*, Mk 3:34, 1:155. En español, véase, Juan Wesley, *Notas al Nuevo Testamento: Primera Parte*, Marcos 3:34, *Obras*, IX:406. Significativamente, estos comentarios parecen ser del propio Wesley y no de Bengel, la fuente principal de su comentario sobre el Nuevo Testamento. Véase Butler, "The Blessed Virgin Mary", 64.

13. Wesley, "A Roman Catechism," *Works* (Jackson) 10:110. En español, véase Juan Wesley, "Un catecismo católico romano", *Obras*, VIII:215.

14. Véase Butler, "The Blessed Virgin Mary", 56-67. Según Butler, "El principal problema para Juan Wesley... con la devoción católica a la Santísima Virgen es que no sólo se la reverencia sino que se la adora..... En Nicea II se distinguió entre "veneración" y "adoración" (en el griego original, *"proskunesis"* y *"latreia"*, mientras que en latín, confusamente, '*adoratio*' y '*latria*'). Uno se pregunta si la confusión en Wesley y otros en este punto no está causada por el uso ambiguo de '*adoratio*' que parece 'adoración' y sin embargo se traduce 'reverencia'" (62).

15. *Disciplina de la Iglesia Metodista Unida* (Nashville, TN: Casa Metodista Unida de Publicaciones, 2012), 70.

16. Véase Diana R. Rocco Tedesco, "Un episodio iconoclasta en la Iglesia Metodista Argentina (abril—setiembre de 1953) y la organización de ALMA (Asociación Laica Metodista Argentina - 1954-1959)," *Cuadernos de teología* 14.2 (1995), 93-109. Rocco relata el doloroso

A pesar del tenor abrumadoramente negativo de los primeros metodistas hacia el pensamiento y la devoción marianos, Wesley hizo algunas declaraciones positivas sobre María. Para empezar, Wesley afirmó la virginidad de María antes y después del parto[17]. A veces, Wesley hablaba con aprecio del celo que los católicos demostraban en su devoción a María[18]. Por ejemplo, Wesley cuenta la historia de cómo un borracho penitente profesó su nueva fe en una fiesta de amor invitando a la congregación a unirse para cantar el "cántico de María", el *Magnificat*[19]. En ocasiones, Wesley fue acusado de ser un devoto mariano secreto, una acusación tan absurda que ni siquiera merecía refutación[20]. Los metodistas no adoran a María, pero "honran a la Santísima Virgen como la madre del Santo Jesús y como una persona de eminente piedad"[21]. Wesley no detalla qué tipo de prácticas honrarían a la Virgen sin cometer idolatría, pero al menos permite la posibilidad de una piedad mariana auténticamente wesleyana.

Los metodistas no han apagado la generosidad de espíritu de Wesley. Junto al ya mencionado sentimiento anticatólico tan extendido en el metodismo primitivo (y no tan primitivo), surgió una tradición de investigación teológica que, aunque fijada en lo esencial de la ortodoxia cristiana, está dispuesta a pensar y dejar pensar sobre cuestiones que no tocan la raíz del cristianismo. Fue este "espíritu católico" el que llevó a la Iglesia Metodista Unida a adoptar una resolución oficial que mitigaba los Artículos de Religión anticatólicos[22]. La Iglesia Metodista Unida mantuvo el mencionado

---

ciclo de recriminaciones y pérdida de miembros desencadenado por llevar una cruz a una iglesia metodista.

17. Juan Wesley, "A Letter to a Roman Catholic," §7, *Works* (Jackson) 10:81. En español, véase Juan Wesley, "Carta a una católico romano", §7, *Obras*, VIII:171.

18. Juan Wesley, January 29, 1750, *Journal and Diaries III, Works* 20:319.

19. Juan Wesley, June 17, 1763, *Journal and Diaries IV, Works* 21:418.

20. Juan Wesley, September 24, 1742, *Journal and Diaries II, Works* 19:298.

21. Juan Wesley, "Popery Calmly Considered," *Works* (Jackson) 10:147.

22. La Resolución 97, "Resolution of Intent-With a View to Unity", en *The Book of Resolutions of The United Methodist Church* (Nashville, TN: United Methodist Publishing House, 2004) afirma "que declaramos nuestra intención oficial de interpretar en adelante todos nuestros Artículos, Confesión y otras "normas de doctrina" en consonancia con nuestras mejores percepciones y juicios ecuménicos… . Esto implica, como mínimo, nuestro más sincero ofrecimiento de buena voluntad y comunidad cristiana a todos nuestros hermanos y

artículo, pero subrayó su particular procedencia histórica e insistió en que debía interpretarse según nuestra mejor comprensión ecuménica. Específicamente, sobre la cuestión de María, los teólogos metodistas han meditado sobre el papel de María en la salvación desde una perspectiva intencionadamente wesleyana[23]. Un signo esperanzador de la vitalidad del espíritu católico entre los metodistas es un estudio conjunto del diálogo metodista-católico británico, titulado *Mary, Mother of the Lord: Sign of Grace, Faith and Holiness*[24] (María, Madre del Señor: Signo de gracia, fe y santidad). Aunque breve, este documento trata la mayoría de los *loci* mariológicos relevantes: la gracia, la elección, la inmaculada concepción, el *fiat* de María, la asunción de María y los títulos marianos significativos. Curiosamente, una laguna en este documento y en la mayoría de las reflexiones ecuménicas sobre María es el fenómeno de las apariciones marianas. Incluso un metodista tan abierto a las expresiones de piedad mariana como Neville Ward (después de todo, escribió un libro sobre el rezo del rosario, que fue

---

hermanas católicos romanos, con la esperanza declarada del día en que todos los recuerdos amargos (los nuestros y los de ellos) hayan sido redimidos por el don de la plenitud de la unidad cristiana" (273).

23.   Véase David Carter, "Mary—Servant of the Word: Towards Convergence in Ecclesiology," en *Mary Is for Everyone*, 157-70; David Butler, "The Blessed Virgin Mary in the Protestant Tradition," en ibid., 56-67; Geoffrey Wainwright, "Mary and Methodism," en *The Ecumenical Moment: Crisis and Opportunity for the Church* (Grand Rapids, MI: Eerdmans, 1983), 169-88.

24.   British Methodist-Roman Catholic Committee, *Mary, Mother of the Lord, Sign of Grace, Faith and Holiness: Towards a Shared Understanding* (London: Methodist Publishing House, 1995). La declaración no ha estado exenta de críticas. Cf. Edward Ball, "Mary, Mother of the Lord," *Epworth Review* 24.4 (1997): 25-34. En un nivel, la crítica de Ball es metodológica: "Observamos una forma característica de tratar estas doctrinas controvertidas en este documento ecuménico: Los metodistas, se dice, pueden no ser capaces de aceptar las doctrinas en sí mismas, pero pueden afirmar junto con los católicos la 'verdad espiritual' que subyace en ellas... . Entonces, ¿hasta qué punto es orgánico, teológicamente necesario, el vínculo con María?". A un nivel más profundo, su crítica es material: "En primer lugar, debemos preguntarnos si, en última instancia, el énfasis en el papel de María no implica un sentido de insuficiencia de la *humanidad* de Cristo en la obra salvadora de Dios, sobre todo como garantía de que esa obra se llevará a cabo... . Esto nos lleva al segundo punto, que, en definitiva, creo, es la clave de toda la discusión. Si, como hemos visto, se entiende a María como un 'icono' de la iglesia, entonces se afirma que la iglesia misma ya participa plenamente, en cierto sentido, en el escatón. La idea también se aplica a las demás doctrinas marianas" (32). En mi opinión, la crítica de Ball evidencia una escatología poco desarrollada, inadecuada para un marco teológico wesleyano basado en la perfección cristiana.

muy popular entre los católicos ingleses[25]), ha sido poco entusiasta en su actitud hacia los santuarios y las visiones marianas[26].

En resumen, el estado de la cuestión mariana entre los metodistas varía diacrónica y sincrónicamente. Desde los primeros días del metodismo hasta el presente, han coexistido sentimientos anticatólicos y un espíritu católico, pero su intensidad respectiva ha aumentado y disminuido a lo largo de la geografía y la historia. La apertura a la reflexión mariana es una experiencia relativamente nueva para los metodistas y se localiza principalmente en el mundo angloparlante. La apertura a la reflexión guadalupana se encuentra en una fase completamente diferente, y es a la consideración de la Virgen y Juan Diego a lo que nos dirigimos ahora.

Una lectura wesleyana de la Virgen de Guadalupe

Wesley no revela ningún conocimiento de los acontecimientos que rodearon la aparición de la Virgen de Guadalupe. Con una excepción significativa a la que volveré más adelante, Wesley no está muy interesado en los acontecimientos de México durante la época de la conquista. Por esta razón, una lectura wesleyana de Tepeyac no puede comenzar con Wesley. En su lugar, deseo emprender un ejercicio ecuménico en el que intento escuchar lo que Dios podría estar diciendo a través de Guadalupe. A través de una larga experiencia en estos asuntos, los católicos romanos han desarrollado criterios para responder a estas preguntas. Según el eminente mariólogo René Laurentin, al evaluar la autenticidad de una aparición, la

---

25.   J. Neville Ward, *Five for Sorrow, Ten for Joy: A Consideration of the Rosary* (Cambridge, MA: Cowley, 1985).

26.   Véase Neville Ward, "Mary: Intercessor," *One in Christ* 19.3 (1983): 282-90. Al defender el papel intercesor de María, Ward confiesa su propia sensación de alienación, al menos respecto a este aspecto de la piedad mariana popular. Admite: "Ojalá me emocionaran más visiones como las de Lourdes y Fátima. Es posible que la inhibición inherente a la tradición en la que he aprendido el cristianismo me frene. Estoy dispuesto a reconocer la posibilidad de vislumbrar genuinamente lo invisible, aunque ciertamente esperaría deficiencias y diversos tipos de torpeza espiritual e intelectual al intentar describirlos. Por otro lado, puedo imaginar fácilmente la posibilidad de que alguien se sienta tan conmovido por la imagen de Nuestra Señora que el amor y el anhelo le produzcan una satisfacción alucinatoria de un tipo u otro" (288).

Iglesia tiene en cuenta la adecuación de la información relativa al acontecimiento en sí, la ortodoxia del mensaje, la evidencia de señales sobrenaturales y los frutos del acontecimiento[27]. Me propongo aplicar estos criterios para discernir la veracidad y el significado de Guadalupe desde una perspectiva wesleyana.

En primer lugar, la evaluación de las pruebas históricas de la aparición de Guadalupe reviste una importancia primordial. El estudio histórico-crítico de las fuentes textuales y orales del relato guadalupano y el examen científico de la imagen, aun cuando no sean concluyentes, desempeñan un papel vital y necesario en la reflexión teológica sobre Guadalupe. Se esté o no de acuerdo con sus conclusiones, ningún teólogo puede ignorar el tipo de cuestiones planteadas por Stafford Poole sobre la datación y los orígenes de la tradición guadalupana[28]. Tampoco se pueden ignorar los debates sobre el género de las narrativas de las apariciones. Los teólogos harían bien en tener en cuenta los comentarios de Maxwell Johnson sobre la Imagen de la Virgen María de Miguel Sánchez y el Nican Mopohua de Luis Laso de la Vega, y tratarlos como retratos teológicos más que como relatos científicos de testigos oculares[29]. Sin embargo, aunque las tradiciones guadalupanas tengan más en común con el género evangélico que con las columnas periodísticas, la búsqueda del Juan Diego histórico, por así decirlo, es indispensable. El aprecio teológico por Guadalupe no será convincente si elude fácilmente las cuestiones de la historia y la práctica, como si éstas ocuparan una posición secundaria respecto al hermoso mensaje guadalupano. En-

---

27. René Laurentin, *The Apparitions of the Blessed Virgin Mary Today* (Dublin: Veritas, 1990), 39-42.

28. Véase Stafford Poole en *Our Lady of Guadalupe: The Origins and Sources of a Mexican National Symbol*, 1531-1797 (Tucson: University of Arizona Press, 1995). Para un relato contrastado, véase Eduardo Chávez, *Our Lady of Guadalupe and Saint Juan Diego: The Historical Evidence*, Celebrating Faith: Explorations in Latino Spirituality and Theology (Lanham, MD: Rowman & Littlefield, 2006).

29. El argumento de Johnson es persuasivo e instructivo: "Así, por ejemplo, si el arzobispo Juan Zumárraga (cuyos propios escritos, para ser justos, no han sobrevivido en su totalidad) no desempeñó, de hecho, históricamente el papel episcopal central que se le atribuye en las narraciones oficiales guadalupanas, esto no tiene por qué ser un problema mayor que el igualmente problemático censo mundial bajo el emperador Augusto narrado como parte del nacimiento de Jesús en Lucas 2 u otros detalles históricos cuestionables similares a lo largo de los escritos del Nuevo Testamento" (M. E. Johnson, *The Virgin of Guadalupe*, 54).

tre las diversas valoraciones contemporáneas de la Virgen de Guadalupe (tanto de católicos como de protestantes) acecha una lamentable tendencia a separar la autenticidad de la aparición del significado de su mensaje. El aprecio por los temas liberacionistas en la aparición de la Virgen a Juan Diego va unido a la indiferencia sobre la base histórica real de este acontecimiento. El resultado de este enfoque es que Guadalupe se convierte en un símbolo abstracto irreconocible para guadalupanos y metodistas. El acercamiento entre estos dos grupos no se logrará sin un estudio cuidadoso de la evidencia documental.

Un juicio firme sobre la autenticidad del envío de la Virgen de Guadalupe a Juan Diego en Tepeyac, sin embargo, excede la competencia de la tarea teológica. Lo que sí pueden hacer los teólogos es reflexionar a posteriori sobre la pertinencia o conveniencia de que un acontecimiento ocurra de una determinada manera, en un tiempo y lugar determinados[30]. Por ejemplo, dado que, según Tomás de Aquino, uno de los principales propósitos de las apariciones es suscitar la esperanza[31], ¡qué apropiado que estos acontecimientos tuvieran lugar en 1531, una época en la que los cristianos conscientes desesperaban del futuro de la misión de la Iglesia en las Américas! ¡Qué oportuno que la Virgen que cantaba sobre la manera en que Dios había dispersado a los soberbios se le apareciera a Juan Diego y no al obispo Zumárraga! ¡Qué apropiado que se manifestara como mestiza y que participara en el nacimiento de México como pueblo mestizo! El propio Wesley no rehuyó abordar este tipo de exploraciones en teología de la historia. Basta leer sus comentarios sobre el propósito providencial del

---

30.   Véase Francisco Raymond Schulte, *Mexican Spirituality: Its Sources and Mission in the Earliest Guadalupan Sermons* (Lanham, MD: Rowman & Littlefield, 2002). El estudio de Schulte sobre los primeros sermones guadalupanos, revela una profunda teología de la historia que busca responder a la pregunta sobre la coyuntura de Guadalupe mediante argumentos de pertinencia o conveniencia. En palabras del dominico Fray Juan de Villa y Sánchez, de un sermón predicado en 1733 y citado por Schulte: "¿Sabes, oh México, por qué Dios no envió antes Apóstoles a estas tierras? Porque la Santísima Virgen que se apareció en Guadalupe, y está retratada en esta su milagrosa Imagen, tenía que ser—como en efecto lo fue y lo es—la Misionera de todo este nuevo Mundo. Decid ahora: en realidad fue ventajoso que las luces del evangelio tardaran tanto en llegar a nuestra América, si estaban destinadas a amanecer en la Aurora de María" (35).

31.   René Laurentin, *Pilgrimages, Sanctuaries, Icons, Apparitions: A Historical and Scriptural Account* (Milford, OH: The Riehle Foundation, 1994), 91.

metodismo para ver que Wesley consideraba la interpretación teológica de los acontecimientos históricos como un ejercicio teológico legítimo. Como teólogo wesleyano, puedo apreciar los esfuerzos de los primeros teólogos guadalupanos en la interpretación del encuentro en el Tepeyac; su trabajo debería inspirar a los metodistas a arar humildemente el campo de la teología de la historia para discernir el propósito de Dios en el surgimiento del pueblo llamado *metodista*.

En segundo lugar, ¿puede un metodista leer el mensaje del Tepeyac como ortodoxo? En un sentido real, la coherencia teológica de la revelación de Guadalupe con la doctrina cristiana tradicional es más fundamental que la evidencia de documentos históricos, señales milagrosas o vidas cambiadas. ¿Está el mensaje de la Virgen de acuerdo con el mensaje de Jesucristo? Porque, citando a Pablo, "si aun nosotros o un ángel del cielo, os anuncia otro evangelio diferente del que os hemos anunciado, sea anatema" (Gal. 1,8).

El mensaje de Guadalupe no son sólo las palabras de la Virgen, sino su misma aparición en el Tepeyac[32]. ¿Puede un metodista leer la aparición de la Virgen como una señal (*semeia*) de Dios o debe descartarla automáticamente como una maravilla mentirosa (*terata pseudos*) del diablo? Wesley cree que en la comunión de los santos, "es cierto que los espíritus humanos aumentan rápidamente en conocimiento, en santidad y en felicidad, conversando con todas las almas sabias y santas que vivieron en todas las edades y naciones desde el principio del mundo"[33]. En el cielo, los santos crecen en felicidad a medida que tienen comunión entre sí, pero la comunión de los santos no es simplemente un club celestial. La comunión de los santos en lo alto aumenta en santidad y felicidad al interactuar con la comunión de los santos en la tierra. Por esta razón, Wesley

---

32. Salvatore M. Perrella, "Le 'mariofanie': presenza segno e impego della Vergine glorificata nella storia," *Marianum* 67 (2005): 51-153, citando De Luna: "Il *messaggio*, spesso orale, non si limita a una semplice comunicazione verbale della Vergine al veggente o ai veggenti the dovranno poi trasmetterla al popolo. L'apparizione é di per sé un messagio: incarnando la realtà invisibile dell'ordine soprannaturale, ne rivela l'esistenza" (117). Nuestra traducción al español de la cita sería: "El *mensaje*, a menudo oral, no se limita a una simple comunicación verbal de la Virgen al vidente o a los videntes, que luego deben transmitirlo al pueblo. La aparición es en sí misma un mensaje: encarnando la realidad invisible del orden sobrenatural, revela su existencia".

33. John Wesley, Sermon 132, "On Faith," §6, *Works* 4:192.

reflexiona: "¿No podríamos suponer que probablemente los espíritus de los justos, aunque generalmente se alojan en el paraíso, sin embargo, a veces, en conjunción con los santos ángeles, puedan ministrar a los herederos de la salvación?"[34] De hecho, "¡cuánto aumentará la felicidad de esos espíritus que ya han sido liberados del cuerpo, que se les permita ministrar a aquellos a quienes han dejado atrás!"[35] Dios no necesita la ayuda de las criaturas para cumplir sus propósitos. Por medio del poder divino todopoderoso, Dios extiende el evangelio a todas las tierras y trae a todas las naciones al redil de Dios. Sin embargo, Dios se complace en obrar mediante la participación de agentes secundarios. Como explica Wesley: "La gran razón por la que Dios se complace en ayudar a los seres humanos por medio de los seres humanos, en lugar de hacerlo inmediatamente por sí mismo, es sin duda para que nos estimemos mutuamente por medio de estos buenos oficios, con el fin de aumentar nuestra felicidad tanto en el tiempo como en la eternidad"[36].

Aplicando la lógica de Wesley a la cuestión que nos ocupa, ¿acaso no podemos suponer que la Santísima Virgen María, "aunque generalmente alojada en el paraíso, podría a veces, en conjunción con los santos ángeles, servir a los herederos de la salvación"? ¿No es ella, como mínimo, un espíritu justo? ¿No aumentaría su felicidad el que se le permitiera ser madre de alguien como Juan Diego? Desde una perspectiva wesleyana, el envío de María a Juan Diego es un acontecimiento teológicamente inteligible. Utilizo deliberadamente la palabra "envío" porque ningún santo en el cielo es un agente independiente que actúa por iniciativa propia[37]. Desde el principio del evangelio, "Los 'actos de María' son los actos del Espíritu"[38]. Por

---

34.   Wesley, "On Faith," §6, *Works* 4:191.

35.   Wesley, "On Faith," §6, *Works* 4:197.

36.   John Wesley, Sermon 71, "Of Good Angels," II.10, *Works* 3:15.

37.   Richard Rutt, "Why Should He Send His Mother? Some Theological Reflections on Marian Apparitions," en McLoughlin and Pinnock, *Mary Is for Everyone*, 274-91. Como Rutt observa con acierto: María es enviada. "El lenguaje común habla de Nuestra Señora como si apareciera por voluntad propia. He hablado deliberadamente de ella como enviada. Como santa en la gloria eterna, su voluntad debe estar tan unida a la voluntad de Dios y tan lejos del continuo espacio-tiempo, que solo puede aparecer si Dios lo quiere; y dado que la voluntad de Dios es anterior a la nuestra en todo lo bueno, es mejor hablar de ella como enviada por Dios" (280).

38.   *Mary, Mother of the Lord*, 9.

tanto, toda aparición mariana auténtica debe tener su origen en una misión divina. Obviamente, que Dios pudiera enviar a la Santísima Virgen a Juan Diego no significa que de hecho lo hiciera. Pero el mensaje de su aparición no tiene por qué ser descartado sumariamente, por un wesleyano, como una maravilla mentirosa. En cambio, dada la coherencia teológica de un envío divino de María, necesitamos considerar el contenido de su misión.

Ostensiblemente, el propósito de la misión de la Virgen es la construcción de un santuario mariano en el cerro del Tepeyac. Este mensaje no es precisamente agradable a los oídos metodistas. Un santuario es un contenedor de lo sagrado y, como tal, un punto de destino para una peregrinación. Sin embargo, el ministerio de Jesús devaluó el significado espiritual de la geografía. Dios no está ligado al templo de Jerusalén (Juan 4:21). El verdadero templo cristiano no está "hecho por manos humanas" (Hechos 7:47-50). La vida cristiana es, en efecto, una peregrinación, pero cuyo destino final es el cielo. Y, sin embargo, los metodistas no pueden descartar por completo el papel de los santuarios en el cristianismo, porque Jesús mismo no tenía reparos en peregrinar. Desde que era un niño hasta el momento de su crucifixión, Jesús se unió a su pueblo en sus procesiones anuales a Jerusalén; hizo suyos los salmos de ascensión. ¿Qué significa esto para la ortodoxia que la Señora hiciera petición de un santuario? Significa, como mínimo, que la petición no es irremediablemente heterodoxa. Es cierto que Wesley no tenía nada bueno que decir sobre las peregrinaciones musulmanas a La Meca ni las católicas a Loreto[39]. Temía que, en el camino de la salvación, los santuarios terrenales fueran distracciones o incluso tentaciones. Este temor no carece de fundamento. Abundan las oportunidades de abuso. Un santuario puede alterar el equilibrio de las fuerzas centrípetas y centrífugas en el cristianismo. La iglesia existe para la misión, no para peregrinaciones. Sin embargo, *abusus non tollit usum*[40]. El juicio de Hans Urs von Balthasar sobre el papel de los

---

39.   John Wesley, A Farther Appeal to Men of Reason and Religion, Part III, I.2, *Works* 11:273. En español, véase: "Un nuevo llamado…"*Obras* VI:306.

40.   Esta es una distinción que Wesley conocía y empleaba al considerar la autenticidad de los fenómenos físicos violentos asociados con algunas conversiones (Wesley, November 25, 1759, *Journal and Diaries IV, Works* 21:234ff.); en español: Wesley, "Domingo 25 de noviembre, 1759" *Diarios, Tomo II, Obras* XII:91ss.

santuarios en el cristianismo ofrece una útil corrección de los abusos, preservando al mismo tiempo la posibilidad de usos correctos: "Los santuarios católicos tienen la gracia de enviar a los peregrinos con la certeza de que esta gracia no está ligada a ningún lugar. Una vez establecidas sus credenciales, se borran a sí mismos"[41]. La Basílica de Nuestra Señora de Guadalupe como lugar de envío es un mensaje que un metodista podría apreciar. Desde esta perspectiva, el santuario serviría como un punto de referencia en el camino de la salvación, un lugar para orientarse antes de seguir adelante. Si el mensaje de Guadalupe se escucha de esta manera, entonces la peregrinación a Guadalupe para la fiesta del 12 de diciembre podría interpretarse como algo análogo a los servicios de "noche de vigilia", que los metodistas celebran el 31 de diciembre. El propósito de la reunión es ser enviados de vuelta al mundo con un compromiso renovado de caminar en santidad. Esta interpretación del mensaje de Guadalupe encajaría perfectamente con las sugerencias de David Chapman para un enfoque metodista de la piedad mariana[42]. El fiat de María resume la oración de pacto metodista, encarna plenamente las promesas y peticiones que los metodistas hacen durante los servicios "vigilia". Como tal, María puede ser abordada como un icono del pacto que los metodistas están tratando de vivir y si es un icono, entonces "María es tanto una inspiración a seguir como una digna receptora de nuestra devoción y veneración (*dulia*)"[43]. Afirmaciones tan audaces requieren que consideremos otro aspecto del mensaje guadalupano: la imagen de la Virgen en el manto o tilma de Juan Diego.

A menudo se dice que el medio es el mensaje. Esto es muy cierto cuando se trata del mensaje del Tepeyac. El culto guadalupano se construye en torno a una imagen que no fue hecha por manos humanas. La petición de la Virgen de tener un santuario es precisamente en aras de la integridad y preservación de este mensaje. Teólogos como Virgilio Elizondo han analizado provechosamente la manera en que el rico mensaje

---

41. Hans Urs von Balthasar, *In the Fullness of Faith: On the Centrality of the Distinctively Catholic* (San Francisco, CA: Ignatius, 1975), 116ff.

42. David Chapman, "Mary, Icon of the Covenant: A Methodist Perspective," *One in Christ* 33.1 (1997): 55-66.

43. Chapman, "Mary, Icon of the Covenant," 65.

escrito en la tilma de Juan Diego nace del mestizaje de los símbolos aztecas y cristianos[44]. Al igual que la mujer de Apocalipsis 12, aparece vestida de sol y de pie sobre la luna. Al igual que los mexicanos, la Virgen es de piel morena. Además, lleva una banda alrededor de la cintura, similar a la que usan las mujeres mexicas embarazadas. En resumen, María aparece como la Theotokos que ofrece a Cristo a Juan Diego. Se podría decir mucho más sobre el simbolismo de la imagen. Menciono estos pocos detalles de pasada para ilustrar la profundidad de este mensaje.

La comprensión de Wesley sobre el papel de las imágenes en la iglesia es más limitada que la que afirman otras tradiciones cristianas. Las imágenes tienen un lugar legítimo en la iglesia cuando transmiten un mensaje evangélico[45]. Algunas imágenes han sido encargadas por Dios y él obra milagros a través de ellas. Pensemos en los serafines que están sobre el arca de la alianza o en la serpiente de bronce de Moisés. No obstante, el papel de las imágenes en el cristianismo se ha vuelto confuso a lo largo de la historia de la iglesia. "Lo que al principio fueron concebidos como monumentos de edificación, se convirtieron en instrumentos de superstición"[46]. No es que la falta de imágenes inmunice contra los peligros de la idolatría. Wesley tiene cuidado de advertir a los protestantes sobre los peligros de los ídolos espirituales.

Que los ciegos hijos de Roma se inclinen
Ante imágenes de madera y piedra;
Pero yo, con arte más sutil,
A salvo de la letra de tu palabra,
Adoro en secreto mis ídolos,
Erigidos en mi corazón.[47]

---

44. E.g., véase Elizondo, *Guadalupe*.

45. Juan Wesley, "The Origin of Image Worship among Christians," *Works* (Jackson) 10:175.

46. Juan Wesley, "The Origin of Image Worship among Christians," *Works* (Jackson) 10:175-77.

47. Juan Wesley, "A Word to a Protestant," *Works* (Jackson) 11:193. Nota del traductor: Aunque este tratado de Wesley existe traducido en la *Obras* en español (véase "A un protestante", *Obras* VII:373-279), el editor González señala: "Al final de este tratado siguen tres largos himnos que no se han incluido en esta edición", (p. 279). Por lo tanto, la estrofa incluida aquí de uno de esos himnos es nuestra traducción.

No obstante, Wesley reserva sus observaciones más severas para las imágenes de madera y piedra. Incluso en el caso de las imágenes a través de las cuales se hacían milagros, en el momento en que una imagen o reliquia se convierte en objeto de culto, debe ser destruida del mismo modo que el rey Ezequías destruyó la serpiente de bronce de Moisés cuando los israelitas empezaron a hacerle ofrendas[48].

A pesar de estos comentarios negativos sobre las imágenes, no creo que ser wesleyano signifique ser iconoclasta. Las imágenes pueden servir como *libri laicorum*. Sea lo que sea, la imagen de Guadalupe es un libro que cuenta una historia. Así pues, una respuesta wesleyana a esta imagen sería realizar una lectura paciente de su mensaje. Si el mensaje es ortodoxo y edificante, la contemplación de esta imagen podría considerarse un medio prudencial de gracia, pero la imagen no debe confundirse con la gracia misma. La imagen es, a lo sumo, un medio, y como tal clama *noli me tangere*. A este respecto, conviene escuchar los comentarios de Balthasar sobre el lugar de las reliquias y las imágenes en la vida cristiana: "Las reliquias de los santos nos son confiadas sólo condicionalmente: forman parte más propiamente de su realidad de resurrección y, como el Señor, nos dicen que no nos aferremos a ellas. En el mejor de los casos, son un recuerdo del Espíritu que los habitó y que está más vivo que nunca en la Eucaristía del Señor"[49].

Tercero, ¿puede un metodista reconocer milagros en el Tepeyac? La historia de Guadalupe rebosa de signos sobrenaturales, desde la aparición de la Virgen hasta las flores fuera de temporada, pasando por la imagen en la *tilma* de Juan Diego. La sanidad de Juan Bernardino es el primero de los muchos milagros asociados a Guadalupe[50]. Si este acontecimiento es un auténtico milagro no es algo que yo pueda decidir como teólogo. Lo que sí puedo hacer es ofrecer una perspectiva wesleyana sobre el significado teológico de los milagros.

En contra de las opiniones expresadas por algunos de sus contemporáneos, Wesley creía que Dios seguía obrando milagros incluso en la

---

48.   John Wesley, "Popery Calmly Considered," §5, *Works* (Jackson) 10:147.

49.   Balthasar, *In the Fullness of Faith*, 116.

50.   Véase Fernando de Alba Ixtilxóchitl, *Nican Motecpana* en *La Protohistoria Guadalupana*, ed. Lauro López Beltrán (México: Editorial Jus, 1966), 173-91.

Inglaterra del siglo XVIII. De hecho, Wesley afirmó haber sido testigo de curaciones que se produjeron de forma sobrenatural y también dejó constancia de las visiones presenciadas por algunos de sus seguidores[51]. Sin embargo, mientras que en la Iglesia primitiva la finalidad de los milagros era poner de manifiesto la santidad de la comunidad apostólica, en el siglo XVIII estas señales ponían de manifiesto la soberanía de Dios. En otras palabras, el propósito de los milagros en la era moderna es confundir a los deístas que niegan que Dios aún actúe en el mundo. Sorprendentemente, Wesley encontró tales señales de lo sobrenatural en cuentos de fantasmas y brujas. Como afirma Wesley: "Con mi último aliento daré mi testimonio contra la entrega a los infieles de una gran prueba del mundo invisible; me refiero a la de la brujería y las apariciones, confirmada por el testimonio de todas las edades"[52].

No obstante, Wesley encontró pruebas del reino invisible no sólo en sus manifestaciones infernales, sino también en un fenómeno más esperanzador: los milagros en los santuarios. En su diario, Wesley relata la historia de Montgeron, un deísta convertido milagrosamente al cristianismo durante una visita a un santuario jansenista en París:

> Leí, para mi gran asombro, el relato del señor Montgeron, tanto de su propia conversión como de los demás milagros obrados en la tumba del abate Pâris. Siempre había considerado todo el asunto como una mera leyenda, como supongo que hace la mayoría de los protestantes, pero no veo manera posible de negar estos hechos sin invalidar todo testimonio humano. Puedo negar con la razón misma que exista en el mundo una persona como el señor Montgeron, o una ciudad como París. De hecho, en muchos de estos casos veo una gran superstición, así como una fe firme. Pero "Dios se hace

---

51. Juan Wesley, "The Principles of a Methodist Farther Explained", *Works* 9:214. En español, véase Juan Wesley, "Los principios de un metodista, major explicados", *Obras* V:107. Véase también el relato de Wesley sobre la visión de Jesús crucificado que experimentó una joven conocida suya (August 29, 1748, *Journal and Diaries III, Works* 20:246). Wesley recoge otras visiones en sus diarios, pero se abstiene de juzgar su autenticidad o significado (por ejemplo, September 7, 1755, *Journal and Diaries IV, Works* 21:28) En español: véase, "Domingo 7 de Septiembre", *Diarios, II, Obras* XII:8-9.

52. Juan Wesley, "Preface to a true Relation of the Chief Things which an Evil Spirit did and said at Mascon, in Burgundy," *Works* (Jackson) 14:290. Cf. la entrada en su diario para el 25 de mayo, 1768, *Journal and Diaries V, Works* 22:135.

de la vista gorda en los tiempos de ignorancia", y bendice la fe, a pesar de la superstición.[53]

Wesley es consciente de que el relato de Montgeron no está exento de supersticiones y defectos. Sin embargo, Wesley no está dispuesto a cerrar su mente a la evidencia de milagros en un lugar católico (jansenista). La insistencia en la importancia de los fenómenos sobrenaturales para la coherencia y la confianza del testimonio cristiano sitúa a Wesley en el mismo bando que Laurentin y frente a los deístas eclesiales que confinan los milagros a la Iglesia primitiva. Es cierto que los cristianos caminan por fe y no por vista, pero los milagros y las apariciones juegan un papel vital para evitar que la iglesia se encierre en sí misma[54]. En resumen, es necesario encontrar un término medio entre un escepticismo radical que, como afirma Laurentin, "conduce a la asfixia de la fe" y una simplicidad crédula que "conduce a la superstición, al iluminismo y a la distorsión del enfoque"[55].

Consideremos por un momento: ¿qué pasaría si Dios nunca enviara a nadie? ¿Qué pasaría si no hubiera intercambio entre humanos y espíritus (separados o no)? ¿Acaso cerrarle la puerta a Guadalupe no es renunciar a "una gran prueba del mundo invisible"?[56] ¿Debemos permitir que "esta arma nos sea arrebatada de las manos" porque algunas personas la han manejado mal?[57] Si las pruebas de brujería, fantasmas y demonios bastan para asaltar

---

53. Juan Wesley, January 11, 1750, *Journal and Diaries III, Works* 20:317-18.

54. René Laurentin, *"Fonction et statut des apparitions,"* en *Vraies et fausses apparitions clans l'Eglise,* ed. Bernard Billet (Paris: Editions P. Lethielleux, 1973), 149-96. Según Laurentin, los milagros y las apariciones importan. "Esto es importante para que la libertad de comunicación con Dios no sea sustituida por un sistema cerrado en forma de elementos y organizaciones terrenales" (160).

55. Laurentin, *The Apparitions,* 31. Wesley era consciente de la necesidad de moverse entre esta Escila y Caribdis en particular. Como lo demuestran sus observaciones sobre la autenticidad de las manifestaciones espirituales: "El peligro estaba en valorar demasiado las circunstancias extraordinarias, tales como gritos, convulsiones, visiones, trances, como si éstas fueran *esenciales* a la obra interior, de tal manera que no podría continuar sin aquéllas. Quizás el peligro es considerarlas muy poco, condenarlas a todas juntas, imaginar que no tienen nada de Dios en ellas y que son un obstáculo en su obra". Wesley, 25 de Noviembre, 1759, *Diarios, Tomo II, Obras* 12:92.

56. John Wesley, "Preface to a true Relation of the Chief Things which an Evil Spirit did and said at Mascon, en Burgundy," *Works* (Jackson) 14:290.

57. Wesley, May 25, 1768, *Journals and Diaries V, Works* 22:135.

los bastiones del deísmo, el ateísmo y el materialismo, ¿qué podrían conseguir las pruebas de las intercesiones marianas?

Cuarto, ¿puede un metodista disfrutar de los frutos del Tepeyac? ¿Cuáles son los frutos de la misión de Guadalupe? En las apariciones marianas, la prueba de los frutos suele examinar la transformación de las vidas de quienes se encontraron con la Virgen (o con su santuario). Las primicias de Guadalupe son la fe, la esperanza y el amor de Juan Diego. Como mencioné antes, Wesley parece ignorar por completo la aparición de María en México. Lo más cerca que Wesley está de la Guadalupana es a través de su lectura de la vida de Gregorio López. Wesley consideraba a López como un excelente ejemplo de la doctrina de la perfección cristiana. Wesley tenía en tan alta estima a este pobre místico católico que publicó un resumen de la biografía de López para meditación e imitación del pueblo metodista. De esta obra abreviada, se desprende que la decisión de Gregorio López de viajar a México en 1542, se produjo tras un encuentro milagroso con Cristo durante una visita al santuario de la Virgen de Guadalupe en Extremadura, España. Es poco probable (aunque no imposible) que López se hiciera guadalupano en Nueva España. Sí sabemos que uno de los puntos de desacuerdo de Wesley con López es que su biógrafo católico "le atribuía todas sus virtudes [de López] a los méritos y mediación de la Reina de los cielos"[58]. No es de extrañar que Wesley se refiriera a Gregorio López como "ese buen y sabio (aunque muy errado) hombre"[59].

¿Qué haría falta para que un metodista dijera al menos eso sobre Juan Diego? Desde el punto de vista metodista, la biografía de Juan Diego está llena de creencias y prácticas problemáticas. ¿Pero es el caso de Gregory López mucho mejor? López era un místico solitario, católico español, siendo todas estas descripciones condenatorias para un anglicano del siglo XVIII. Y, sin embargo, Wesley puso a López como ejemplo de santidad porque la santidad es más una cuestión del corazón que de la cabeza. Llamamos santas a las personas no porque tengan razón, sino porque son

---

58. Wesley, August 31, 1742, *Journal and Diaries II*, *Works* 19:294. En español véase: Wesley, Martes 31 [de Agosto, 1742], *Diarios, Tomo I, Obras* XI:182.

59. Wesley, August 31, 1742, *Journal and Diaries II*, *Works* 19:294. En español véase: Wesley, Martes 31 [de Agosto, 1742], *Diarios, Tomo I, Obras* XI:182.

buenas. Como afirma Wesley: "Sin santidad, admito, nadie verá al Señor; pero no me atrevo a agregar: 'o sin tener ideas claras'"[60].

Un metodista no necesita pasar por alto los aspectos problemáticos de la biografía de Juan Diego para encontrar aspectos de su vida dignos de imitación. La disposición de Juan Diego a acercarse al obispo Zumárraga con la petición de la Señora demuestra una santa audacia, con la que los primeros metodistas podrían haberse identificado. Su disposición a renunciar a una futura familia y a los bienes terrenales en aras de servir en el santuario del Tepeyac es un acto de abnegación, que aunque incongruente con las prioridades misioneras del metodismo, no deja de ser admirable en su entrega total a la obra de Dios. Si los metodistas leyeran y meditaran pacientemente sobre la vida de Juan Diego, podrían unirse a uno de sus biógrafos y exclamar: "¡Ojalá que así le sirvamos [a Cristo] y que nos apartemos de todas las cosas perturbadoras de este mundo, para que también podamos alcanzar los eternos gozos de los cielos!"[61]. Si Juan Diego pudiera ser reconocido por los metodistas como un ejemplo de perfección cristiana, entonces se allanaría gran parte del camino para un guadalupanismo auténticamente wesleyano. Una vida metodista de Juan Diego "ese bueno y sabio (aunque muy errado) hombre" podría ser el mejor remedio para el sabor amargo que dejó en la boca de los metodistas los años de abusos sufridos por parte de los "guadalupanos"[62].

---

60. Wesley, Sermon 130, "On Living without God," §15, *Works* 4:175. Comillas internas añadidas para mayor claridad. En español véase: Wesley, Sermón 130, "Vivir sin Dios", §15, *Obras* IV:333.

61. Fernando de Alba Ixtilxóchitl, *Nican Motecpana en La Protohistoria Guadalupana*, 191. No está claro en la cita si el antecedente de "le sirvamos" es Cristo, la Virgen o incluso Juan Diego. Pero para un metodista, la mejor manera de leer el texto es hacer de Cristo el antecedente.

62. En el siglo XIX, el guadalupanismo desencadenó matanzas como la ejecución de veintidós anglicanos en Puebla el 12 de diciembre de 1879. Al parecer, los verdugos gritaron: ¡Viva la *Guadalupana*! (Véase Cody C. Unterseher, "Mary in Contemporary Protestant Theological Discourse," anteriormente, pp. 29-50). A este respecto, cabe recordar la sabiduría de las palabras de George Lindbeck sobre la necesidad de una coherencia intrasistemática para que una afirmación sea verdadera: "El grito de guerra del cruzado '*Christus est Dominus*', por ejemplo, es falso cuando se utiliza para autorizar que se parta el cráneo del infiel (aunque las mismas palabras en otros contextos puedan ser una afirmación verdadera)" (*The Nature of Doctrine: Religion and Theology in a Postliberal Age* [Philadelphia, PA: Westminster, 1984], 64). En otras palabras, las personas que gritaron '¡Viva la *Guadalupana*!' mientras martirizaban a los congregantes anglicanos mintieron.

Guadalupanismo wesleyano

Las respuestas contradictorias a la presencia de la Virgen de Guadalupe en la Iglesia Metodista Unida Adalberto de Chicago señalan la necesidad de una mayor reflexión. Creo que la gama de respuestas metodistas a *La Morenita* no se limita al rechazo rotundo, la aceptación ingenua o, lo peor de todo, la tolerancia cínica. En este ensayo, he intentado comenzar a despejar el terreno para un tipo diferente de respuesta. He tratado de arar los campos de la historia y la teología metodistas para discernir una manera wesleyana de honrar a Juan Diego y a Nuestra Señora. Hay que reconocer que los campos no están del todo maduros para la cosecha. Los obstáculos que hay que eliminar para abrir paso a un posible guadalupanismo wesleyano son considerables. Una de las principales dificultades a las que se enfrenta la apropiación de Guadalupe en un contexto metodista hispano, es que las heridas católico-protestantes no son "de antiguas, infelices y lejanas historias y batallas de hace mucho tiempo", sino heridas recién infligidas[63]. Ningún ensayo puede superar este doloroso registro viviente. En su lugar, he dirigido mis esfuerzos a despejar algunos de los obstáculos teológicos para una recepción wesleyana de Guadalupe.

Los seguidores de Wesley no deberían tener problema en reconocer la posibilidad y el beneficio de las apariciones, los milagros y las visiones. A Dios le complace obrar de estas maneras para confundir a los orgullosos y también para evitar que el cristianismo se convierta en un sistema cerrado. Por supuesto, los metodistas querrían insistir en que la visitación más importante es la morada invisible de la Santísima Trinidad y las conversiones milagrosas más importantes. Las gracias que los cristianos deben buscar seriamente y seguir son las gracias santificadoras. Debemos aspirar no solo a los dones que nos informan acerca de Dios (profecías, milagros y lenguas), sino también a los que nos conforman a Dios (fe, esperanza y amor).

Para un metodista, el camino más claro hacia el misterio guadalupano es a través de Juan Diego y la himnología. Por un lado, si Carlos Wesley pudo escribir un himno sobre María Magdalena siendo enviada a discipu-

---

63.   Resolution 97, "Resolution of Intent—With a View to Unity," en *The Book of Resolutions*, 273.

lar a los apóstoles de la humanidad, ¿es completamente inimaginable que un wesleyano pudiera escribir un himno sobre Juan Diego siendo enviado a discipular a los misioneros españoles?[64] Por otra parte, si Juan Wesley pudo aprender de Gregorio López sobre la perfección cristiana, ¿no podrían los metodistas aprender de Juan Diego sobre la universalidad del llamado de Dios a la santidad? Lamentablemente, la dificultad de discernir entre los auténticos ejemplos de santidad, entre aspirantes e impostores, ha llevado a muchos metodistas a abandonar la consecución de la santidad por considerarla impracticable. Lo que quiero decir es que sólo una iglesia metodista capaz de reconocer a santos como Juan Diego será capaz de acoger milagros como el de Guadalupe[65].

Esto no quiere decir que todos los latinos deban ser guadalupanos. Para los católicos romanos, incluso cuando se lleva a cabo la investigación más cuidadosa y juiciosa y la Iglesia Católica emite un juicio positivo sobre el estatus de una aparición como Guadalupe, el "sí" no es infalible ni universalmente vinculante[66]. Los católicos son tienen la libertad de disentir

---

64. Véase Charles Wesley, *Hymns for Our Lord's Resurrection*, Hymn 3.

65. Para los católicos romanos, el estatus de las canonizaciones y las apariciones están relacionadas pero son distintas. "Si le Saint-Siège a solennise les canonisations, il ne les impose pas sous peine d'anathème, mais les propose plutôt comme une fête accordée aux souhait des fidèles. Quantaux apparitions, le Saint Siège a pris soin de déclarer de manière plus nette et plus explicite qu'il ne les imposait pas, mais les proposait seulement à l'adhésion des chrétiens" (Laurentin, "Fonction et statut des apparitions," 186). [*Nota del traductor*: la siguiente es nuestra traducción de la cita: "Si la Santa Sede solemniza canonizaciones, no las impone so pena de anatema, sino que las propone como una fiesta concedida a los deseos de los fieles. En cuanto a las apariciones, la Santa Sede ha tenido cuidado de declarar más clara y explícitamente que no las impone, sino que sólo las propone para apoyo de los cristianos".]

66. Laurentin, "Fonction et statut des apparitions," 149-96. Según Laurentin: "En ce qui concerne les apparitions (auxquelles, encore une fois, la théologie classique n'a jamais accordé la même certitude qu'aux canonisations), la garantie du magistère s'entend de même: le jugèrent autorise porte, au premier chef, sur l'orthodoxie du message, en second lieu sur l'authenticité du mouvement collectif de prière et de conversions qui en découle, en fin sur les miracles, dont on juge selon un processus analogue à celui des canonisations" (185). "Bref, les encouragements que des papes ont prodigues avec ferveur à Lourdes et a d'autres sanctuaires d'apparitions ne semblent pas changer le statut fondamentalement précis par Benoit XIV : un statut qui propose les apparitions à la liberté, à la générosité, à l'engagement du croyant, mais ne l'impose pas comme prescription et obligation" (188). [*Nota del traductor*: nuestra traducción de esta cita es: "en lo que respecta a las apariciones (a las que, una vez más, la teología clásica nunca ha concedido la misma certeza que a las canonizaciones), la garantía del magisterio se entiende del mismo modo: el juicio autorizado se refiere, en primer lugar, a la ortodoxia del mensaje, en

del juicio de la Iglesia sobre una aparición, siempre que su disentimiento esté marcado por la humildad y el respeto. Los metodistas no deberían ser sometidos a estándares más altos. Si uno puede ser un fiel católico mexicano sin ser guadalupano, entonces seguramente uno puede ser un protestante auténticamente hispano sin ser devoto de *La Morenita*. Aun así, algunos metodistas podrían descubrir que el camino de la salvación pasa por el Tepeyac.

segundo lugar a la autenticidad del movimiento colectivo de oración y de las conversiones que de él resultan, y, por último, a los milagros, que se juzgan según un proceso análogo al de las canonizaciones" (185). "En resumen, el estímulo que los Papas han dado con fervor a Lourdes y a otros santuarios de apariciones no parece cambiar el estatuto fundamentalmente especificado por Benedicto XIV: un estatuto que propone las apariciones a la libertad, a la generosidad, al compromiso del creyente, pero no las impone como prescripción y obligación" (188).]

Cantando himnos de Wesley en español

"O *for a Thousand Tongues to Sing*" (Oh, que mil lenguas canten). Así comienza el himno más famoso de Carlos Wesley. La inspiración de estas palabras se atribuye a la exclamación de Peter Böhler: "Si tuviera mil lenguas, le alabaría con todas ellas", y a un himno de Johann Mentzer que comenzaba así: "O dass ich tausend züngen hätte"[1]. En cualquier caso, el origen de la frase está muy alejado del contexto del ministerio hispano para el que fui nombrado cuando me gradué en la Duke Divinity School. Había leído los sermones de Juan Wesley y había cantado los himnos de Carlos Wesley, pero ¿era posible leer, cantar y, en definitiva, vivir a Wesley en español? A medida que me adentraba en la vida de la comunidad hispana de Durham, Carolina del Norte, las personas me hacían, al igual que yo, la pregunta: ¿Qué significa ser a la vez metodista e hispano?

Dio la casualidad de que, justo en la época en que yo me iniciaba en el ministerio hispano, me involucré en la producción de las *Obras de Wesley*, la traducción crítica al español de una cantidad significativa de las obras de Juan y Carlos Wesley. El impulso para esta publicación surgió de los metodistas latinoamericanos que luchaban con cuestiones de identidad deno-

---

1. *The United Methodist Hymnal* (Nashville, TN: United Methodist Publishing House, 1989), 56-57.

minacional en un contexto en el que las dos principales opciones religiosas eran el catolicismo y el pentecostalismo. Muchos metodistas llegaron a la conclusión de que la respuesta a estas cuestiones no se encontraría aparte de una recuperación intencionada de la herencia wesleyana del pueblo llamado *metodista*. Al proporcionar una nueva traducción de las obras de los Wesley al español, se esperaba allanar el camino para la renovación evangélica en el espíritu wesleyano.

Al viajar por América Latina en los últimos años, he tenido la oportunidad de ver las primicias de la renovación que ha suscitado la lectura de Wesley en nuestra lengua materna. Sin embargo, me he convencido de que la renovación descuida en gran medida la himnología wesleyana. Incluso entre los que queremos fundamentar la identidad metodista de nuestras comunidades eclesiales en el renacimiento wesleyano de la Inglaterra del siglo XVIII, nuestras energías se centran más en recuperar los sermones de Juan Wesley que los himnos de Carlos Wesley. Es como si esperáramos revivir la fe de los primeros metodistas sin su espiritualidad, su *lex credendi* sin su *lex orandi*.

Para dilucidar esta afirmación, quiero que examinemos las raíces wesleyanas del culto metodista entre los hispanohablantes atendiendo a tres traducciones de *"O for a Thousand Tongues to Sing"*. De este breve estudio histórico deduzco que los himnos de Wesley nunca han desempeñado un papel significativo en la vida de culto del pueblo *metodista*. Propongo que hasta que sus herederos no conozcan y canten más himnos de Carlos Wesley al sur de la frontera (y también al norte), todos los intentos de renovación teológica wesleyana serán unilaterales y autolimitados: todo prosa, nada de verso.

Oh, que mil lenguas canten

El himno *"Oh, que mil lenguas canten"* fue escrito por Carlos Wesley en 1739, para conmemorar el aniversario de su conversión el domingo de Pentecostés de 1738. Originalmente, el himno constaba de dieciocho estrofas, la primera de las cuales comenzaba con una doxología.

Gloria a Dios, alabanza y amor
Sean siempre, siempre dados,

Por los santos aquí abajo y los santos allá arriba,
La iglesia en la tierra y en el cielo.

Luego de esta estrofa, el himno despliega los principales *loci* a lo largo del camino de la salvación. Las estrofas 2 a 6 están orientadas hacia el interior. Conmemoran la experiencia de Carlos el día de Pentecostés, cuando el Sol de Justicia brilló "sobre mi alma ignorante" (estrofa 2). "Fue entonces cuando dejé de lamentarme" (estrofa 3). Entonces "con el corazón creí por primera vez" (estrofa 4). "Sentí la sangre expiatoria de mi Señor" (estrofa 5). "Encontré y me apropié de su promesa verdadera" (estrofa 6). En la séptima estrofa se produce un cambio, ya que el foco de atención se desplaza hacia el exterior: "Oh, que mil lenguas canten". "Mi misericordioso Maestro y mi Dios, ayúdame a proclamar" (estrofa 8). El cantor continúa proclamando las glorias del nombre de Jesús. El nombre de Jesús es "música en los oídos del pecador" (estrofa 9) porque "Él rompe el poder del pecado anulado" (estrofa 10), una referencia a la perfección cristiana. Además, "Él habla y al escuchar su voz, los muertos reciben nueva vida" (estrofa 11). Todas las personas independientemente de su condición son invitadas a venir a Cristo a su manera. Se invita a los enfermos: "Escuchadle, sordos" (estrofa 12). Se invita a los pueblos de la tierra: "Miradle, naciones" (estrofa 13) y "Ved todos vuestros pecados sobre Jesús" (estrofa 14). Los pecadores más notorios, "rameras, publicanos y ladrones" (estrofa 15), "asesinos y toda la pandilla infernal" (estrofa 16) son llamados a "despertar del sueño de la naturaleza culpable" (estrofa 17) y unirse al autor, quien se considera el mayor de los pecadores, para anticipar el cielo aquí abajo "y reconocer que el amor del cielo es" (estrofa 18). En resumen, el himno no celebra simplemente la liberación de Carlos del pecado, sino las obras poderosas de Dios en favor de la humanidad. Al relatar sus propias experiencias, Carlos busca evocar un "amén" compasivo por parte de otros creyentes. Por lo tanto, el uso del pronombre en primera persona en este y otros himnos de Wesley no pretende ser individualista, sino representativo e invitador[2].

---

2.   Sobre el asunto del uso por parte de Carlos de pronombres personales en sus himnos, véase J. Ernest Rattenbury, *The Evangelical Doctrines of Charles Wesley's Hymns* (Londres: Epworth, 1941), 28-31.

Desde su primera publicación en la colección de *Himnos y Poemas Sagrados* de 1740, este himno ha sufrido varias adaptaciones significativas. En primer lugar, se incluyó al principio de la *Colección de Himnos para Uso del Pueblo Llamado Metodista* de 1780, conocida como el "Gran Himnario", el himnario más extenso publicado durante la época de los Wesley. Esta colección fue organizada deliberadamente según el esquema de la *via salutis* (camino de salvación) wesleyana, comenzando con una exhortación a los pecadores a regresar a Dios.

En el libro de 1780, el himno de Carlos ya no era un poema que celebraba el aniversario de su experiencia de conversión, sino una invitación universal a unirse en la alabanza a Jesucristo, el redentor de la humanidad. En segundo lugar, y probablemente debido a su ubicación en el "Gran Himnario", el himno comenzaba con lo que originalmente era la séptima estrofa, "Oh, que mil lenguas canten". La fuerza del himno se hizo centrípeta. Era menos un testimonio personal que una proclamación heráldica de los triunfos de la gracia de Cristo en el mundo. En tercer lugar, se eliminaron del poema los versos más pintorescos que describían a rameras y asesinos. Con toda probabilidad, aunque estos calificativos eran acertados para muchos de los primeros metodistas (pensemos en la labor de los Wesley en las cárceles de Oxford), parecían menos pertinentes para los metodistas asentados y respetables de finales del siglo XVIII[3].

Cuando el himno cruzó el Atlántico, se produjeron varias revisiones menores. Se introdujeron algunos cambios textuales menores (por ejemplo, cambiar "la alabanza de mi querido redentor" por "la alabanza de mi gran redentor", un cambio que Juan Wesley habría respaldado dada su aversión por el ocasional desliz de su hermano hacia un lenguaje excesivamente familiar para referirse a Dios). Además, continuó la tendencia a recortar el poema original de 1739. Las estrofas 1 a 6 de la versión de 1780 (7 a 12 de la versión de 1739) fueron las que más se imprimieron. La estrofa final de la versión de 1739 se añadió como séptima estrofa en el himnario de 1992 de la Iglesia Metodista Unida con una modificación clave. En lugar de terminar el himno invocando la solidaridad de los pe-

---

3. Véase Helmut Renders, "Mil linguas eu quisera ter," en *Mil vozes para celebrar: Tricentenário do nascimento de Charles Wesley*, ed. Luis Carlos Ramos (Sao Bernardo do Campo: Editeo, 2008), 177.

cadores perdonados ("Conmigo, vuestro adalid, entonces conoceréis"), los adoradores son guiados a buscar su unidad en Jesús: "En Cristo, vuestra cabeza, entonces conoceréis".

Los himnarios del siglo XIX (y posteriores) continuaron el precedente del himnario de 1780 al comenzar sus colecciones de himnos con "*O, que mil lenguas canten*". Sin embargo, a medida que avanzaba el siglo XIX, la organización original de los himnarios metodistas según el esquema de la *via salutis* dio paso a una estructura más dogmática que ordenaba los himnos según los loci teológicos clásicos[4]. Por ejemplo, en lugar de comenzar, como en el himnario de 1780, "exhortando y suplicando regresar a Dios" y "describiendo lo agradable de la religión", los himnarios más nuevos comenzaban con "la existencia de Dios" y "el carácter de Dios". Estos himnarios seguían incluyendo el énfasis soteriológico wesleyano sobre el arrepentimiento, la justificación y la santificación, pero dentro de una estructura de credo más amplia. En la mayoría de los casos, la adopción de este nuevo esquema no desplazó al himno "Oh, que mil lenguas" de su lugar al principio de la colección, sino que lo empujó a la categoría de adoración general. Sin embargo, en algunos casos, el nuevo esquema significaba trasladar "Oh, que mil lenguas canten" a la sección que trataba de la justificación y el nuevo nacimiento[5]. En resumen, la adopción de un esquema catequético, al estilo de credos, aunque era una ganancia desde el punto de vista teológico (no se puede vivir sólo de la soteriología) añadía tensión a una identidad metodista ya frágil.

Wesley va al sur

Los misioneros de las distintas ramas de la familia metodista empezaron a trabajar entre las poblaciones hispanohablantes del suroeste de Estados Unidos, México y Sudamérica a partir de mediados del siglo XIX. Como era de esperar, el metodismo que se introdujo en América Latina

---

4.   Karen Westerfield Tucker, *American Methodist Worship* (New York: Oxford University Press, 2001), 162-72.

5.   Véase Hymns 349-350 en *A Collection of Hymns and Tunes for Public, Social, and Domestic Worship* (Nashville, TN: Southern Methodist Publishing House, 1885).

reflejaba el que se practicaba en Norteamérica. A riesgo de simplificar demasiado, se podría decir que el pueblo llamado *metodista* debía más a las reuniones de predicación al aire libre que a las sociedades metodistas. Sus prácticas de culto eran más de avivamiento que sacramentales, y más estadounidenses que wesleyanas. En cualquier caso, los misioneros metodistas valoraron el papel de la música en la formación de la identidad cristiana y produjeron himnarios para los hispanohablantes.

En 1875, la Iglesia Metodista Episcopal del Sur publicó el *Himnario de la Iglesia Metodista del Sur* para uso de los metodistas de México y del suroeste de Estados Unidos[6]. La tabla de contenidos está organizada según los loci teológicos que se hicieron populares en el siglo XIX, pero, curiosamente, los propios himnos están organizados según su métrica, empezando por los que están escritos en métrica larga (88,88), seguidos de métrica común (86,86), métrica corta (66,86), y así sucesivamente. No sé cuál fue el razonamiento para adoptar este esquema, pero es similar al utilizado para los libros de melodías de himnos[7].

Los primeros himnos en español se cantaban con las mismas melodías que en los Estados Unidos. El resultado fue una forma ajena a la cultura receptora. Las melodías no eran culturalmente autóctonas, sino que reflejaban los estilos y preferencias imperantes en el metodismo norteamericano del siglo XIX. Por supuesto, no cabría esperar otra cosa. Los misioneros iban a transmitir lo que a su vez habían recibido. Sin embargo, hay un lado más oscuro en la historia. Los misioneros norteamericanos tenían serias dudas sobre la idoneidad de la cultura latinoamericana. Estas tierras les parecían mucho más propicias para el crecimiento del sincretismo y el catolicismo que para el verdadero evangelio. Pensaron que era mejor mantener el mensaje en su envase original. La música de adoración en español debía cantarse, en la medida de lo posible, con la misma métrica y melodía que en Estados Unidos. La introducción de estas formas musicales en la piedad de los protestantes latinoamericanos tuvo tanto éxito que muchos llegaron a considerar las melodías y estilos traídos por los misioneros como la única música sagrada verdadera. Las for-

---

6. *Himnario de la iglesia metodista del sur* (Mexico: Methodist Episcopal Church, South, 1875).

7. Véase Tucker, *American Methodist Worship*, 160.

mas musicales autóctonas y populares fueron rechazadas por considerarlas "mundanas"[8]. Hasta bien entrado el siglo XX, los himnarios en español se publicaban sin un solo ejemplo de una canción interpretada en una forma no euroamericana. Incluso cuando los cristianos latinoamericanos escribían nuevos textos de himnos, lo hacían con melodías que debían más al movimiento de la escuela dominical norteamericana que a la historia y la cultura de América Latina.

Volviendo al *Himnario* de 1875, de los más de 100 himnos incluidos en la colección, sólo cinco fueron escritos por Carlos Wesley. Uno de ellos, "Con cánticos Señor", es de autoría dudosa. Por cierto, la traducción de los himnos al español puede hacer muy difícil descubrir el texto original en inglés para determinar su autoría. En cualquier caso, los otros 4 textos de himnos son de Wesley: "Cariñoso Salvador" (*"Jesus, Lover of My Soul"*), "Oíd un son en alta esfera" (*"Hark! the Herald Angel Sings"*), "Yo tengo que guardar" (*"A Charge to Keep I Have"*), y "Tocad trompeta ya" (*"Blow Ye the Trumpet"*). "Oh, que mil lenguas canten" brilla por su ausencia en este y otros himnarios en español tempranos. Por ejemplo, el *Himnario cristiano para uso de las iglesias evangélicas* de 1908 incluía 7 himnos de Wesley (dos de ellos de dudosa autenticidad) entre sus 250 himnos y canciones, pero "Oh, que mil lenguas" no era uno de ellos[9].

Una de las primeras traducciones del himno de conversión de Carlos al español fue realizada por Henry Godden Jackson. Jackson fue un misionero que supervisó los esfuerzos metodistas en Buenos Aires de 1868 a 1878. En 1876, publicó una colección de himnos titulada *Himnos evangélicos para uso de las congregaciones cristianas*[10], son traducciones del propio Jackson, incluyendo "Oh, que mil lenguas canten". Como no he podido consultar una copia de esa colección de 1876, cito el texto tal como aparece en un recurso de escuela dominical de 1890 llamado "Himnos evan-

---

8. Pablo Sosa, "Himnodia Metodista—Los Wesley en EE.UU y América Latina," en *La tradición protestante en la teología latinoamericana. Primer intento: lectura de la tradición metodista*, ed. José Duque (San José, Costa Rica: Departamento Ecuménico de Investigaciones, 1983), 311.

9. *Himnario cristiano para uso de las iglesias evangélicas* (Nashville, TN: Smith and Lamar, 1908). Todas las traducciones del español y el portugués son mías.

10. Cristián Guerra Rojas, "La música en el movimiento pentecostal de Chile," http://www.scribd.com/doc/16313368/La-musica-en-el-pentecostalismo-chileno.

gélicos para escuela dominical"[11]. Por cierto, es el único texto de Wesley en esa colección de himnos.

> ¡Mil voces para celebrar
> De Jesús-Cristo el honor!
> ¡Mil voces para ensalzar
> Los triunfos de mi redentor!

> ¡Oh, Maestro mío! Dios de amor
> Ayúdame a proclamar
> Los triunfos de mi redentor!
> Su dulce nombre a cantar.

> ¡Jesús! El nombre encantador
> Que inspira amor y gratitud,
> Es vida para el pecador,
> Es paz, y gozo y salud.

> Al preso libertad, perdón,
> Al penitente da Jesús;
> Y él la plena redención
> De todos, hizo en la cruz.

Jackson continúa la tendencia de abreviar el himno, traduciendo solo las primeras cuatro estrofas de la versión de 1780. Vale la pena destacar algunas características del texto en español. En primer lugar, Jackson cambió la métrica del original de métrica común (86,86) a métrica larga (88,88). En segundo lugar, duplicó la frase *mil voces*. La imagen de "mil voces" es polivalente. Puede tener el sentido de la frase alemana que está en la raíz del inglés, "O dass ich tausend zűngen hätte" ("Oh, si tuviera mil lenguas"). Como tal, es una expresión del deseo del creyente de entregarse por entero a la adoración de Cristo. Por otra parte, la expresión "mil voces" puede referirse al número de personas que alaban a Dios. En este caso, la frase tiene un fuerte sentido misionero. Es decir, en el pri-

---

11. *Himnos evangélicos para escuela dominical* (Montevideo: La Oriental, 1890).

mer caso, el creyente anhela más capacidad para alabar a Dios ("aumenta mi fe"). Nótese la alusión explícita a la santificación en el cuarto verso, que habla de plena redención. En el segundo caso, el cantor anhela más coristas, misión ("aumentad los fieles"). Estos dos énfasis, santificación y misión, no compiten, sino que constituyen el núcleo de la identidad metodista.

La segunda traducción de "Oh, que mil lenguas" que quiero que consideremos es la realizada por J. N. de los Santos, un ministro presbiteriano de Texas. Desafortunadamente, no he podido averiguar la fecha de publicación de este himno ni su papel en la himnología metodista de la primera mitad del siglo XX. Lo cierto es que esta versión fue popular entre mexicanos y mexicoamericanos. La traducción de De los Santos fue colocada como el primer himno en el *Himnario metodista* de 1973 preparado para la conferencia de Río Grande de la Iglesia Metodista Unida[12]. Esta es también la versión de "Oh, que mil lenguas" que se encuentra aún hoy en el himnario de la Iglesia Metodista de México, aunque en esa colección no está colocada al principio sino en la sección de "Salvación y Liberación"[13]. Cabe señalar que el número de himnos wesleyanos en estas dos colecciones, aunque mayor que en los himnarios de principios del siglo XX, sigue siendo relativamente pequeño. En el *Himnario metodista* de la conferencia de Río Grande, 15 de 394 himnos se atribuyen (cuestionablemente en dos casos) a Carlos Wesley, 8 de 331 en el himnario mexicano.

Quisiera yo poder cantar
Las glorias de mi Rey,
Su dulce gracia proclamar,
En medio de su grey.

Mi gran maestro y mi Dios
Quisiera proclamar
Tu nombre con celeste voz
A todos sin cesar.

---

12. *Himnario metodista* (Nashville, TN: United Methodist Publishing House, 1973).

13. *Himnario metodista* (México: Casa Unida de Publicaciones, 2006).

Al dulce nombre de Jesús
Las penas huirán,
Pues él da paz, salud y luz,
Y calma a nuestro afán.

Destroza las cadenas Él,
Y libertad nos da;
Las culpas todas del infiel,
Su sangre lavará.

Al igual que Jackson, de los Santos tradujo las cuatro primeras estrofas de la versión de 1780. Llama la atención la omisión de la palabra "mil" en la primera estrofa, que confiere a las palabras iniciales del himno un tono decididamente menos exuberante. Además, el uso del tiempo condicional en las dos primeras estrofas (*quisiera poder cantar* y *quisiera proclamar*) introduce un elemento de reserva que falta en el original. En esta versión, la proclamación de la gracia de Cristo se produce en medio de la congregación (*su grey*) y no en "la tierra afuera". Otra característica de esta traducción es el silenciado motivo de la santificación en la cuarta estrofa. La sangre de Cristo lava todas nuestras manchas de culpabilidad (justificación), pero no se menciona "romper el poder del pecado anulado" (erradicación del pecado innato) ni la plena redención (entera santificación). Ahora bien, es muy posible que yo esté dando demasiada importancia al uso de los tiempos verbales y a la omisión de ciertas palabras; después de todo, a diferencia de Jackson, de los Santos está intentando mantener la métrica del original y se le debería permitir cierta licencia poética. Sin embargo, la impresión general que se desprende de esta traducción es que la obra redentora de Cristo es más individual y de menor alcance que la imaginada por Carlos Wesley.

La última traducción de "Oh, que mil lenguas" que quiero considerar es la de Federico Pagura. Pagura, obispo metodista en Argentina y consumado escritor de himnos, es con mucho el traductor más asiduo de los himnos de Wesley al español. De los 65 himnos de Wesley recopilados en las *Obras de Wesley*, Pagura participó en la traducción de todos menos 22. *Cántico Nuevo*, un himnario producido en 1962 para los protestantes de Sudamérica, incluía 17 himnos atribuidos a Wesley (de un total de 476), lo que posiblemente lo convierte en el himnario más wesleyano publicado en español[14]. De estos 17 himnos de Wesley, 10 fueron traducidos por Federico Pagura, entre ellos "Oh, que mil lenguas canten".

Mil voces para celebrar
A mi Libertador;
Las glorias de su majestad,
Los triunfos de su amor.

El dulce nombre de Jesús
Nos libra del temor;
En las tristezas trae luz,
Perdón al pecador.

Él habla y al oír su voz,
El muerto vivirá;
Se alegra el triste corazón,
Los pobres hallan paz.

Aunque no es el himno de apertura de *Cántico nuevo*, este texto se encuentra en la primera sección del himnario bajo el tema de alabanza a Dios Padre, una elección extraña dado que la alabanza del himno está más explícitamente orientada al Hijo. La traducción de Pagura parece textualmente deudora de la traducción de Jackson hasta la primera frase inicial, que es idéntica en las versiones de 1876 y 1962: *Mil voces para celebrar*. Pero aquí termina el parecido. En la traducción de Pagura, se mantiene la métrica original, pero sólo se conservan dos estrofas de la versión de 1780 (1 y 3), junto con la estrofa 11 de la versión de 1739. Además, la traducción de "redentor" por *libertador* en la primera estrofa es sorprendente. Pagura parece quitarse el sombrero ante las preocupaciones de la teología de la liberación. Jesús como liberador evoca un conjunto de imágenes de justicia social y opción preferencial por los pobres que son de gran relevancia en el contexto latinoamericano. Además, al retener la traducción de Jackson de la palabra "alabar" como *celebrar* ("*to celebrate*") y eliminar

---

14. *Cántico Nuevo: Himnario Evangélico* (Buenos Aires, Argentina: Methopress Editorial, 1962).

la más arcaica *ensalzar* ("*extol*"), Pagura subraya la dimensión de fiesta del acto de adoración. Al alzar la voz, el creyente invita a otras mil voces a unirse a la fiesta de Dios.

El éxito de esta traducción y el prestigio de Pagura como himnólogo y líder metodista llevaron a la Iglesia Metodista Unida a encargarle la traducción de las estrofas 2, 4, 5 y 9 de la versión de 1780 para su inclusión en el actual himnario metodista unido[15]. Que estaba satisfecho con la exactitud de su primera traducción es evidente, ya que no introdujo ningún cambio en las estrofas que había publicado anteriormente.

> Mi buen Señor, maestro y Dios,
> Que pueda divulgar,
> Tu grato nombre y su honor
> En cielo, tierra y mar.
>
> Destruye el poder del mal
> Y brinda libertad;
> Al más impuro puede
> Dar pureza y santidad.
>
> Escuchen, sordos, al Señor;
> Alabe el mundo a Dios;
> Los cojos salten, vean hoy
> Los ciegos al Señor.
>
> En Cristo, pues, conocerán
> La gracia del perdón
> Y aquí del cielo gozarán
> Pues cielo es su amor.

La traducción de Pagura devuelve al himno el énfasis en la santificación y transmite la generosidad y exuberancia de la invitación a alabar a Cristo. El poder de permanencia de esta traducción es evidente por el hecho de que la nueva versión en español del Himnario Metodista Unido

---

15. Carlton R. Young, *Companion to The United Methodist Church Hymnal* (Nashville, TN: Abingdon, 1993), 482.

(que de hecho sustituyó al *Himnario metodista* de 1973) se llamó *Mil voces para celebrar*, y que este himnario no se abre con la traducción de De los Santos de "Oh, que mil lenguas canten", sino con la versión de Pagura. El hecho de que una nueva traducción de este himno pudiera presentarse a los metodistas unidos de habla hispana en una fecha tan tardía es posiblemente una señal tanto del tenue arraigo de la versión de De los Santos como, más en general, del estatus de los himnos de Wesley entre los metodistas hispanos.

Cantando himnos de Wesley en español

Como hemos visto, el trayecto del himno de conversión de Carlos Wesley al español es tortuoso, con falsos comienzos y callejones sin salida. Resulta aleccionador considerar que de los más de nueve mil himnos escritos por Carlos Wesley, menos de setenta han sido traducidos al español, y que ningún himnario ha recogido ni siquiera veinte de ellos.

Compárese el ritmo de traducción de los himnos de Wesley con el de los sermones de Wesley. En 1892, Primitivo Rodríguez había publicado una edición española de los cincuenta y dos "sermones normativos" de Wesley[16]. Esta versión fue ampliamente utilizada hasta la publicación de las *Obras de Wesley* a partir de 1994. Incluso en sus mejores momentos, la herencia wesleyana en América Latina (y, de hecho, también en Estados Unidos) ha sido más homilética que himnológica, más en prosa que en verso. Por supuesto, los metodistas de habla hispana honran la memoria de Carlos Wesley como himnólogo. Todo el mundo sabe que escribió miles de himnos y que los metodistas son un pueblo de cantores. Por supuesto, los metodistas de habla hispana honran la memoria de Carlos Wesley como himnólogo. Todo el mundo sabe que escribió miles de himnos y que los metodistas son un pueblo de cantores. Sin embargo, como hemos visto, incluso los himnos más famosos de Carlos Wesley son prácticamente desconocidos y no cantados entre sus herederos. A Carlos Wesley se le admira. A Juan Wesley se le estudia.

---

16. Véase la introducción de Justo González a las *Obras de Wesley*, Tomo I:16-17.

¿Por qué esto es importante? ¿Qué está en juego al cantar himnos de Wesley en español? En resumen, una espiritualidad wesleyana. Los cantos que entonamos en el culto conforman nuestra vida común y a la vez son conformados por ella. La afirmación de S. T. Kimbrough es acertada: "Si los himnos/cánticos que uno canta son superficiales, hay una gran posibilidad de que la espiritualidad de la que surgen sea superficial, y la espiritualidad que engendran probablemente será la misma"[17]. No es que los metodistas sólo deban cantar himnos de Wesley; Juan y Carlos incluyeron himnos de otros autores en sus colecciones (Juan incluso tradujo un himno del español al inglés). Sin embargo, los himnos de Wesley tienen una contribución única a la formación de los cristianos. S. T. Kimbrough observa que los himnos de Carlos Wesley surgieron de un ethos espiritual particular[18]. Consideremos la lectura diaria que hacía Carlos de las Escrituras en las lenguas originales, la oración del Salterio, su devoción a la Eucaristía, los ayunos semanales y el servicio a los pobres. Una vida ordenada por estas prácticas y orientada hacia la santificación de los creyentes es el manantial de la himnología wesleyana. Como afirmó J. H. Nelson, misionero metodista en Brasil, la traducción de los himnos de Carlos Wesley "hizo posible cantar en portugués la 'salvación completa' de todo pecado"[19]. Lo mismo ocurre en español. Los himnos de Wesley celebran la posibilidad de alcanzar la perfección cristiana de una forma que no tiene parangón en matices e intensidad con prácticamente ningún otro autor de himnos cristianos. En última instancia, lo más importante que está en juego al cantar himnos de Wesley en español no es Wesley, sino la formación de un pueblo cuyo lema sea la santidad. Para lograr este objetivo, más traducciones de los himnos de Wesley serían un buen primer paso, pero se necesitarían otros pasos.

En palabras de D. T. Niles: "El Evangelio nos llegó como una planta en maceta. Tenemos que romper la maceta y poner la planta en nues-

---

17. S. T. Kimbrough, "Lyrical Theology: Theology in Hymns," *Theology Today* 63 (2006): 22-37, esp. 37.

18. S. T. Kimbrough, "Lyrical Theology."

19. Omir Wesley Andrade, "Os Hinos de Charles Wesley e sua Influência na Hinologia do Metodismo Brasileiro," in *Mil vozes para celebrar: Tricentenário do nascimento de Charles Wesley*, ed. Luis Carlos Ramos (SaöBernardo do Campo: Editeo, 2008), 223.

tra propia tierra"[20]. Los himnos de Carlos llegaron a América Latina en plantadores ingleses. Se necesitan nuevas configuraciones de los himnos de Wesley y de los motivos wesleyanos. Hay que reconocer que romper la maceta conlleva el riesgo de dañar la planta. Sin embargo, para que la planta prospere y eche raíces en la cultura, hay que correr el riesgo. Arriesgarse puede significar sacar "Oh, que mil lenguas" de la maceta de su métrica común y sacudir la tierra de Azmon (la melodía con la que se asocia más comúnmente en Estados Unidos) para plantarla en la tierra de la cumbia mexicana o la salsa caribeña. Arriesgarse podría significar seguir el ejemplo de Carlos Wesley, que convirtió en verso la prosa de los libros teológicos de Daniel Brevint y los comentarios bíblicos de Matthew Henry. Arriesgarse también podría significar componer una serie de himnos sobre el libro de Virgilio Elizondo *El futuro es mestizo*. ¿Cómo sonaría esto? Podría sonar como la adaptación de Pablo Sosa del himno de Carlos Wesley, "*Stranger Unknown*", a una melodía escrita al estilo gaucho argentino[21]. Podría sonar como el himno original de Federico Pagura "Tenemos esperanza" cantado a ritmo de tango. En cualquier caso, sonaría latino y se sentiría wesleyano.

---

20.   Citado por C. Michael Hawn, "The Fiesta of the Faithful: Pablo Sosa and the Contextualization of Latin American Hymnody," *The Hymn* 50 (1999): 32.

21.   Pablo Sosa, "Wesley gaucho: un poema olvidado de Charles Wesley," *Cuadernos de teología* 22 (2003): 383-89.

Capítulo Siete

Evangelizando durante el eclipse: Reflexiones wesleyanas y lascasianas

El gran eclipse eclesial

Algunos medios de comunicación describieron el eclipse solar del 21 de agosto de 2017 como el "Gran eclipse americano[1]. El revuelo generado por el evento astronómico fue tremendo. Se agotaron las gafas de observación solar en las tiendas. De oeste a este, las personas se tomaron días de vacaciones y viajaron a los lugares donde el eclipse sería total. El bloqueo de la luz, la trayectoria de la totalidad y otros términos similares también se aplican al cristianismo en Norteamérica, que está experimentando el "Gran Eclipse Eclesial".

Abundan las señales del Gran Eclipse Eclesial. El declive demográfico del cristianismo tradicional; la crisis de abusos sexuales en la Iglesia Católica Romana; la creciente secularización de la sociedad estadouni-

---

1. E.g., véase Edward Steed, "The Great American Eclipse of 2017," *The New Yorker* (September 4, 2017) y Sean Lakind, "The Great American Eclipse and Its Effect on Retail Traffic," *Forbes* (September 12, 2017).

dense; los crecientes cismas en el Metodismo Unido: todo esto anuncia un eclipse claro y contundente. La Iglesia sigue ocupando un lugar preponderante en el paisaje norteamericano, pero como una sombra de sí misma, y su luz es a menudo un mero resplandor. Los efectos del Gran Eclipse Eclesial en el tejido social de Estados Unidos han sido objeto de numerosos escritos[2]. En lugar de centrarse en las señales y efectos de la decadencia cristiana, este capítulo explora una de las causas del oscurecimiento de la luz: lo que el teólogo metodista uruguayo Mortimer Arias llama "un eclipse del reino", que oscurece el anuncio del reino de Dios por parte de la Iglesia[3]. En otras palabras, el Gran Eclipse Eclesial es una crisis de evangelismo.

En lo que sigue, pongo en conversación las reflexiones wesleyanas de Mortimer Arias con las del misionero dominico español Bartolomé de las Casas, con la intención de buscar orientación sobre cómo practicar el evangelismo cuando la propia iglesia oscurece la luz del evangelio.

Propagando la santidad bíblica por todo lugar

El movimiento wesleyano comenzó con la convicción de que Dios tenía la intención de "reformar la nación, y en particular la Iglesia, para

---

2.   Por ejemplo, Ross Douthat sugiere que el colapso del cristianismo tradicional despejó el camino para que florecieran perspectivas marginales, incluso heréticas: "No puede haber márgenes sin un centro, iconoclastas sin iconos, revolucionarios sin instituciones contra las cuales rebelarse. Siempre hemos sido una nación de herejes, pero la herejía nunca ha tenido el campo para sí misma". Ross Douthat, *Bad Religion: How We Became a Nation of Heretics* (New York: Free Press, 2012), 6. Timothy Carney argumenta que la iglesia jugó un papel clave en el fomento de un sentido de pertenencia comunitaria. Tras estudiar los patrones de voto en las primeras primarias republicanas de 2016, Carney halló una correlación entre el declive de las congregaciones y el sentimiento de alienación, el cual llevó a los votantes a decantarse por Donald Trump, cuando el abanico de candidatos republicanos presentaba varias opciones convencionalmente más conservadoras. "Para explicar [quienes eran] los partidarios principales de Trump, muchos comentaristas señalaron las fábricas que estaban cerrando, pero deberían haber señalado las iglesias que estaban cerrando". Timothy P. Carney, *Alienated America: Why Some Places Thrive While Others Collapse* (New York: HarperCollins, 2019), 12.

3.   Mortimer Arias, *Announcing the Reign of God: Evangelization and the Subversive Memory of Jesus* (Eugene, OR: Wipf & Stock, 1999), 12.

propagar la santidad bíblica por todo lugar"[4]. Dado este impulso generador, el evangelismo ha sido objeto de reflexión teológica concertada, experiencia misionera e incluso de angustia eclesial entre el pueblo llamado metodista y *metodista*[5]. La obra de Mortimer Arias expresa una preocupación permanente por los herederos de Wesley y su llamado al evangelismo[6].

En *Announcing the Reign of God* (Anunciando el reino de Dios), Arias sostiene que "Jesús tenía un solo tema, un solo evangelio... el reino de Dios"[7]. El lenguaje del reino de Dios marca la predicación y las parábolas de Jesús. Con palabras y acciones, anuncia la buena nueva del jubileo de Dios, en el que se perdonan las deudas y se vacían las cárceles. Las sanidades, los exorcismos y la alimentación milagrosa que realiza Jesús son signos de la inmanencia y la inminencia del Reino de Dios. El reino de Dios es una realidad holística, personal y social, presente y futura. La misión de Jesús fue la "evangelización del reino"[8], y esta misión se convirtió en la comisión de los apóstoles.

> La proclamación apostólica cristocéntrica trata del reino: la presencia del reino con un nombre y un rostro: Jesús de Nazaret. Ahí, en Jesucristo mismo, es donde tenemos el vínculo indispensable e indestructible entre la evangelización de Jesús y la evangelización apostólica[9].

---

4. Juan Wesley, "The 'Large' *Minutes*, A and B (1753, 1763)," Q.4, *Works* 10:845.

5. Por ejemplo, véase Jack Jackson, *Offering Christ: John Wesley's Evangelistic Vision* (Nashville, TN: Abingdon/Kingswood, 2017); James C. Logan, ed., *Theology and Evangelism in the Wesleyan Heritage* (Nashville, TN: Abingdon/Kingswood, 1994); William J. Abraham, *The Logic of Evangelism* (Grand Rapids, MI: Eerdmans, 1989); Mark R. Teasdale, "The Contribution to Missiology by United Methodist Scholarship on Evangelism," *Missiology: An International Review* 41.4 (2013): 452-61.

6. Arias, *Announcing the Reign of God*, xiv.

7. Arias, "The Kingdom of God," *Wesleyan Theological Journal* 23.1-2 (1988): 33-45, 35.

8. Anunciar el reino era fundamental en el ministerio de Jesús, como resultó evidente para todos los que se encontraron con él. Como señala Arias, incluso el diablo reconoce implícitamente la importancia del tema al tentar a Jesús con los reinos del mundo. Arias, *Announcing the Reign of God*, 3.

9. Arias, *Announcing the Reign of God*, 58.

Al interpretar la obra de Arias, Philip Meadows distingue dos paradigmas de la evangelización: el soteriológico y el misiológico[10]. El paradigma soteriológico tradicional promueve una predicación orientada a las conversiones, centrada en la salvación personal. Este paradigma puede ser excesivamente individualista, antropocéntrico y mecanicista, privatizando la fe y limitando el alcance del evangelismo al recuento de conversos mediante la inducción de decisiones por Cristo. El paradigma misiológico trata de corregir estos errores haciendo del discipulado el objetivo del evangelismo, en el que los discípulos se inician en la comunidad cristiana. Este paradigma, promovido por Arias, se centra en el reino escatológico de Dios, inaugurado en Cristo. A pesar de sus dificultades, el paradigma soteriológico tiene su lugar en un enfoque wesleyano saludable del evangelismo. Como afirma Meadows: "Wesley puede fácilmente ser considerado un defensor de la salvación personal con su lógica de proclamación y conversión. Por otro lado, afirmaba que el movimiento surgió para propagar la santidad bíblica, no solo para ganar conversos"[11].

El paradigma wesleyano es tanto soteriológico como misiológico. El sermón de Wesley, "El camino del reino", muestra el aspecto soteriológico. Aquí, Wesley conecta Marcos 1:15 con Romanos 14:17, identificando el reino de Dios con la "verdadera religión", que, según Pablo, no se encuentra en las observancias externas, sino en el gozo y la santidad en el Espíritu Santo[12]. Escribe:

> Esta santidad y felicidad, unidas en una, a veces son llamadas en los escritos sagrados *"el reino de Dios"* (como lo hace el Señor en el texto), y a veces, *"el reino de los cielos"*. Se llama "reino de Dios" porque es el fruto inmediato del reinado de Dios en el alma. Tan pronto como, usando de su infinito poder, establece su trono en nuestros corazones, inmediatamente son llenos con la justicia, la paz y el gozo en el Espíritu Santo. Se llama "reino de los cielos" porque es (en cierta medida) como si se abriera el cielo en el alma.[13]

---

10. Philip R. Meadows, "The Journey of Evangelism," *Oxford Handbook of Methodist Studies*, ed. William J. Abraham and James E. Kirby (New York: Oxford University Press, 2009): 413-30.

11. Meadows, "The Journey of Evangelism," 415.

12. Juan Wesley, Sermon 7, "The Way to the Kingdom," I.1, *Works* 1:218. En español, véase: Juan Wesley, Sermón 7, "El camino del reino", *Obras* I:133.

13. Juan Wesley, Sermon 7, "The Way to the Kingdom," I.12, *Works* 1:224. En español, véase: Juan Wesley, Sermón 7, "El camino del reino", *Obras* I:139.

El paradigma misiológico brilla en la comprensión que Wesley tiene de la comisión del movimiento metodista de reformar la Iglesia y propagar la santidad bíblica por todo lugar. Este paradigma también motiva la decisión de Wesley de predicar al aire libre a petición de George Whitefield, incluyendo su elección del texto:

> A las cuatro de la tarde decidí *ser más vil* y proclamé en los caminos las buenas nuevas de salvación a cerca de 3,000 personas, hablando desde una pequeña ladrillera en un terreno fuera de la ciudad. La Escritura de la cual hablé (¿es posible que alguien ignore que esto se cumple en todo verdadero ministro de Cristo?) fue: *El Espíritu del Señor está sobre mí, por cuanto me ha ungido para dar buenas nuevas a los pobres; me ha enviado a sanar a los quebrantados de corazón; a pregonar libertad a los cautivos; y vista a los ciegos; a poner en libertad a los oprimidos; a predicar el año agradable del Señor.*[14]

El impulso evangelizador original del metodismo es tanto soteriológico como misiológico. Laceye Warner profundiza en esta idea, argumentando que el movimiento wesleyano está llamado a ser a la vez centrípeto (presionando hacia dentro, o invitando) y centrífugo (presionando hacia fuera, o proclamando). El movimiento metodista de propagación de la santidad bíblica no puede ser simplemente centrífugo, ya que "una comprensión meramente centrífuga del evangelismo no ofrece una representación completa de los fundamentos bíblicos ni de la vida en comunidades de fe en las que la formación de discípulos sea una característica definitoria"[15]. Por otra parte:

> El enfoque centrípeto presenta sus problemas y desafíos. La autenticidad de nuestra vida cristiana se vuelve esencial y decisiva. Muchos que se sienten atraídos pueden sentirse repelidos por nuestro estilo de vida y nuestras actitudes. Una cosa es ir "afuera" y contar a las personas "la antigua, antigua historia"; otra cosa es traerlos aquí y mostrarles cómo viven los cristianos[16].

---

14. Juan Wesley, April 2, 1739, *Journal and Diaries II*, *Works* 19:46. En español véase: Juan Wesley, "Lunes 2 de abril", *Diarios, Tomo I, Obras* XI:103.

15. Laceye C. Warner, *The Method of Our Mission* (Nashville, TN: Abingdon, 2014), 27.

16. Mortimer Arias, "Centripetal Mission, or Evangelization by Hospitality," in *The Study of Evangelism: Exploring a Missional Practices of the Church*, ed. Paul W. Chilcote and Laceye C. Warner (Grand Rapids, MI: Eerdmans, 2008), 433.

En otras palabras, el evangelismo wesleyano incluye salir y reunirse, apostolado y hospitalidad[17].

La soteriología y la misiología del evangelismo wesleyano son fundamentalmente cristológicas. Como dice Wesley: "No podremos presentarnos libres de culpa ante Dios si no hemos proclamado todas sus obras [de Cristo]"[18], lo que significa que el evangelismo wesleyano se centra en anunciar a Cristo en sus oficios de sacerdote, profeta y rey. Esta visión cristológica de la soteriología y la misiología se ha visto oscurecida por el Gran Eclipse Eclesial, disminuyendo el resplandor de nuestro testimonio del evangelio.

El eclipse del evangelismo

Los eclipses no se limitan a las latitudes septentrionales ni al pueblo llamado metodista. El pueblo *metodista* también ha caminado por la senda de la totalidad en su intento de "propagar la santidad bíblica por todo lugar"[19]. Arias bromea diciendo que los planes de estudios teológicos incluyen la cristología (el estudio de Cristo) y la pneumatología (el estudio del Pneuma, el Espíritu), pero no la *basileialogía* (el estudio de *basileia*, el reino)[20]. Magali do Nascimento Cunha señala que muchas iglesias de Brasil que aspiran a llegar a grandes multitudes sueñan con tener un canal de televisión o un programa de radio. "Hay aquí una tendencia a transformar el contenido religioso en un producto comercial más, porque recibe el mismo tratamiento (lógica de producción y emisión) que cualquier otro difundido por los medios"[21]. José Duque lamenta cómo la visión de Wesley de ver el mundo como su parroquia no ha sido claramente per-

---

17. Mortimer Arias, "Centripetal Mission or Evangelization by Hospitality," *Missiology* 10 (January 1982): 69-71.

18. Juan Wesley, Sermon 36, "The Law Established through Faith, II," I.6, *Works* 2:37. En español, véase: Juan Wesley, Sermón 36, "La ley confirmada mediante la fe, Segundo discurso", I.6, *Obras* II:351.

19. Juan Wesley, "The 'Large' Minutes, A and B (1753, 1763)," Q.4, *Works* 10:845.

20. Mortimer Arias, "The Kingdom of God," 36.

21. Magdali do Nascimento Cunha, "Comunicação, mídia e riligião: Lições do movimento wesleyano," en *Teologia wesleyana, latino-americana e global: Uma homenagem a Rui de Souza Josgrilberg* (San Bernardo do Campo, Brazil: Editeo, 2011), 269-79, 276.

cibida por el pueblo llamado metodista [en el mundo] o *metodista* [de habla hispana y portuguesa en Estados Unidos y América Latina]. Wesley imaginaba todos los lugares y comunidades como amados por Dios, tocados por la gracia preveniente y necesitados de acompañamiento pastoral. Demasiadas veces, los herederos de Wesley han entendido su misión en términos parroquiales, con fronteras demarcadas que separan lo sagrado de lo secular[22].

Los eclipses no son nuevos. En su peregrinar por la historia, la Iglesia ha experimentado todo tipo de eclipses. La luz del rostro de Jesucristo ha sido bloqueada por poderes y principados entronizados en el mundo y en la Iglesia. Su visión holística de la obra de Dios de transfigurar el mundo se ha reducido a salvar almas. Su inmanencia se ha reducido a nuevas estructuras sociales. Su inminencia se ha atenuado a ominosas visiones apocalípticas que inspiran terror en lugar de esperanza. Si, como enseñaban las madres y los padres de la Iglesia, ésta es la "lumbrera menor para dominar en la noche" (Gn 1:16)[23], entonces, a veces, los eclipses han sido de luna: el mundo ha interferido con la luz del evangelio. El evangelio ha sido absorbido por las realidades de una cultura que es antitética a la visión de Cristo. Otras veces, los eclipses han sido solares: la luz del Evangelio ha sido bloqueada por la propia Iglesia. Esto sucedió durante la conquista de las Américas, cuando la cruz se convirtió en arma y se empleó como instrumento para la construcción de naciones.

Incluso cuando ha estado envuelta en la oscuridad más profunda, la Iglesia nunca ha dejado de brillar con la luz de Cristo. Arias afirma: "El mensaje y la perspectiva del reino de Dios siempre han estado presentes en

---

22.   José Duque, "El mundo es mi parroquia porque otro mundo es posible," *Teologia e prática na tradição wesleyana: Uma leitura a parti da América Latina e Caribe* (San Bernardo do Campo, Brazil: Editeo, 2005), 205-17, 208.

23.   El símbolo de la luna se ha utilizado como expresión adecuada del misterio de la Iglesia a lo largo de los siglos, desde San Agustín hasta Hugo Rahner. Agustín escribe: "Se entiende que la luna es la Iglesia, porque ella no tiene luz propia, sino que es iluminada por el Hijo unigénito de Dios, que en muchos lugares de la Sagrada Escritura es llamado alegóricamente el Sol". St. Augustine, *Exposition on the Book of Psalms*, Ps. XI §3, en Nicene and Post-Nicene Fathers, Series 1, vol. 8, ed. Philip Schaff (Grand Rapids, MI: Eerdmans; Christian Classics Ethereal Library, 2009), 91. Hugo Rahner ve la figura lunar como una forma útil de resumir el misterio del ciclo vital de la Iglesia. *Symbole der Kirche: Die Ekklesiologie der Väter* (Salzburgo: Otto Müller Verlag, 1964), 92-93.

el registro bíblico, en la memoria de la Iglesia y en la misión del pueblo de Dios. Ha sido una memoria subversiva"[24]. La memoria subversiva de Jesús inspiró el ministerio de Bartolomé de las Casas. Cuando los sueños expansionistas y extractivistas de España y de la Iglesia en las Américas eclipsaron la visión del reino de Dios anunciada en los evangelios, Las Casas presentó una alternativa. Al considerar la comprensión de Las Casas de la manera en que el evangelio lleva a las personas al reino de Dios, podemos aprender lecciones para evangelizar durante nuestro Gran Eclipse Eclesial.

Bartolomé de las Casas y el único modo

Pocos eclipses eclesiales han sido tan grandes como el que resultó de la expansión de la Iglesia a través del Atlántico hasta lo que llegó a conocerse como las Américas. La profundidad de la oscuridad distaba mucho de ser obvia para los colonizadores españoles y europeos, que consideraban el "descubrimiento" de las tierras y sus gentes como un acontecimiento cuya importancia histórica y teológica sólo era inferior a la creación del cosmos por Dios y a los acontecimientos salvíficos de la Encarnación[25]. Este lenguaje hiperbólico era común pero no universal. Sin duda, los primeros gritos de protesta provinieron de los indígenas cuyas tierras y vidas estaban siendo consumidas, pero estos gritos encontraron eco entre los misioneros dominicos como Bartolomé de las Casas.

La historia de Las Casas es compleja y se resume en su propia confesión de ser "bueno pero ciego"[26]. En esta sección me ocupo de las reflexiones de Las Casas sobre el evangelismo durante el gran eclipse eclesial de la conquista. En particular, llamo la atención sobre un tratado que escribió durante un periodo de reflexión teológica en la isla conocida como Quis-

---

24. Arias, *Announcing the Reign of God*, 12.

25. Véase Alain Milhou, "Las Casas: Prophétisme et millénarisme," *Études* (March 1992): 398-99.

26. Carlos Castillo Mattasoglio, *Libres para creer: la conversión según Bartolomé de las Casas en la Historia de las Indias* (Lima, Perú: Fondo Editorial de la Pontificia Universidad Católica del Perú, 1993), 27, 73.

queya por sus habitantes indígenas, que los españoles llamaron más tarde La Española. El título del tratado era *De unico vocationis modo*. El telón de fondo del tratado fueron las conversiones forzadas y los bautismos *en masse* de indígenas.

En *De unico*, Las Casas rebate de forma extensa y rigurosamente escolástica estos planteamientos evangelísticos adoptados por otros misioneros colegas, en particular los franciscanos, y aboga en cambio por una proclamación pacífica del evangelio. Un estribillo resume el argumento:

> La Providencia divina estableció, para todo el mundo y para todos los tiempos, un solo, mismo y único modo de enseñarles a los hombres la verdadera religión: la persuasión del entendimiento por medio de razones, y la invitación y suave moción de la voluntad[27].

No se puede obligar a los pueblos indígenas a creer, pues son seres humanos con entendimiento, voluntad y libertad. El evangelio no puede anunciarse de forma creíble si el destinatario no es "libre para creer", título también acertado de un libro de Carlos Castillo Mattasoglio, Arzobispo de Lima[28]. En *De unico*, Las Casas ofrece una explicación tomista de la dinámica del encuentro salvífico entre Dios y los seres humanos desde la perspectiva de las Américas. Las acciones de Dios hacia los indígenas y la respuesta de estos no están en competencia. A continuación, ofrezco un resumen de la síntesis de Las Casas[29].

El argumento de Las Casas tiene una fuerte orientación teleológica. Sólo hay un camino para conducir a los seres humanos al cristianismo porque la humanidad sólo tiene un fin: la comunión eterna con Dios. Dios

---

27. Bartolomé de las Casas, *Obras Completas*, Vol. 2: *De unico vocationis modo*, §3, ed. Paulino Castañeda Delgado y Antonio García del Moral. (Madrid: Alianza Editorial, 1990), 16; en adelante *De unico*. Todas las traducciones son mías. Para más información sobre fechas de composición y problemas textuales en *De unico*, véase Jesús Ángel Barreda, "Ideología y pastoral misionera en el 'De unico vocationis modo,'" *Studium* 21 (1981): 186-354, y su introducción a *Obras Completas*, Vol. 2: *De unico vocationis modo*, i-xvi.

28. Carlos Catillo Mattasoglio, *Libres para creer: La conversión según Bartolomé de las Casas en la Historia de las Indias* (Lima: Pontificia Universidad del Perú, 1993).

29. Mi análisis de *The One and Only Way* de Las Casas aparece en una forma anterior en Edgardo Colón-Emeric, "Thomas's Theology of Preaching in Romans: A Lascasian Application," en *Reading Romans with St. Thomas Aquinas*, ed. Michael Dauphinais and Matthew Levering (Washington, DC: Catholic University of America Press, 2012), 83-100.

crea a los seres humanos para este fin y los constituye con las capacidades y principios necesarios para responder a la convocatoria de este fin. En el camino hacia su meta, los seres humanos son conmovidos y se conmueven a sí mismos. Dado que la meta de la comunión eterna con Dios trasciende las capacidades humanas, Dios dota a los seres humanos de una constitución preparada para responder a la gracia.

El fin es sobrenatural, pero el camino no es antinatural; al contrario, el camino hacia la unión con Dios implica el pleno florecimiento de la humanidad. Según la teología tomista, el ser humano alcanza la unión con Dios "por el conocimiento y por el amor"[30]. Así, el único camino hacia la comunión con el Padre, el Hijo y el Espíritu Santo requiere el movimiento del intelecto (por la persuasión de la verdad) y de la voluntad (por la presentación atractiva del bien). Los actos del intelecto y los actos de la voluntad se especifican por objetos diferentes: los actos del intelecto son suscitados por la *verdad*, mientras que los actos de la voluntad son atraídos hacia el *bien*; y estas se entrelazan. En palabras de Agustín, *credere est cum assensu cogitare*—creer es pensar con asentimiento—y el asentimiento implica la voluntad[31]. La fe, por tanto, es un acto conjunto del intelecto y la voluntad. Las Casas escribe:

> Se infiere aquí que para que puedan creer las verdades que conciernen a la fe y a la religión aquellos hombres que las ignoran, es necesario que su razón y su entendimiento se encuentren en estado de quietud y tranquilidad, y por tanto, que estén alejados de toda inquietud, de toda pasión que pueda traerles cualquier perturbación. Es necesario, además, que tengan tiempo, no breve, en que la razón pueda raciocinar libre y suficientemente, y en que, a continuación, el entendimiento pueda juzgar y tener por verdaderas tales afirmaciones; y es necesario, en fin, que la voluntad no sufra ninguna violencia ni contrariedad alguna que la disguste, para que pueda oír con complacencia las verdades que acerca de la fe y de la religión se le proponen, para que se aficione a ellas y las desee y ansíe como un bien apetecible y para que, yendo adelante, preste el asenso respectivo juntamente con el entendimiento.[32]

---

30. Thomas Aquinas, Summa Theologiae 3.2.10. Véase también Michael Sherwin, *By Knowledge and By Love: Charity and Knowledge in the Moral Theology of St. Thomas Aquinas* (Washington, DC: Catholic University of America Press, 2005).

31. Las Casas, *De unico* 7, 28.

32. Las Casas, *De unico* 12v, 43.

El gran eclipse eclesial del siglo XVI oscureció la única vía de evangelización. Para Las Casas, el eclipse no ensombrece el *contenido* de la proclamación—las obras catequéticas de sus compañeros misioneros son ortodoxas—, sino que Las Casas se opone a el *modo* poco ortodoxo en que comparten el catecismo. Denuncia el método de sus colegas españoles para difundir el evangelio, calificándolo de nuevo, irracional, antinatural y anticatólico. El método colonial es contrario a la buena pedagogía, a la metodología filosófica y al testimonio bíblico. Va en contra de la naturaleza de las criaturas racionales, que deben moverse libremente, no violentamente, hacia su fin. Va en contra de la naturaleza de la mente, que necesita tiempo y tranquilidad para reflexionar. Va contra la naturaleza de la voluntad, que se siente atraída por el bien. Para Las Casas, la razón es la fuente de la libertad y todo lo que perturba la razón limita la libertad.

> Porque así como los astros que de ordinario nos alumbran y hacen que la tierra germine, suspenden su acción cuando entre ellos y nosotros se interponen nubes oscuras; así también el entendimiento y la razón que alumbran e iluminan al hombre en el conocimiento de la verdad, suspenden su actividad con la presencia de tales perturbaciones[33].

Una fe forzada es una imposibilidad teológica. ¿Considerarán con deleite las enseñanzas de sus captores los sobrevivientes de un genocidio? ¿Se calentarán extrañamente sus corazones con el llanto de sus hijos huérfanos? Las Casas insiste en que los cristianos deben ser portadores de paz, no instrumentos de guerra. Deben predicar la liberación de los cautivos, no condenarlos a la subyugación colonial en la tierra y a la condenación eterna en el infierno. La forma colonial de evangelizar es peor que un callejón sin salida; es como fauces abiertas. Por el contrario, el único camino es la vida y la luz, porque eso es Cristo.

> No correspondía, pues, ni a la bondad de Cristo, ni a su regia dignidad que estableciera su reino, ni que lo propagara y conservara con armas bélicas, con armas materiales, con matanzas de hombres, con estragos, violencias, rapiñas y con otras calamidades semejantes; sino por el contrario, con la dulzura

---

33.   Las Casas, *De unico* 11v, 38.

de su doctrina, con los sacramentos de la Iglesia, perdonando y usando de misericordia, derramando beneficios, con la paz, con la mansedumbre, con la caridad y con la benignidad[34].

Cristo es el principal evangelista en *De unico* y el camino encarnado. Jesús es "la ley eterna, el arte y la sabiduría del Padre, y el Verbo revestido de carne mortal, por cuyo medio habló Dios Padre al mundo; todo lo que nos dijo estaba ya en la mente y en la voluntad del Padre; y, por tanto, en la mente y en la voluntad de la Trinidad altísima."[35] Las palabras y los hechos de Jesús tienen peso porque Él es la sabiduría del Padre, así que "todo lo que Cristo, viviendo en carne mortal, estableció y ordenó, fue establecido y ordenado por la Providencia divina"[36]. El gran eclipse eclesial del siglo XVI eclipsó la luz de Cristo, y sin esta luz, la diferencia entre la espada y la cruz era difícil de ver.

Evangelismo bajo un cielo sin estrellas

La teóloga metodista Elsa Tamez describe la situación del cristianismo en América Latina como caminar "bajo un cielo sin estrellas"[37]. La metáfora evoca la ausencia y el misterio. La ausencia es el resultado de las condiciones sociales de América Latina, donde millones de personas son abandonadas y desechadas por irrelevantes. El misterio es que aún brillan luces en la noche. Los cristianos están llamados a buscar luces "en casa, en la calle, en las instituciones y organizaciones; en uno mismo y en el otro, tienen que haber"[38]. El manto estrellado de la vida se ha rasgado en el contexto latinoamericano, pero aún brilla. La memoria subversiva de Jesús persiste. El único camino sigue siendo transitable.

---

34. Las Casas, *De unico* 192, 478.

35. Las Casas, *De unico*, 79, 214.

36. Las Casas, *De unico* 57v, 161.

37. Elsa Tamez, *Bajo un cielo sin estrellas: Lecturas y meditaciones bíblicas* (San José, Costa Rica: Departamento Ecuménico de Investigaciones, 2001).

38. Tamez, *Bajo un cielo sin estrellas*, 20.

Cuando se le pidió orientación general sobre la predicación, Juan Wesley dio el siguiente consejo: la mejor manera de predicar es "1. Invitar. 2. Convencer. 3. Ofrecer a Cristo. 4. Construir: y hacer esto en alguna medida en cada sermón"[39]. Podemos extender su guía sobre la predicación al evangelismo y los movimientos de evangelismo siguen el movimiento de la gracia a lo largo del camino wesleyano de salvación: invitar (gracia preveniente), convencer (gracia convincente), ofrecer a Cristo (gracia justificadora) y construir (gracia santificadora). Así pues, la evangelización es obra de Dios, pero no sin la participación humana. En esta sección, señalo las luces que titilan a lo largo del camino lascasiano y que iluminan los consejos de Wesley para anunciar el reino de Dios bajo un cielo sin estrellas.

Invitar

La única manera de anunciar el reino de Dios es invitar a todas las personas señalando los signos de su presencia en el mundo y en la Iglesia. En la historia de las Américas, la Iglesia ha oscurecido su invitación al Reino de Dios por su complicidad con regímenes opresores. En ciertos lugares y períodos históricos, la iglesia ha sido, en cambio, un signo de la ausencia del reino. El uso de pasajes bíblicos como Lucas 14:23 ("exígeles que entren") como justificación para la conquista, ocultó la naturaleza del reino de Dios. Las "conversiones forzadas", que, como enseñó Las Casas, eran tanto una realidad histórica como una imposibilidad teológica, quizá no sean evidentes para los apologistas modernos, pero aún se emplean formas más sutiles de poder cultural y económico para invitar a las personas a la fe cristiana.

Sorprendentemente, la comunidad imperfecta que lucha tan terriblemente por cumplir su misión de "invitar" forma parte, sin embargo, del mensaje del evangelio. La iglesia y el reino quizá no sean idénticos, pero son inseparables. Su comisión no es un endoso a la expansión imperialista, sino una invitación a participar en la nueva realidad de Dios. Esta realidad se ha arraigado en todo el mundo, no como una especie invasora, sino como

---

39. John Wesley, "The 'Large' *Minutes*, A and B (1753, 1763)," Q.44, *Works* 10:859.

un testimonio de la sorprendente fertilidad de los suelos nativos en los que prosperan las semillas del Evangelio. Como explica Arias:

> Discipular a las naciones no implica el envío de misioneros transculturales desde un centro determinado al resto del mundo. En nuestro mundo de migraciones, tanto forzadas como voluntarias, la semilla del Evangelio es llevada por los discípulos por toda la tierra, y se abren nuevas fronteras misioneras en los lugares más inesperados, tanto en los antiguos centros misioneros como en las islas de las periferias del mundo cristiano[40].

La Iglesia tiene el encargo de invitar a todas las personas porque la gracia de Dios es para todos. Ningún ser humano es una pizarra en blanco a la espera de que se escriba sobre ella. Los cristianos pueden presuponer que todas las personas llevan al menos semillas de conocimiento[41]. En palabras de Pablo: "Porque desde la creación del mundo las cualidades invisibles de Dios, es decir su eterno poder y su naturaleza divina, se perciben claramente, a través de lo que él creó" (Rom 1:20, NVI). Por supuesto, el misterio del pecado ha oscurecido este conocimiento con supersticiones y fábulas. Sin embargo, el conocimiento genuino de Dios yace dentro o debajo de estas historias, sirviendo como un tipo especial de principio o preparación para el evangelio[42]. La gracia ilumina la verdad de que sólo hay una naturaleza humana creada para un fin común: la comunión eterna con Dios. Cuando se trata del llamado de Dios, no hay diferencia entre las personas que viven en una tierra o en otra, en una cultura o en otra, en una época o en otra[43].

El camino lascasiano exige invitar a las personas a ver los signos del Reino de Dios en medio de nosotros. En este sentido, Las Casas habla de la importancia de los milagros en la predicación apostólica:

---

40. Mortimer Arias, "Church in the World: Rethinking the Great Commission," *Theology Today* 47.4 (1991): 410-18, 417.

41. Basándose en *"praeexistunt in nobis quaedam scientiarum semina"* ("las semillas del conocimiento preexisten en nosotros") de Aquino, *Disputed Questions on Truth* 11.1.

42. Las Casas, *De unico* 20v, 60: "quasi principium quoddam speciale," o "como un principio especial".

43. Las Casas, *De unico* 145-45v, 368.

Es evidente que aquellos grandes y portentosos beneficios que los apóstoles hacían milagrosamente a quienes los acogían o escuchaban, eran sumamente eficaces para ganarse el amor y agrado de los oyentes, y naturalmente aptos para hacerlos amables, mansos y atentos, disponiéndolos a oír y recibir la doctrina que se predicaba y creía.[44]

Las palabras de Las Casas no deben escucharse como un llamado a adormecer a las personas ingenuas para que crean mediante milagros sacados de la manga. Por el contrario, los signos ayudan a introducir a la gente en el tipo de reino que se anuncia. Invitar a todas las personas a acoger la irrupción del reino de Dios exige destacar las señales de su presencia. Por lo tanto, la evangelización depende de los milagros para su confirmación, ya sea mediante su realización o su narración.

Wesley también hablaba de milagros, incluso afirmaba haber presenciado curaciones "sobrenaturales"[45]. De hecho, creía que el propio auge del metodismo era una señal.

En este tiempo, la levadura del evangelio (*la fe obrando* la santidad interior y exterior *mediante el amor*, o, en términos de san Pablo, justicia, paz y gozo en el Espíritu Santo), se ha extendido por todas partes. En varias partes de Europa, especialmente en Inglaterra, Escocia e Irlanda; en las islas; en el norte y sur, desde Georgia hasta Nueva Inglaterra y Terranova, los pecadores se han convertido verdaderamente al Señor, experimentando un cambio profundo en su corazón y en su vida. Ya no se cuentan por docenas, o cientos, ¡sino por millares, por decenas de millares! Los hechos concretos no se pueden negar; podemos identificar a las personas con nombre y apellido, y lugar de residencia. Y sin embargo, los sabios de este mundo, las personas encumbradas, las personas educadas y famosas, ¡no pueden llegar a comprender a qué nos referimos cuando hablamos de una obra extraordinaria de Dios! ¡No pueden discernir los signos de *estos tiempos*! ¡No ven señal alguna

---

44. Las Casas, *De unico* 63, 174-76: "era cosa suficientemente atractiva y bastante a mover, inclinar y ganarse el ánimo de los oyentes, el sanar graciosamente a los enfermos, resucitar a los muertos, limpiar a los leprosos y lanzar a los demonios de los cuerpos posesos. Porque nada les es ordinariamente más grato a los hombres, como recibir grandes beneficios u obsequios de los demás, sin que contra su voluntad se vean obligados a corresponder con otra cosa sino con la gratitud".

45. Juan Wesley, "The Principles of a Methodist Farther Explained," V.1, *Works* 9:214. En español, véase: Wesley, "Los principios de un metodista, mejor explicados", V.1, *Obras* V:172.

de que Dios se esté levantando para sostener su causa e instaurar su reino sobre la tierra![46]

Estas señales maravillosas del reino de Dios son signos que indican grietas en las estructuras de credibilidad de la época actual. Los milagros son signos, no pruebas, del favor de Dios y del reino prometido[47]. No es necesario que todos y cada uno de los actos de evangelismo vayan acompañados de signos milagrosos, pero sin ellos, la propagación de la santidad bíblica es sencillamente inimaginable.

Convencer

La única manera de anunciar el reino de Dios requiere convencer a las personas de la verdad de este evangelio. La gracia, ya sea preveniente, convincente, justificadora o santificadora, es un don de Dios. Sin embargo, Dios comisiona a la iglesia ser un instrumento de gracia al narrar la historia de las Escrituras de una manera que sea "persuasiva mediante razones en lo que toca al entendimiento, y suavemente excitativa, conmovedora y atrayente en lo que mira a la voluntad"[48]. Movimientos históricos y filosóficos han cuestionado la hospitalidad universal de esta historia, oscureciendo la visión de los seres humanos como criaturas capaces de Dios. Esta oscuridad

---

46. Juan Wesley, Sermon 66, "The Signs of the Times," II. 4, *Works* 2:527. En español, véase: Wesley, Sermón 66, "Los signos de los tiempos", II.4, *Obras* IV:51.

47. Para Wesley, no todos los milagros proceden de Dios, por ejemplo, las falsas maravillas del diablo (τέρατα ψεύδος) (Wesley, "Los principios de un metodista, mejor explicados", V.5, *Obras* V:180). Además de los signos demoníacos, existen también las mentiras de los charlatanes y las supersticiones de los crédulos. Estos signos falsos ponen en duda el carácter de autoafirmación de los signos verdaderos y ponen de relieve nuestra necesidad de discernimiento espiritual. Sin embargo, incluso los milagros auténticos son ambiguos en sus efectos. El corazón del faraón no se ablandó por las obras maravillosas de Moisés. Los fariseos no fueron persuadidos por la sanidad que hizo Jesús del hombre ciego. Los milagros no pueden convertir a la persona; sólo la gracia convincente de Dios puede llevar a cabo esta poderosa obra. Como argumenta Wesley, para el incrédulo, "Nada será para estos una prueba efectiva de la voluntad santa y aceptable de Dios, a menos que primeramente sus corazones orgullosos sean humillados, sus porfiadas y tenaces voluntades sean abatidas, y sus deseos se sometan, por lo menos, en parte, a la obediencia de la ley de Cristo. (Wesley, "Los principios de un metodista, mejor explicados", V.4, *Obras* V:178).

48. Las Casas, *De unico* 3, 16.

proyecta sombras, dos de las cuales dominan la historia de las Américas: la clasificación de los pueblos en una escala de desarrollo humano y la división entre el intelecto y la voluntad; o, dicho de otro modo, la independencia entre lo que conocemos y lo que amamos.

Bajo el cielo sin estrellas de las Américas, Las Casas llama la atención sobre la integración de la mente y la voluntad en el acto de fe. La fe es un acto del intelecto y anunciar el reino de Dios requiere darles a las personas pensamientos para reflexionar. Pensar precede a creer. No todo el que piensa cree, pero todo el que cree piensa[49]. Los cofrades de Las Casas insistieron en elaborar catecismos y guías de predicación que presentaran y expusieran las verdades del Credo de los Apóstoles y del Padre Nuestro en las lenguas indígenas[50]. Sólo después de una presentación clara del evangelio en su lengua nativa, podían los indígenas ejercer adecuadamente su razón en comunidad y deliberar sobre lo que oían, antes de decidir si daban su asentimiento. Este último punto pone de relieve otro aspecto significativo de la luz de la fe: la fe es un acto de la voluntad. El atractivo del evangelio, la bondad de sus promesas, inducen a la voluntad a dirigir la razón para aceptar lo propuesto y aferrarse a ello como creíble.

La credibilidad de la enseñanza está ligada a la credibilidad del maestro. Según Santo Tomás de Aquino: "Creer siempre significa: creer en alguien y creer en algo"[51]. En este sentido, Las Casas enfatiza la importancia de la santidad. Los predicadores deben ser santos: santos en su forma de vivir, santos en su predicación. Si los predicadores son lobos entre ovejas, si proclaman cautividad a los libres, o si predican la guerra en lugar de la paz, entonces, salvo una gran intervención milagrosa de Dios, la gente no creerá.

Subrayar la importancia de la santidad para convencer a las personas de la verdad del evangelio no es una excusa para la indolencia intelectual.

---

49.   Las Casas, *De unico* 7, 28: "credere...est cum assensu cogitare", inspirándose en la frase de Agustín en *De praedestinatione sanctorum*, cap. 2.

50.   Véase Miguel Ángel Medina, *Los dominicos y América: Doctrina cristiana para instrucción de los indios* (Salamanca: Editorial San Esteban, 1987); Ramón Hernández, Gregorio Celada, Brian Pierce, et al., *El grito y su eco: El Sermón de Montesino* (Salamanca: Editorial San Esteban, 2011).

51.   Josef Pieper, *Faith, Hope, Love*, trans. Clara Winston, Richard Winston, y Mary Frances McCarthy (San Francisco: Ignatius, 1997), 29, analizan "Ad fidem pertinet aliquid et alicui credere" de Tomás de Aquino, tal como se encuentra en *Summa Theologiae*, 22.129.6.

Si los cristianos van a estimular las mentes de sus comunidades con argumentos razonables—y ejemplos creíbles—de la singularidad salvífica de Cristo, entonces necesitan conocer bien su tema. El reino debe anunciarse de un modo atractivo que ejercite la mente y conmueva la voluntad. Por ello, los evangelistas cristianos se benefician del estudio de la retórica y los métodos pedagógicos. Dicho esto, la formación intelectual y la pericia técnica son insuficientes para proclamar el Evangelio de forma persuasiva. La santidad importa, sobre todo cuando se evangeliza bajo un cielo sin estrellas.

La santidad persuade a la razón con la verdad de una vida transformada. Además, la santidad mueve la voluntad presentando al oyente la posibilidad de ser igualmente transformado. La santidad del mensaje y la santidad del mensajero van unidas. Dios puede suscitar la fe sin mensajero alguno, pero no es lo habitual. Sólo una persona amable, humilde, mansa y pacífica se ganará la confianza necesaria para que el evangelio sea escuchado con gozo. El hecho de que muchos indígenas creyeran en el evangelio a pesar de la forma impía en que fue presentado es una señal de que Dios ha intervenido de formas maravillosamente inesperadas[52]. La tradición católica ofrece un ejemplo de este tipo de intervención divina: la aparición de la Virgen de Guadalupe ofreciendo a Cristo de una manera nueva a Juan Diego[53]. Esto nos lleva al siguiente punto.

Ofrecer a Cristo

La única manera de anunciar el reino de Dios requiere ofrecer a Cristo. En palabras de Las Casas, "es cosa manifiesta que predicar el reino de los cielos o el reino de Dios, significa que el mismo Cristo es el reino"[54]. Cristo es el reino en persona, la sabiduría encarnada y la fuente de toda gracia. Él es el evangelio y el evangelizador. Bajo un cielo sin estrellas, el evangelismo si-

---

52. Como dice Las Casas: "nisi per magnum miraculum", o "a no ser por algún grande milagro". Las Casas, *De unico* 174v, 439.

53. Véase el capítulo 5, "Wesleyanos y guadalupanos: una reflexión teológica", para más información sobre la Virgen de Guadalupe y las posibilidades de un guadalupanismo wesleyano, que incluye recuperar el aprecio de Wesley por los milagros y la santidad de los santos.

54. Las Casas, *De unico* 58, 162.

gue al encuentro con Cristo resucitado en las periferias. Las tierras conocidas por Las Casas como las Indias presentaban desafiantes contrastes de luz y oscuridad. Por un lado, las culturas de los taínos, los incas y los aztecas eran muy diferentes de las europeas. Por otro lado, estas mismas culturas mostraban signos de la gracia de Dios actuando entre ellas y ninguna estaba tan preparada para recibir el evangelio como los pueblos indígenas de estas tierras. Esta receptividad presentó una gran oportunidad para anunciar el evangelio a una masa de personas que nunca lo habían oído, pero esta oportunidad vino acompañada de la violenta expansión de Europa y la subyugación de nuevos pueblos a la corona española. En medio de estas complejidades y contradicciones, Las Casas aprendió a discernir a Cristo en los cuerpos de los indígenas. Confiesa: "Dejo a Jesucristo nuestro Dios en las Indias azotado, afligido, golpeado y crucificado, no una, sino millares de veces"[55].

El evangelismo bajo un cielo sin estrellas exige un movimiento que parta de la periferia. Como dice Arias: "En términos cristianos, alcanzar es ser alcanzado. Evangelizar es ser evangelizado"[56]. Mediante la práctica del evangelismo, la iglesia no sólo ofrece a Cristo, sino que lo encuentra y lo recibe de nuevo[57]. Los cristianos deben proclamar el evangelio a todas las naciones, pero los pobres, los "pequeños", deben recibir prioridad[58]. Esta priorización es cristológica: "Todo lo que hacemos por nuestro prójimo no es mero activismo, servicio social o acción social; es un servicio a Cristo mismo"[59].

Ofrecer a Cristo desde los márgenes es afirmar el carácter previniente de la gracia de Dios y la opción preferencial de Dios por los pobres. El amor de Dios es universal, pero el camino es preferencial. No es de arriba abajo,

---

55. Bartolomé de las Casas, *Historia de las Indias*, ed. André Saint-Lu (Caracas: Biblioteca Ayacucho, 1986), 3.138.

56. Arias, "Centripetal Mission, or Evangelization by Hospitality," 434.

57. Joerg Rieger sostiene que la identificación de Las Casas con Cristo es trascendental. "Las Casas descubre un nuevo encuentro con los amerindios. El pueblo no es mero receptor del evangelio, sino que también participa en cierta medida de la realidad de Cristo". Joerg Rieger, *Christ and Empire: From Paul to Postcolonial Times* (Minneapolis, MN: Fortress, 2007, Kindle Edition, Loc 2626). Dicho esto, Rieger sostiene que esta identificación tiene sus puntos ciegos, y que la vía de doble sentido para la evangelización promovida por Arias y otros está poco desarrollada por Las Casas (Loc 2565-71).

58. Arias, "Rethinking the Great Commission," 417.

59. Arias, "Rethinking the Great Commission," 414.

sino de abajo arriba. Como dice de Souza, para Wesley, "la oferta de salvación universal en una época que discriminaba a los miserables y desheredados de la tierra, era una afirmación del amor incondicional de Dios por los excluidos"[60]. Wesley encontró mayor apertura al mensaje del evangelio entre las personas que vivían en los márgenes de la sociedad que entre las del centro. Después de predicar a una congregación acaudalada, esperaba que de ella salieran pocas cosas buenas, "porque empezamos por el extremo equivocado. La religión no debe ir 'del mayor al menor', sino el poder 'parecería ser de los seres humanos'"[61].

Los cristianos amplifican el poder de la verdad abrazando la pobreza de Cristo en solidaridad con sus pequeños marginados. Gustavo Gutiérrez señala que el encuentro de Las Casas con Cristo en los indígenas le ayuda a ver de una manera nueva, más indígena. Gutiérrez escribe: "No se trata sólo de la importancia del *conocimiento directo* de un determinado estado de cosas. Se trata también de adoptar la *perspectiva de otros*, de otras personas, para experimentar y comprender desde dentro las situaciones y acontecimientos en los que esas personas se ven envueltas"[62]. Verdad, pobreza y vulnerabilidad están conectadas. En palabras de Joseph Ratzinger: "la pobreza es la manifestación verdaderamente divina de la verdad: por tanto, puede exigir obediencia sin implicar alienación"[63]. La pobreza es un

---

60.   José Carlos de Souza, *Leiga, ministerial e ecuménica: A igreja no pensamento de John Wesley* (San Bernardo do Campo, Brazil: Editeo, 2013), 143. 61.

61.   Juan Wesley, Friday, May 25, 1764, *Journal and Diaries IV, Works* 21:465-66. El lenguaje de Wesley evoca Hebreos 8:11, que habla del nuevo pacto: "no tendrán necesidad de 'enseñar' a su prójimo, ni ninguno a su hermano, diciendo: 'Conoce al Señor', porque todos me conocerán, todos los verdaderos cristianos. Desde el menor hasta el mayor de ellos". Comentando sobre este versículo, Wesley aplica esta promesa a "todos los verdaderos cristianos" y explica la manera en que "en este orden, obró y procedió siempre el conocimiento salvífico de Dios, no en primer lugar al más importante y luego al más insignificante. Pero el Señor 'salvará las tiendas', más pobres 'de Judá primero', 'para que lo gloria de la casa de David', la simiente real, 'y la gloria de los habitantes de Jerusalén', los nobles y los ciudadanos ricos, 'no se engrandezcan'" (Zac. 12.7). Wesley, *Explanatory Notes Upon the New Testament, Volume II* (London: Thomas Cordeux, 1813), 271. En español véase: Wesley, *Notas al NT, Segunda Parte, Obras* X:352.

62.   Gustavo Gutiérrez, *Las Casas: In Search of the Poor of Jesus Christ* (Maryknoll, NY: Orbis, 1993), 87.

63.   Joseph Ratzinger, *Many Religions—One Covenant: Israel, the Church and the World* (San Francisco: Ignatius, 1999), 109. Al escribir sobre la relación del cristianismo con otras religiones, Ratzinger reflexiona sobre cómo la encarnación del Verbo, la *kenosis* de Dios Hijo,

testimonio elocuente de la verdad. Al no tomar nada voluntariamente, los apóstoles ganaron credibilidad. Al renunciar a los apoyos del poder colonial, los misioneros lascasianos fueron enviados "como pobres, pero enriqueciendo a muchos; como no teniendo nada, pero poseyéndolo todo" (2 Cor. 6:10). La luz de Cristo brilla para la vida del mundo. Sin embargo, en tiempos de eclipse eclesial, su luz brilla desde los márgenes sociales con un resplandor distintivo. Este resplandor es evidente, como escribe Arias en un cántico, en medio de la vida: "Estás en el trabajo del campo o la ciudad... estás en la alegría y estás en el dolor,... y en prenda de tu reino el mudo a convertir para convertir"[64].

Construir

La única manera de anunciar el reino de Dios requiere construir una comunidad que no siga el modelo de Nueva España o Nueva Inglaterra, sino el de la nueva creación. La Gran Comisión de Mateo contempla una misión catequética: la evangelización como formación de discípulos. La evangelización implica formar ciudadanos del reino—no súbditos coloniales ni consumidores—y esta formación incluye la cultura.

Cuando Las Casas puso a prueba el argumento de *De unico*, encargó a misioneros dominicos que trabajaban con indígenas que tradujeran relatos bíblicos y lecciones catequéticas a canciones en las lenguas nativas. La costumbre es como la naturaleza[65]. Mediante la repetición, ciertas prácti-

---

abre un camino que reconoce la confianza en la revelación divina a la vez que preserva la humildad ante el misterio de Dios, a saber, el camino de la pobreza. Ratzinger ofrece el ejemplo clásico del relato de Platón sobre el juicio de Sócrates. Sócrates se considera un tábano enviado para despertar a la ciudad de Atenas de su letargo filosófico. Como era de esperar, los atenienses le pidieron pruebas. ¿Qué pruebas tenía Sócrates para justificar una afirmación tan audaz, incluso jactanciosa? A lo que Sócrates respondió: "Tengo un testigo suficiente de que digo la verdad: mi pobreza" (*Apologia*, 31c).

64.   Mortimer Arias, "En medio de la vida," en *Mil voces para celebrar: Himnario metodistas*, ed. Raquel Martinez (Nashville, TN: Abingdon, 1996), 375.

65.   Como sostiene Santo Tomás de Aquino, los actos repetidos forman disposiciones y justifican llamar a la costumbre una "segunda naturaleza". En el latín original: "Cum multoties inclinatur, determinatur ad idem a proprio movente, et firmatur in eis inclinatio determinata in illud, ita quod dista dispositio superinducta, est quasi quaedam forma per modum naturae tendens in unum. Et propter hoc dicitur, quod consuetudo est altera natura." Aquinas, *Disputed Questions on Truth* 1.9.

cas adquieren el carácter de habitus. La costumbre es como una segunda naturaleza, lo que facilita la ejecución de ciertas acciones[66]. Lo contrario también es cierto: los actos nuevos resultan desconocidos, difíciles de realizar y resultan antinaturales. Una nueva enseñanza, precisamente por ser desconocida, resulta ajena y menos creíble que un dicho conocido. Dado que el mensaje del evangelio introduce doctrinas previamente desconocidas, la predicación debe repetir ese mensaje, haciéndolo familiar y generando receptividad entre los oyentes. Según Las Casas, repetir con frecuencia las creencias cristianas provoca en el oyente una disposición casi natural hacia las verdades de la fe. Generar este hábito o costumbre requiere tiempo y la buena voluntad del oyente. Para Las Casas, las canciones servían a este propósito, y los resultados fueron extraordinarios. A los pocos meses de la llegada de los misioneros, los indígenas habían compuesto nuevos versos propios, abolido los sacrificios, construido una iglesia y se habían convertido en evangelizadores de las poblaciones vecinas[67].

Las Casas, al igual que los hermanos Wesley, descubrió que persuadir al intelecto con la razón y atraer suavemente a la voluntad requería tanto prosa como poesía, así como formar sociedades e instituciones. En efecto, anunciar el reino de Dios para Las Casas y los Wesley exige formar una nueva cultura, una cultura que pretende preparar a las personas como testigos de la nueva creación, como heraldos del reino de Dios. Arias sostiene que "la educación cristiana es la evangelización de cada generación, aprendiendo el camino del reino en cada etapa de la vida y a través de todas las experiencias humanas"[68]. Estudiar las Escrituras, orar y servir como comunidad de discípulos prepara al pueblo llamado *metodista* para ser testigos del reino.

La escatología determina nuestra forma de entender y practicar el evangelismo. Nuestra visión del fin alimenta nuestras motivaciones para

---

66. Las Casas, *De unico* 34-35, 94: "non est natura, sed est quasi natura" ("no es una naturaleza, pero es una forma de naturaleza").

67. Véase el magistral relato de Lewis Hanke en *Del único modo de traer a todos los pueblos a la verdadera religión*, ed. Agustín Millares Castro (Pánuco, México: Fondo de Cultura Económica, 1942), xxxiii-xxxviii, que considero con más profundidad en Edgardo Colón-Emeric, "Thomas's Theology of Preaching in Romans: A Lascasian Application", 100.

68. Arias, "Rethinking the Great Commission," 412.

anunciar el evangelio. Cuando Wesley predicaba al aire libre, su objetivo era "seguir el golpe" del sermón con el discipulado en pequeños grupos. El evangelismo de Jorge Whitefield enfatizaba la justificación hasta casi excluir la santificación. Después de que Wesley observara los resultados del trabajo de Whitefield en lugares como Pembrokeshire, renunció al evangelismo que no "seguía el golpe" del sermón con la inducción a la sociedad cristiana[69]:

> Quedé más convencido que nunca que predicar como un apóstol, sin juntar a los que sean despertados y adiestrarlos en los caminos de Dios, es sólo procrear niños para el asesino. ¡Cuánta predicación se ha hecho en estos veinte años en todo Pembrokeshire! Mas no hay *sociedades regulares*, no hay disciplina, no hay orden o conexión. Y la consecuencia es que nueve de diez que fueron despertados están ahora más dormidos que antes[70].

Los metodistas recibieron instrucciones de predicar tanto los mandamientos como las promesas de Dios. Un indicativo divino conduce a un imperativo divino. "Cristo murió por usted: luego muera al pecado. Cristo se levantó: luego levántese a la imagen de Dios. Cristo vive para siempre: luego viva para Dios hasta que usted viva con él en la gloria"[71]. La interacción de indicativo e imperativo tiene una dirección escatológica que marca el modo en que los metodistas deben participar en la misión de Dios. Como observa Wesley: "Así *nosotros* predicamos; y así *usted* creyó. Este es la vía bíblica, la vía *metodista*, la vía verdadera"[72].

La visión escatológica del reino guía la doctrina, el culto y la misión metodistas. Su vocación originaria de reformar la nación y la iglesia mediante la propagación de la santidad bíblica, prevé una transformación radical de las personas y las estructuras. Además, hablar del mundo como su parroquia es distinto de un imperio eclesiástico que abarque el mundo. La finalidad del

---

69.   Juan Wesley, March 13, 1763, *Journal and Diaries II, Works* 19:318.

70.   Juan Wesley, August 25, 1763, *Journal and Diaries IV, Works* 21:424. En español, véase: Juan Wesley, "JUEVES 25", *Diarios, Tomo II, Obras* XII:159-160.

71.   Juan Wesley, Letter to an Evangelical Clergyman (Dec. 20, 1751), *Letters II*, ¶31, *Works* 26:488. En español, véase: Juan Wesley, "A un Laico Evangélico (20 de diciembre de 1751)", *Cartas, Tomo I*, ¶31, *Obras* XIII:270.

72.   Juan Wesley, Letter to an Evangelical Clergyman (Dec. 20, 1751), *Letters II*, ¶32, *Works* 26:488-89. En español, véase: Juan Wesley, "A un Laico Evangélico (20 de diciembre de 1751)", *Cartas, Tomo I*, ¶32, *Obras* XIII:270.

evangelismo no es la "iglesificación" del mundo[73], sino anunciar el reino de Dios invitando a todos, convenciendo por el poder persuasivo de la verdad y la bondad, ofreciendo a Cristo a los pobres y construyendo comunidades santas. Arias añade: "La Parroquia Mundial, la iglesia en el mundo, no es el Reino, pero está al servicio del Reino como testigo y signo"[74].

Dada su orientación escatológica, el evangelismo es una expresión de esperanza. Anunciar el reino de Dios requiere lo que Pablo Neruda llama *ardiente paciencia*. Esta virtud no es un problema para quienes han sido educados por el Espíritu en los caminos de la santidad, pues, como afirma otro Pablo, "el amor es paciente" (1 Cor. 13:4)[75].

Conclusión: soñando desde las tierras de penumbra

El Gran Eclipse Eclesial ha convertido las Américas en tierras de penumbra. Los lectores contemporáneos critican a Las Casas como otra cara del imperio[76]. En su opinión, la única forma de evangelismo es realmente un acto de conquista epistémica. La crítica poscolonial de Las Casas aclara

---

73. Arias, *Announcing the Reign of God*, 87.

74. Arias, "The Kingdom of God," 44.

75. En su discurso de aceptación del Premio Nobel de Literatura, Pablo Neruda dijo: "Al amanecer, armados de una ardiente paciencia, entraremos a las espléndidas ciudades". Citado en Eldin Villafañe, *Seek the Peace of the City: Reflections on Urban Ministry* (Grand Rapids, MI: Eerdmans, 1995), 43. Como señala Pablo Neruda, la frase procede del poeta Arthur Rimbaud. Véase: https://www.nobelprize.org/prizes/literature/1971/neruda/25206-pablo-neruda-nobel-lecture-1971/.

76. "Las Casas no puede ver más allá de la visión eurocéntrica de las Américas, según la cual la mayor generosidad y caridad consistiría en someter a los amerindios al control y la tutela de la verdadera religión y su cultura. Los nativos son los europeos potenciales subdesarrollados". Michael Hardt y Antonio Negri, *Empire* (Cambridge, MA: Harvard University Press, 2000), 116. Para un contrapunto en un diálogo reflexivo con la crítica decolonial, véase David M. Lantigua, "The Freedom of the Gospel: Aquinas, Subversive Natural Law, and the Spanish Wars of Religion," *Modern Theology* 31.2 (2015): 312-37. Para más información, véase Daniel Castro, *Another Face of Empire: Bartolomé de Las Casas, Indigenous Rights, and Ecclesiastical Imperialism* (Durham, NC: Duke University Press, 2007) y Juan Comas, "Historical Reality and the Detractors of Father Las Casas", en *Bartolomé de las Casas in History: Toward an Understanding of the Man and His Work*, ed. Juan Friede y Benjamin Keen (DeKalb: Northern Illinois University Press, 1971), 506.

la naturaleza del eclipse que él rastreó y del que no escapó del todo. Las señales del eclipse del reino están por todas partes. Algunos identifican el reino con el crecimiento de la iglesia, otros con la reforma social. En algunos casos, el reino se ha entendido como una realidad metafísica abstracta; en otros, se ha resumido en acontecimientos apocalípticos y cataclísmicos. A veces, algunos buscan el reino en comunidades que sirven de "islas del reino en el océano de un mundo contaminado por el pecado"[77]. Todas estas visiones del reino son reduccionistas. No son del todo erróneas; simplemente son incompletas.

Los cristianos no deben temer la oscuridad de las tierras de penumbra. El eclipse no es total y no durará porque, a pesar de todo, la Iglesia y su memoria subversiva de Jesús perseveran. La misión de los metodistas [en general] y los *metodistas* [en particular] de "reformar la nación, y en particular la Iglesia, para propagar la santidad bíblica por todo lugar"[78] sigue siendo apremiante precisamente cuando la propia Iglesia está bloqueando la luz. Como afirma Arias: "Estamos saliendo del cono de sombra. Estamos empezando a ver el borde brillante del sol, y pronto estaremos a la luz del día"[79]. La iglesia es un misterio lunar. Sólo uno de sus lados es visible. Podemos ver a los que se reúnen, los edificios, los ministerios. A veces brillan con fuerza y proyectan un suave resplandor sobre su entorno, otras veces se desvanecen en la oscuridad[80]. Sin embargo, hay todo un lado que no se ve: la gracia, los elegidos, los santos y los ángeles del cielo. Incluso lo que no se ve puede tener un efecto poderoso. Las oraciones de los santos, el ministerio de los ángeles y, sobre todo, la gracia de Dios, actúan de

---

77.   Arias, "The Kingdom of God," 42. Para un ejemplo contemporáneo, véase *The Benedict Option: A Strategy for Christians in a Post-Christian Nation*, de Rob Dreher (Nueva York: Penguin Random House, 2017). Las reflexiones finales de Alasdair MacIntyre en su influyente *After Virtue*, donde aboga por "otro San Benito—sin duda muy diferente—", encajan célebremente en este patrón. MacIntyre, *After Virtue: A Study in Moral Theory*, tercera edición (Notre Dame, IN: University of Notre Dame Press, 2007), p. 219.

78.   Juan Wesley, "The 'Large' Minutes, A and B (1753, 1763)," Q.4, *Works* 10:845.

79.   Arias, *Announcing the Reign of God*, 121.

80.   Agustín también juega con múltiples metáforas lunares, como cuando sugiere que "la luna en alegoría significa la Iglesia, porque en su parte espiritual la Iglesia es brillante, pero en su parte carnal es oscura: y a veces la parte espiritual se ve por las buenas obras, pero a veces yace oculta en la conciencia, y sólo Dios la conoce, ya que sólo en el cuerpo se ve". Agustín, *Enarrationes in psalmos*, 11.3.

forma invisible en la vida de la Iglesia. Como misterio lunar, la luz de la iglesia es prestada: refleja la luz de Cristo, el sol de justicia. Solo Él es luz de luz. Sin la luz del sol, la luna es simplemente una gran roca estéril. Es la luz más brillante del firmamento, juntamente con el sol. Al igual que la luna, la iglesia, en su peregrinar por la historia, pasa por fases. Crece y mengua. Pero es precisamente entonces —cuando parece haberse ido— que el potencial de renacimiento es mayor.

El evangelismo testifica y participa de este misterio lunar. Anunciar el reino de Dios de noche es un reto. Las luces son escasas y tenues. Sin embargo, la noche no es sólo el tiempo de la oscuridad; es cuando soñamos. El tiempo del Gran Eclipse Eclesial es también la estación de los sueños. Teniendo esto en cuenta, Arias ofrece sabios consejos para la evangelización bajo nuestro cielo sin estrellas:

> Necesitamos recuperar la capacidad de soñar. El Reino de Dios es el sueño de Dios, su proyecto para su mundo y para la humanidad. Nos ha hecho soñadores y quiere que nos dejemos seducir por su sueño y soñemos con él[81].

---

81. Arias, *Announcing the Reign of God*, 116.

La palabra de reconciliación: Una perspectiva wesleyana sobre la teología pública

La pregunta sobre inmigración: ¿arregla papeles la Iglesia?

Hace unos años, un amigo mío, pastor metodista unido en Siler City, Carolina del Norte, bautizó a una familia de inmigrantes mexicanos recién llegados. Muchos metodistas bautizan a los niños en piletas para pájaros disfrazadas de fuentes, pero en esta ocasión, por razones que desconozco, se reunieron junto al río. La familia, vestida de blanco, bajó al agua y el pastor los sumergió tres veces mientras invocaba el nombre trino. Salieron del agua, el pastor entregó a los cristianos recién nacidos sus certificados de bautismo y todos volvieron a la iglesia para celebrar una fiesta. Lo que ninguno de los participantes sabía en ese momento era que estaban siendo observados por dos hombres. Estos hombres se presentaron en la oficina de la iglesia al día siguiente para hacer una pregunta muy importante al pastor: ¿Es ésta la iglesia que arregla papeles? Los hombres eran inmigrantes indocumentados que pensaban que las partidas de bautismo eran documentos de inmigración. De ahí la pregunta: ¿Es ésta la iglesia que arregla papeles?

Esta pregunta afecta a cuestiones de gran importancia eclesial. ¿Influye la condición de inmigrante en el bautismo? ¿Es la condición de indocumentado de una persona un impedimento para el bautismo? ¿Hay que animar a esa persona a arrepentirse primero de ese delito? Pero entonces, ¿Implica el arrepentimiento abandonar el país? ¿O se debería, en cambio, animarlos a bautizarse y convertirse en ciudadanos del cielo? Por el contrario, ¿influye el bautismo en el estatus migratorio? ¿Asume la congregación local la responsabilidad de su permanencia en este país? ¿Acaso la congregación lucha contra una orden de deportación? En un nivel más profundo, la pregunta que estos dos hombres plantearon es eclesiológica y misiológica. ¿Qué tipo de comunidad es la Iglesia Metodista? ¿Cuál es la respuesta de la iglesia al sistema migratorio fallido? O dicho de otro modo: ¿Qué tiene que ver Aldersgate con Washington?

¿Qué tiene que ver Aldersgate con Washington?

Al plantear esta pregunta, evoco la famosa pregunta de Tertuliano: ¿Qué tiene que ver Atenas con Jerusalén?[1] Con esta pregunta, Tertuliano ponía en tela de juicio el papel de la filosofía en la fe cristiana. Según él, no creemos porque el contenido de la fe cristiana tenga sentido. Creemos porque es absurdo. En otras palabras, no hay relación entre Atenas y Jerusalén. No estoy rechazando la relación entre Aldersgate y Washington al plantear esta cuestión. En cambio, llamo la atención sobre la magnitud de la distancia. Una guía útil, aunque quizá controvertida, para este viaje transatlántico es Stephen Long; el capítulo final del libro de Long *John Wesley's Moral Theology: The Quest for God and Goodness* (La teología moral de John Wesley: la búsqueda de Dios y la bondad) examina el

---

1. Véase Tertullian, *The Prescription Against the Heretics*, 7.

modo en que el fundador metodista entró en la plaza pública, a través de Ernst Troeltsch.

En *The Social Teachings of the Christian Churches* (Las enseñanzas sociales de las iglesias cristianas), Troeltsch plantea la pregunta: "¿Qué papel tiene la teología en el ámbito público?"[2] Según Stephen Long, esta pregunta ha llegado a definir la agenda del compromiso cristiano contemporáneo en la sociedad. El poder enmarcador de la pregunta de Troeltsch se manifiesta en la utilización de la palabra *social* por parte de los teólogos de principios del siglo XX. De la promulgación de un "evangelio social" por Walter Rauschenbusch y la elaboración de un "credo social" por parte del metodismo, es inevitable inferir que los evangelios y credos anteriores eran, en el mejor de los casos, "asociales" y, por lo tanto, necesitaban ser complementados[3]. La introducción del adjetivo *social* a principios del siglo XX o *público* en el siglo XXI denota intentos de encontrar la relevancia del credo y del evangelio en una sociedad secularizada.

La pregunta de Troeltsch encuentra una de sus respuestas más convincentes en la teología de Reinhold Niebuhr. Long destaca el papel del falibilismo en la visión teológica de Niebuhr. La búsqueda de comprensión de nuestra fe siempre se verá extraviada por el egoísmo. Las preguntas de poder siempre acecharán tras las afirmaciones de la verdad. Por lo tanto, todo conocimiento y amor están teñidos de tragedia. La realidad es un mar gris: *simul justus et peccator* es la norma de la existencia humana en la historia. Responder a la pregunta de Troeltsch con Niebuhr implica abandonar un mundo creado para la bienaventuranza por uno trágico en su esencia. Long afirma: "El realismo cristiano, a diferencia del movimiento wesleyano de santidad, sabe dogmáticamente que la perfección, la deificación y la participación en la bondad de Dios son imposibles. Solo existe la

---

2. Ernst Troeltsch, *The Social Teachings of the Christian Churches*, trad. Olive Wyon (Nueva York: The Macmillan Company, 1931). Según Stephen Long, el problema social que aborda Troeltsch no es realmente la relación entre la Iglesia y el Estado, sino la contribución de la Iglesia a fenómenos sociales no regulados directamente por el Estado, como la familia y el mercado. Véase D. Stephen Long, *John Wesley's Moral Theology: The Quest for God and Goodness* (Nashville, TN: Abingdon/Kingswood, 2005), 213.

3. Véase Walter Rauschenbusch, *A Theology for the Social Gospel* (Louisville, KY: Westminster John Knox, 1997).

voluntad de poder, y todo lo que podemos hacer es minimizar sus inevitables consecuencias malignas"[4].

La pregunta de Troeltsch y la respuesta de Niebuhr ceden demasiado terreno del que surge el discurso cristiano. La pregunta presupone que existe algún ámbito extraeclesial (por ejemplo, la sociedad, el Estado-nación) que es más universal, más católico, que la Iglesia. La pregunta, lejos de ser neutral o inocente, lleva implícita una renuncia a la catolicidad de la Iglesia y propone una nueva catolicidad: la del Estado-nación, a cuya plaza pública quizá pueda acercarse la Iglesia, pero sólo como entidad privada. En su lugar, Long propone que "la Iglesia es esa realidad social que no puede concebirse como nada más universal ni más público"[5]. La dimensión escatológica de la Iglesia la convierte en el ámbito más católico y público imaginable.

No es necesario estar de acuerdo con cada detalle del análisis de Long sobre la cuestión social para darse cuenta de que está en lo cierto. Charles Mathewes comparte sus opiniones: "Normalmente, las 'teologías públicas' son autodestructivamente acomodaticias: dejan que la autocomprensión del mundo secular 'más amplio' establezca los términos, y luego se preguntan cómo contribuye la fe religiosa a los fines de la vida pública, así entendida"[6]. En pocas palabras, la pregunta de Troeltsch no es la pregunta de Wesley. La pregunta que ha guiado el ministerio metodista de la reconciliación no ha sido: "¿Qué papel tiene la teología en el ámbito público?". Esta es una pregunta que los metodistas asumen, porque se les planteó a ellos, pero la pregunta más primitiva e importante se formuló de otra manera.

"¿Cuál podemos creer razonablemente que es el designio de Dios al suscitar a los predicadores llamados 'metodistas'?". Dios levantó a los metodistas no para formar una secta, sino para "reformar la nación y en particular la Iglesia, para propagar la santidad bíblica por todo lugar"[7]. El

---

4. Long, *John Wesley's Moral Theology*, 222.

5. Long, *John Wesley's Moral Theology*, 210.

6. Charles T. Mathewes, *A Theology of Public Life* (New York: Cambridge University Press, 2007), 1.

7. John Wesley, "The 'Large' *Minutes*, A and B (1753, 1763)," Q.4, *Works* 10:845. La imaginería de la declaración de Wesley se hace eco de las palabras de Isaías 11:9: "la tierra estará llena del conocimiento del Señor, como las aguas cubren el mar".

designio divino para el metodismo no está ligado a la tragedia. Quienes han sentido un calor extraño en su corazón en Aldersgate pueden tener esperanza en Washington, una esperanza que se basa en un don y una responsabilidad: la palabra de reconciliación.

Pablo, el apóstol de la reconciliación, escribe a los corintios que "Dios estaba en Cristo reconciliando consigo al mundo, no tomándoles en cuenta a los hombres sus pecados, y nos encargó a nosotros la palabra de la reconciliación" (2 Cor. 5:19, RV60). La "palabra de reconciliación" pertenece al meollo del mensaje de Juan Wesley[8]. El pasaje de 2 Corintios 5 era uno de los ejes en torno a los que giraba su predicación[9].

Puede ser útil un breve resumen de la manera en que Wesley entiende esta palabra. La necesidad de reconciliación tiene su origen en la caída de la humanidad. El pecado ha introducido enemistad en todas las relaciones humanas, empezando por la relación con Dios. Wesley califica de falso evangelio el tratado de William Law sobre "El espíritu de la oración". "Ya que si Dios nunca estuvo enfadado (como lo afirma este tratado) nunca pudo haber sido reconciliado. Consecuentemente, toda la doctrina cristiana de la reconciliación en Cristo se desploma de repente"[10]. Los efectos del pecado se extienden más allá de la relación

---

8.   John Wesley, August 10, 1738, *Journal and Diaries I, Works* 18:271.

9.   Véanse la entradas en el diario de Wesley para May 28, 1749 (*Works* 20:277), October 2, 1749 (*Works* 20:306), May 4, 1761 (*Works* 21:318), June 6, 1787 (*Works* 24:35), August 29, 1787 (*Works* 24:56), October 28, 1788 (*Works* 24:113), June 10, 1789 (*Works* 24:142), and August 26, 1789 (*Works* 24:152).

10.   Wesley, jueves 27 [de julio], 1749, *Diarios, Tomo I, Obras* XI:277. A Wesley le preocupa la manera en que algunos teólogos interpretan el sacrificio expiatorio de Cristo como una mera metáfora que socava el evangelio paulino de la reconciliación. Por ejemplo, Wesley condena la obra de Andrew Michael Ramsay, *The Philosophical Principles of Natural and Revealed Religion, Unfolded in a Geometrical Order* (Glasgow: Robert Foulis, 1768) precisamente por esta razón. En respuesta a la afirmación del caballero Ramsay de que "la Divinidad pura es impasible e insensible a la ira, la cólera, la venganza, el dolor y el horror" (Ramsay, 393), Wesley replica: "Exijo la prueba. Considero que la ira tiene la misma relación con la justicia que el amor con la misericordia". Wesley, Letter to Dr. John Robertson (Sept. 24, 1753), *Works* 26:521. Wesley no ignora el carácter analógico del discurso teológico. Sin embargo, no interpreta la obra de Ramsay ni la recepción de su obra como un llamado a un discurso teológico cuidadoso, sino como un llamado a acomodar el evangelio a las expectativas razonadas de la época. Para Wesley, "Si Dios nunca se enojara, su ira jamás podría apaciguarse; y entonces podemos adoptar con seguridad las mismas palabras de Socino: '*Tota redemptionis nostrae per Christum metabolica*'; viendo que Cristo murió solo para 'mostrar a todos los coros celestiales

divino-humana a todas las demás dimensiones de la existencia humana[11]. La desobediencia humana ata a toda la creación a la futilidad. En lugar de ser canales de bendición para la creación, el "tiburón humano" devora y destruye[12]. La mancha del pecado puede ser tan invisible como la mancha de los temperamentos impíos en el alma y tan visible como los cuerpos desnudos de los africanos vendidos en los mercados. En todos los casos, el relato de Wesley sobre la reconciliación es cristocéntrico. La reconciliación con Dios en Cristo es la base de la reconciliación con el prójimo y la creación. Wesley desconfía de cualquier teología que priorice la reconciliación con el prójimo, ya sea temporal o lógicamente, por encima de la reconciliación con Cristo[13]. Para Wesley, cualquier silenciamiento de la prioridad de la reconciliación con Dios huele a pelagianismo o incluso a ateísmo. Al mismo tiempo, se niega rotundamente a espiritualizar el alcance semántico de la palabra reconciliación.

La palabra *reconciliación* (καταλλαγή, transliterada como katallagé) se utilizaba en la sociedad griega para designar el acercamiento de una pareja distanciada o separada, y también para la firma de tratados de paz. La reconciliación no era originalmente un término religioso, sino político. Pablo lo amplía al aplicarlo a la obra de salvación, pero nunca abandona su significado político original; en cambio, lo reubica dentro de la política del reino de Dios. Wesley sigue a Pablo en esta reorientación de lo político. Los ministros de la reconciliación son embajadores de Cristo. En este sentido, Wesley subraya que la Escritura incluye la paz entre los frutos del Espíritu que se esperan de la persona que está en Cristo. En su lectura de la historia europea, Wesley parece aceptar la narrativa (algunos la llaman mito) de la violencia religiosa. Las divisiones entre los cristianos han con-

---

la infinita aversión de Dios al desorden'" (ibid., 522). Este lenguaje no puede ser llevado al extremo. Después de todo, "Dios estaba en Cristo reconciliando consigo al mundo" (2 Cor 5:19). El Dios trino está obrando en la salvación de la humanidad. Sólo la segunda persona de la Trinidad fue hecha pecado (una "ofrenda por el pecado", como añade Wesley), pero no sin el Padre y el Espíritu.

11.   Véase Juan Wesley, Sermon 60, "The General Deliverance," *Works* 2:437-50.

12.   Juan Wesley, "The General Deliverance," II.6, *Works* 2:445.

13.   "No, cree primeramente. Cree en el Señor Jesucristo, la propiciación por tus pecados. Echa primero este buen cimiento, y entonces podrás hacer todas las cosas bien". Juan Wesley, Sermón 6, "La justicia que es por fe," III.1, *Obras* I:130.

tribuido a las guerras entre las naciones, haciendo que la restauración de la paz sea el anhelo y la tarea de todo cristiano, aunque parezca imposible. Wesley afirma: "supongamos que no podemos hacer *cesar las guerras hasta los fines de la tierra*, que no podemos reconciliar a todos los hijos de Dios. De cualquier manera, hagamos lo que cada uno puede, que cada un contribuya aunque sea con dos blancas"[14].

¿Qué tiene que ver la palabra reconciliación que acabo de esbozar con la relación entre Aldersgate y Washington? En pocas palabras, la reforma de la nación y de la Iglesia es una expresión del ministerio de la reconciliación. El llamado a la reforma surge de la realidad de su deformación actual. Como comunidad reconciliada con Dios en Cristo por el poder del Espíritu Santo, los metodistas son agentes de reconciliación en el mundo. En una ocasión, Wesley describe su comprensión de lo esencial de la doctrina metodista mediante la metáfora de una casa. Dice: "Nuestras doctrinas principales, que incluyen todo lo demás, son tres: el arrepentimiento, la fe y la santidad. Digamos que consideramos el primero como el pórtico de la religión; la segunda como la puerta y la tercera como la religión en sí misma"[15]. La admisión por gracia en esta casa conduce a los metodistas a las prácticas de la confesión de pecado, el arrepentimiento, la conversión y el perdón, todo ello en aras de la comunión con el Dios trino y todas las demás criaturas. Al reconciliar a las personas con Dios, la creación, el prójimo y uno mismo, esta Casa Metodista forma reconciliadores que luego pueden reformar la nación, no como tecnócratas ni como teócratas, sino como testigos.

Atravesar el océano que separa Aldersgate de Washington con el ministerio de la reconciliación resultará problemático para algunos. Existe un desafío terminológico; la palabra *reconciliación* tiene una historia de cooptación y culpabilidad por asociación, lo que hace que su uso sea sospechoso. Al teólogo metodista argentino José Míguez Bonino le preocupa que la Iglesia haya malinterpretado a veces su servicio de reconciliación

---

14. Juan Wesley, Sermon 20, "The Lord Our Righteousness," §2, *Works* 1:449. En español, véase: Juan Wesley, Sermón 20, "Señor, justicia nuestra", §2, *Obras*, I:398.

15. Juan Wesley, "Los principios de un metodista, mejor explicados", VI.4, *Obras*, V:190-191. Para más información sobre la metáfora de la casa de Wesley, véase la introducción de este libro.

como un servicio de pacificación, ignorando así la necesidad de conversión[16]. Es "en Cristo" donde no hay judío ni griego, esclavo ni libre, varón ni mujer. La denuncia de los errores, los pecados y los ídolos es necesaria para la reconciliación. Míguez Bonino nos llama a poner a prueba la autenticidad del lenguaje de paz que la Iglesia ha utilizado para responder a los conflictos en el mundo. En palabras del teólogo metodista uruguayo Emilio Castro: "La palabra reconciliadora, el acto de acercamiento de la Iglesia sólo puede ser creíble cuando va acompañada de las marcas de la cruz; es creíble cuando la Iglesia no ha guardado distancia del conflicto sino que ha compartido la suerte de los sectores más vulnerables"[17].

El historial de los metodistas como pacificadores es accidentado. En ocasiones, los metodistas han pronunciado prematuramente la palabra de reconciliación y han encubierto conflictos. A veces, los metodistas han traicionado su vocación y han actuado como embajadores de la época actual. Pero en otras ocasiones, las credenciales diplomáticas de la Iglesia Metodista han estado marcadas por el sufrimiento del crucificado, y sus actos más sencillos de reunión, canto y oración se han transformado en poderosos símbolos de una reconciliación liberadora. El ministerio metodista de reconciliación cobra fuerza en la medida en que vive la tensión escatológica de su vocación y ve su vida desde este fin.

Para examinar cómo se vive la tensión cristiana del espacio público, recurro al ejemplo de Óscar Romero, obispo mártir de El Salvador.

¿Qué tiene que ver Aldersgate con El Salvador?

¿Por qué Óscar Romero? Parece una elección improbable. El contacto de Romero con los metodistas durante su ministerio pastoral fue prácticamente inexistente. Sin embargo, Romero sí disfrutó de relaciones fraternales con muchos protestantes. Habla con entusiasmo sobre sus experiencias al

---

16. José Míguez Bonino, "Unidad cristiana y reconciliación: Coincidencia y tensión," *Cuadernos de teología* 2.2 (1972): 109-23.

17. Emilio Castro, "Conflicto y reconciliación," *Cuadernos de teología* 3.3 (1974): 125-33, 130.

adorar junto a ellos en iglesias protestantes durante las celebraciones de la Semana de Oración por la Unidad Cristiana. Sin embargo, la Iglesia Metodista no se estableció en El Salvador hasta 1994, por lo que Romero no pudo haber visitado una congregación metodista en El Salvador.

Los contactos entre Romero y los metodistas son algo indirectos. Menciono dos. En primer lugar, uno de los libros de Elsa Tamez, *La hora de la vida: Lecturas bíblicas*, se encuentra en la biblioteca personal de Romero[18]. Que fuera de su propiedad no sugiere necesariamente familiaridad, pero el pensamiento de Tamez es representativo de una línea de teología protestante socialmente comprometida que Romero conocía y aprobaba. En segundo lugar, hay una extraña historia difundida por uno de los opositores de Romero, Freddy Delgado[19]. En su relato, José Míguez Bonino era un teólogo de la liberación y antiguo sacerdote católico que viajó a El Salvador para trabajar con los jesuitas en una campaña para situar a Romero como sucesor del arzobispo Chávez y González. Durante su estancia en El Salvador, Míguez Bonino se matriculó en la Universidad Centroamericana (UCA) y llegó a ser Ministro de Turismo (ISTU). Después de las elecciones, Míguez Bonino abandonó El Salvador, satisfecho de haber elegido a un obispo fácilmente "manipulable" por los liberacionistas. Obviamente, Delgado se equivoca en cuanto a la historia eclesial de Míguez Bonino; además, el papel que se le atribuye en orquestar de la elección de Romero supera la imaginación. Aun así, sería interesante explorar si existió algún contacto entre el teólogo metodista argentino y los jesuitas salvadoreños durante este período que pudiera haber aportado algo de verdad a esta historia descabellada.

¿Por qué Romero, entonces? Ofrezco dos razones. Primero, la elección se hace con espíritu católico. Cuando Wesley buscaba ejemplos de santidad, nunca se fijó en un espejo, sino en vitrales, en la iglesia que lo rodeaba. No se puede vivir sólo de Wesley. Que Wesley pudiera encontrar un testigo de la perfección cristiana en Gregorio López, ese "buen y sabio (aunque muy errado) hombre"[20], me inspira a mirar más allá de Wesley,

---

18.   Elsa Tamez, *La hora de la vida: Lecturas bíblicas* (San José, Costa Rica: DIE, 1978).

19.   Santiago Mata, *Monseñor Óscar Romero: Pasión por la Iglesia*, Colección Testimonios (Madrid: Ediciones Palabra, 2015), Kindle loc. 4039-53.

20.   Juan Wesley, August 31, 1742, *Journal and Diaries II, Works* 19:294. En español véase: Juan Wesley, Martes 31 [de Agosto, 1742], *Diarios, Tomo I, Obras* XI:182.

a Romero, en busca de un ejemplo de teólogo público. En Romero, encuentro un ejemplo de la divinidad práctica que los metodistas aspiran a encarnar. Al igual que la de Wesley, la teología de Romero se basa en la vida de la iglesia y tiene una orientación popular. Habló en academias, pero no habló en nombre de la academia. Además, como la de Wesley, su teología tiene un fin teológico, a saber, la reconciliación y la comunión con el Dios trino. Romero era ajeno a la teología dialéctica del "o lo uno o lo otro" de algunos protestantes y católicos, y en su lugar abrazó la teología de "ambas-y" que Wesley modeló en sus mejores momentos: teología y santidad, lo pastoral y lo profético, tradición y liberación, amor a Dios y a la patria, fidelidad a la jerarquía y al pueblo.

En segundo lugar, la teología y vida de Romero han contribuido a la formación teológica de los metodistas en Centroamérica por medio de la labor del Curso de Estudio Metodista. Existen buenas razones para ello. Los contextos en los que sirven estos pastores metodistas son similares a los de Romero y han sido impactados por él. También, la claridad de su visión teológica y la transparencia de su vida ante el evangelio, lo hacen sonar muy evangélico. Para el momento en que los estudiantes se gradúan de este programa de estudio, habrán dedicado tiempo a leer de Romero y sobre su vida, y visitado lugares clave de su ministerio (incluyendo la catedral donde predicaba, la casa donde vivió y la Capilla del Hospitalito donde murió).

Oscar Romero estaba familiarizado con la plaza pública. Como Arzobispo, desempeñó el papel de un profeta que gesticulaba al reino venidero con grandes signos. La *Misa única* es quizá el más famoso de ellos. Tras el asesinato de su amigo el padre Rutilio Grande, los sacerdotes de la archidiócesis convocaron la concelebración de una misa única para toda la archidiócesis en la catedral de San Salvador. Tras deliberar, y por encima de las protestas de varios importantes funcionarios eclesiásticos, Romero accedió. Mediante la *Misa única*, Romero reunió a su rebaño en solidaridad y esperanza, señalando el día final en que sólo habría una congregación reunida en paz en torno a un altar común. En palabras de William Cavanaugh: "Romero pretendía que la única eucaristía fuera una anticipación del reino, del día en que ricos y pobres festejarían juntos, del día en que el cuerpo de Cristo no estaría herido por las divisiones"[21]. Los enemigos de Romero lo culparon de avivar las llamas del conflicto en El Salvador, pero Romero rechazó tales acusaciones. El signo apuntaba hacia el problema, pero no lo causaba.

Romero también desempeñó el papel de diplomático. Intentó utilizar el venerable lugar del arzobispo en la sociedad civil en beneficio de su sufrido pueblo. Quizá la más famosa de estas intervenciones fue la carta que escribió al presidente Carter el 17 de febrero de 1980[22]. En esta carta, Romero pide que se detengan los esfuerzos del gobierno estadounidense para armar y entrenar a las fuerzas armadas salvadoreñas. Romero detalla la forma en que las armas enviadas por Estados Unidos no se dirigían contra los rebeldes marxistas, sino contra el pueblo de El Salvador. Menciona el caso particular en el que máscaras antigás y chalecos antibalas valorados en 200.000 dólares fueron vendidos por seis estadounidenses a las fuerzas de seguridad salvadoreñas. Termina su carta de la misma manera en que la empezó, con un llamado a la sensibilidad cristiana y humanitaria del Presidente Carter[23].

Óscar Romero fue ante todo un pastor. No se entendía a sí mismo principalmente como teólogo ni como experto en asuntos políticos. En la sociedad salvadoreña, los obispos tenían un papel de oficio en la plaza

---

21.   William Cavanaugh, "Dying for the Eucharist or Being Killed by It? Romero's Challenge to First-World Christians," *Theology Today* 58.2 (2001): 185.

22.   Para las homilías de Óscar Romero, consulto *Homilías: Monseñor Óscar A. Romero*, Vols. I-VI, ed. Miguel Cavada Diez (San Salvador: UCA Editores, 2005-2009). Romero leyó esta carta a su iglesia en la homilía dominical del 17 de febrero de 1980, para informar a sus feligreses sobre esta acción y solicitar su opinión (*Homilías* VI, 293s). La frecuente interrupción de la lectura del texto por los aplausos de la congregación es buena prueba de que el pueblo lo aprobaba.

23.   El Secretario de Estado de Carter, Cyrus Vance, respondió a la carta el 1 de marzo de 1980. Vance expresa su aprecio por la forma en que Romero está tratando de conducir a su pueblo a través de la difícil situación social en la que se encuentra, pero cree que sin la ayuda militar estadounidense al gobierno, puede empezarse una guerra civil, que desestabilizará toda la región centroamericana. En resumen, Vance discrepa de la lectura que Romero hace de la situación, aunque está de acuerdo en los principios clave que guían la acción en Centroamérica. Por cierto, la respuesta de Carter a la noticia del asesinato de Romero da sobradas muestras del profundo respeto que sentía por el arzobispo mártir. Escribió: "Monseñor Romero habló en nombre de los pobres de El Salvador, cuyas voces habían sido ignoradas durante demasiado tiempo. Habló en favor del cambio y de la justicia social, que su nación necesita tan desesperadamente" (http://www.presidency.ucsb.edu/ws/index.php?pid=33182)». Sin embargo, la muestra de respeto no tuvo consecuencias políticas reales.

pública como sacerdotes del Estado y santificadores del statu quo. Romero no podía desempeñar este papel, pero tampoco podía abandonar la plaza pública; había demasiado en juego. En lugar de ello, trató de transformarla en un espacio de reconciliación y ampliarla para incluir voces a las que normalmente no se les permite contribuir a la conversación nacional. Como ejemplo de la manera en que Romero trató de reconstituir la plaza pública, considero su homilía del 16 de marzo de 1980, con su descriptivo aunque desgarbado título de "La reconciliación de los hombres en Cristo, proyecto de verdadera liberación"[24].

Como pastor católico romano, Romero era un predicador de leccionario, y los textos del cuarto domingo de Cuaresma de 1980 centraron su atención en el tema de la reconciliación. La palabra para ese día incluía la parábola del Hijo Pródigo, una de las historias de reconciliación más conocidas de la Biblia; el pasaje de 2 Corintios 5 en el que Pablo habla del mensaje de reconciliación en Cristo; y el relato menos conocido pero muy importante de Josué celebrando en Gilgal la entrada en la Tierra Prometida.

Siguiendo su práctica habitual, Romero comienza con una catequesis de la estación litúrgica. Compara la Cuaresma con una primavera eclesial; es un tiempo en el que la peregrinación espiritual de la Iglesia está marcada por el signo sacramental de la penitencia y la reconciliación. El recorrido culmina en la Vigilia Pascual, cuando la Iglesia bautiza a sus catecúmenos y renueva su propia configuración bautismal con la muerte y resurrección de Jesús. La palabra de reconciliación está litúrgicamente en su estación. La penitencia de la Cuaresma (penitencia y reconciliación son inseparables para Romero) prepara el camino para la renovación de la Pascua.

La palabra reconciliación es oportuna litúrgica e históricamente. En 1980, el pueblo salvadoreño se encuentra desesperadamente necesitado de reconciliación, como indica la polarización imperante en la nación. Al observar la lucha por el poder entre los líderes de la derecha y de la izquierda, Romero declara: "Cada uno cree tener la verdad y echarle la culpa de los males al otro... . Cada uno de nosotros está polarizado, se ha puesto en

---

24. *Homilías* VI, 391.

un polo de ideas intransigentes, incapaces de reconciliación"[25]. La polarización había llegado a ser tan fuerte que el domingo anterior alguien puso una bomba cerca del altar de la iglesia donde Romero predicaba. Afortunadamente, por un fallo en el temporizador no llegó a detonar. Al propio Romero se le acusa de ser un agente de polarización, pero él rechaza la acusación explicando que "la palabra de la Iglesia no maquilla los males que ya están presentes en el mundo, los ilumina". Con la luz de las Escrituras, Romero ilumina el camino de reconciliación que el pueblo de Dios y el pueblo de El Salvador necesitan recorrer. Lo que queda claro a la luz de las Escrituras es la necesidad de una reforma agraria.

Romero le dice a su congregación que "en este momento en que la tierra de El Salvador es objeto de conflictos, no olvidemos que la tierra está muy ligada a las bendiciones y a las promesas de Dios"[26]. En la lección del Antiguo Testamento del libro de Josué para ese domingo por la mañana, el viaje cuaresmal del pueblo de Israel ha terminado. Han entrado en la Tierra Prometida. La necesidad de maná ha terminado. El pueblo de Dios puede ahora trabajar con sus propias manos para recoger el fruto de la tierra, y lo primero que hace con esta cosecha es celebrar una Pascua en Guilgal.

El propósito de la tierra en la teología de Romero es pascual. Quienes entienden que los bienes de la tierra tienen una orientación eucarística los "usarán como en esta ceremonia de la pascua de Guilgal: cortarían las espigas y alabarían a Dios que les ha dado tierra y les ha dado fruto de la tierra; y compartirían con sus hermanos, en una verdadera fiesta de Pascua, la reconciliación de los hombres en torno de los frutos de la tierra; la reconciliación, en vez del pleito"[27]. El fin último de la reforma agraria, por tanto, es propagar la santidad bíblica por todo lugar. Si quieres cultivar santos, primero tienes que defender a los humanos. El ministerio apologético de Romero es una aplicación del principio tomista de que la gracia presupone la naturaleza. La Eucaristía presupone el pan y el vino; la nueva creación presupone la antigua. Pero la importancia de la tierra va más allá de sumi-

---

25. *Homilías* VI, 390.

26. *Homilías* VI, 393.

27. *Homilías* VI, 394-395.

nistrar materia para los sacramentos o proporcionar sujetos para la gracia. Al recibir y compartir los dones de abajo, como la tierra, los salvadoreños aprenden a recibir y compartir los dones de arriba. La reforma agraria no es sólo una medida de prudencia política, sino una necesidad teológica.

La segunda parte del sermón se dedica a la parábola del hijo pródigo. La visión de la reconciliación integral, presentada en la visión del Antiguo Testamento del pueblo ofreciendo a Dios un banquete pascual, cosechado del fruto de la tierra que ahora llaman hogar, se personaliza en lo que Romero llama la parábola de la reconciliación. Al proclamar este texto, el arzobispo espera guiar a su congregación en un análisis de su propia contribución a los problemas de El Salvador. Cada persona ha contribuido a la polarización del país al culpar al otro de los problemas que enfrenta la nación: "Necesitamos romper esos diques, necesitamos sentir que hay un Padre que nos ama a todos y a todos nos está esperando"[28]. El llamado a la reconciliación exige abandonar posturas de superioridad moral que nos ciegan ante nuestra propia culpabilidad, actuando como "los que se sienten puros y limpios, los que creen tener el derecho de señalar a los otros como causa de todas las injusticias y no son capaces de mirarse hacia adentro, que ellos también han puesto una parte en el desorden del país"[29].

El pensamiento final de Romero de esta homilía dominical es que el ministerio de la reconciliación es el servicio más importante de la Iglesia en el mundo. Una hermosa articulación de este ministerio se encuentra en 2 Corintios 5, la epístola leída ese día. La narración de la vida de la Iglesia y la lectura de los acontecimientos de la semana se sitúan en este tercer movimiento del sermón, y suponen dos tercios de la homilía. Esta sección de las homilías de Romero sirve a la vez de anuncio parroquial, de reportaje de investigación y de lectura de los signos de los tiempos. Estos comentarios suelen situarse al final del sermón para resaltar que tales realidades pueden entenderse a la luz de las lecturas dominicales. Sin embargo, en esta ocasión, Romero integra en el tercer punto de la homilía una especie de ejercicio de eclesiología narrativa y de misiología de la reconciliación. La Iglesia de El Salvador ha vivido el ministerio de la reconciliación, con

---

28. *Homilías* VI, 399.

29. *Homilías* VI, 399.

muchas señales que sirven de prueba: el premio de la paz que Romero recibió de la Iglesia de Suecia, el avance de las reparaciones de la emisora de radio arquidiocesana YSAX luego de que fuera destruida por una bomba, el allanamiento policial de una casa parroquial bajo la acusación inventada de que los sacerdotes que vivían allí apoyaban a terroristas, el intento fallido de hacer estallar la iglesia donde Romero estaba celebrando misa el domingo anterior. Todos estos acontecimientos y otros más señalan el precio que la Iglesia está pagando por estar al servicio de la reconciliación: este es el evangelio de la reconciliación. Esta es la palabra que la Iglesia lleva a la oligarquía, al gobierno, a los activistas sociales e incluso a la guerrilla: reconcíliense.

Escuchando la palabra de Romero con oídos wesleyanos

¿Qué deberíamos escuchar los metodistas, históricamente preocupados por encontrar nuestra voz en la plaza pública, en la predicación y el ministerio de Romero? ¿Qué podemos aprender de la proclamación de Romero de la palabra de reconciliación que nos ayude a orientar nuestro servicio como embajadores de Cristo?

En primer lugar, la palabra de reconciliación brota del encuentro con Cristo. El activista cristiano, como cualquier cristiano, debe seguir las palabras de Wesley: "Cree primeramente. Cree en el Señor Jesucristo, la propiciación por tus pecados. Echa primero este buen cimiento, y entonces podrás hacer todas las cosas bien"[30]. La centralidad de Cristo es la razón por la que Romero rechaza enérgicamente cualquier politización del culto cristiano. Sabe que muchos acuden a sus misas con curiosidad por saber qué dirá el arzobispo sobre las últimas muertes o sobre los ineptos intentos del Gobierno de introducir la reforma bancaria. Insiste en que estas palabras son necesarias, pero no constituyen el acto principal del discurso. Las realidades nacionales y eclesiales de las que habla en la homilía no son el núcleo de su proclamación; el núcleo es Cristo. La misa no es un partido político en oración; es una reunión del pueblo de Dios

---

30.　Juan Wesley, Sermón 6, "La justicia que es por fe," III.1, *Obras* I:130.

que camina con el Dios del pueblo, el Dios que levanta su tienda en los márgenes de la sociedad. Cuantos más cadáveres se amontonan en las cunetas de las carreteras, menos personas están dispuestas a hablar en la estación de policía. Arrastran a un vecino bajo acusaciones falsas y luego nadie se atreve a testificar su inocencia. Pero por la fe, el Salvador desechado puede verse en los cuerpos desechados de los salvadoreños, y este reconocimiento tiene el poder de mover a los cristianos a decir la verdad al poder con poder.

En segundo lugar, la palabra de reconciliación confiere necesidad teológica a algunas reformas sociales. La Biblia enseña a Romero que la falta de tierra es la paga del pecado. La verdad de esta afirmación se fundamenta en la historia de Israel y se experimenta también en la historia de El Salvador. En El Salvador, la desigual distribución de la tierra no es casual. La avaricia de algunos ha llevado a la miseria de muchos. La mercantilización de la tierra —su absolutización como propiedad privada— la prostituye; los bienes de la tierra no los disfrutan quienes están unidos a ella por el recuerdo de su historia y la esperanza en su futuro, sino quienes pueden ofrecer la mejor oferta. Para Romero, la expansión desenfrenada de las propiedades, sin consideración por quienes ahora se quedan sin tierra, es una forma de lo que Wesley llama ateísmo práctico. La gente actúa como si no existiera Dios. Romero exclama: "Ah, si se tuviera en cuenta que a las fincas, las haciendas, los ganados, las cosas, Dios les está dando el ser, no se usarán como instrumentos de explotación"[31]. El objetivo de la reforma agraria no es simplemente la redistribución de la tierra, sino la creación de las condiciones para una nueva visión que vea las huellas de la Trinidad en la tierra y la *imago Dei* en lo humano. En otras palabras, Romero predica la reforma agraria en aras de la santidad. Juan Wesley compartía inquietudes similares. Los cristianos se preocupan por el uso justo de la tierra porque son designados por Dios como mayordomos de su creación[32]. En el cumplimiento de esta vocación, los metodistas debían prestar especial atención a las necesidades de los más vulnerables La defensa metodista de la abs-

---

31. *Homilías* VI, 394.

32. Juan Wesley, Sermon 60, "The General Deliverance," I.3, *Works* 2:440. Wesley habla de los seres humanos como sacerdotes en relación con la creación. A través de la mayordomía humana, muchas de las bendiciones de Dios se transmiten al resto de la creación.

tinencia de bebidas espirituosas y la sencillez en el vestir no eran simples prácticas mojigatas, sino un llamado para que los dones de la tierra fueran compartidos por todos y no mercantilizados para unos pocos[33].

En tercer lugar, la palabra de reconciliación juzga todas las reformas sociales. La Iglesia no es el único actor en el escenario nacional, ni pretende serlo. Romero no se cansa de insistir en que no es un político y que la Iglesia no quiere acaparar el poder. Cree que es importante que la Iglesia no suplante la labor de las organizaciones de base y los organismos gubernamentales en su trabajo por la justicia y la paz. Estos organismos sociales tienen su propio papel que desempeñar en la reforma de la nación. Pueden tener conocimientos de los que carece la Iglesia o desempeñar funciones políticas concretas que la Iglesia no puede asumir. La iglesia no ofrece al país un plan para la reforma social; ofrece la luz del evangelio, que tiene el poder de iluminar realidades que a menudo pasan desapercibidas para quienes ostentan la autoridad, junto con principios rectores o criterios para evaluar la justicia de las reformas. La iglesia puede colaborar con estos grupos cuando su labor está en consonancia con la misión de la iglesia de propagar la santidad bíblica por todo lugar. Lo que la Iglesia no puede hacer es dar un cheque en blanco a ninguna organización social o política. Romero afirma: "Mantenemos una autonomía de Iglesia para reivindicar lo justo de todas las organizaciones y denunciar, también, las violencias injustas, las injusticias e inmadureces de aquellos que se organizan y que pueden hacer de su organización una idolatría y un abuso de poder"[34]. La luz del Evangelio pone de relieve el fin de la existencia humana: participar del bien que es Dios y desde este fin evalúa la trayectoria trazada por los diversos planes nacionales de reconciliación.

---

33. En un tratado, Wesley atribuye los altos costos de los alimentos básicos a la forma en que se utiliza la tierra para satisfacer las necesidades de los ricos. La demanda de caballos para tirar de carrozas y correr carreras se cuadriplicó en su época. En consecuencia, se reservaba más tierra para la cría y alimentación de caballos que para la de personas. En relación con este mal, Wesley señala la monopolización de las granjas: "La tierra que algunos años atrás estaba dividida entre diez o veinte pequeños granjeros y que les posibilitaba proveer con comodidad para sus familias, ahora es acaparada por un importante y único granjero" ("Reflexiones sobre la presente escasez de comestibles", I.6, *Obras* VII:92). Es cierto que Wesley no propone un plan para la redistribución de la tierra, pero su llamado a restringir el lujo y limitar el tamaño de las propiedades apunta en esta dirección.

34. *Homilías* VI, 396.

En cuarto lugar, la palabra de reconciliación invita a todos los reformadores a la introspección. La hora de la reconciliación es la hora de oración en la que todos los salvadoreños deben unirse para orar: "Perdona nuestros pecados, como también nosotros perdonamos a los que nos ofenden". La parábola de la reconciliación fue contada a los escribas y fariseos, pero Romero invita a sus feligreses a leerse a sí mismos en la parábola y, por lo tanto, a examinarse a sí mismos. Cada persona también ha contribuido a la polarización al verse a sí misma como la única solución al dilema nacional. Las preocupaciones que plantea Romero son compartidas por Cathleen Kaveny en su libro *Prophecy without Contempt: Religious Discourse in the Public Square* (Profecía sin desacato: el discurso religioso en la plaza pública). Escribe: "El mayor peligro para el carácter moral asociado con la práctica de la acusación profética es la arrogancia. Es muy fácil para quienes la practican asumir no solo que tienen una relación correcta con Dios, sino también que conocen plenamente sus propósitos y obras"[35]. Hay tiempo para la deliberación pública y tiempo para el discurso profético, pero nunca para la humillación pública. Uno de los puntos de contacto entre Wesley y Romero es su profundo amor por la nación y, en particular, por la iglesia. La reforma está motivada por el amor, el patriotismo hacia la patria y el amor filial hacia la iglesia. Sin embargo, Romero advierte contra una valoración excesivamente alta del patriotismo o del deber filial. Dice:

> Que no llegue a ser tan profundo el modo como tú quieres a tu país, distinto del otro que lo quiere de otra manera, que te sientas que tú eres el único dueño de las soluciones y como si fueras el único dueño del país. Todos tienen derecho a opinar, respetemos.[36]

En quinto lugar, la palabra de reconciliación tiene el poder de crear su propia plaza pública. La visión habitual de la relación entre la Iglesia y la plaza pública es que la primera necesita despojarse de sus atavíos eclesiales para tener voz en la segunda. Como explican Kevin Vanhoozer y Owen Strachan, "La teología pública es, por tanto, una teología que

---

35. Cathleen Kaveny, *Prophecy without Contempt: Religious Discourse in the Public Square* (Cambridge, MA: Harvard University Press, 2016), 9.

36. *Homilías* VI, 402.

aborda preocupaciones comunes en un foro abierto, donde ningún credo o confesión en particular ocupa un lugar de honor"[37]. El tratado "Reflexiones sobre la esclavitud" de Juan Wesley se convierte en la prueba principal para presentar a Wesley como teólogo público. De hecho, David Field ha presentado este caso con fuerza y claridad. Un argumento similar podría aplicarse a las credenciales de teólogo público de Óscar Romero, basándose en su carta al presidente Carter. Estos enfoques en el ámbito público tienen su valor, pero no pueden absolutizarse. Hay otras maneras de dar testimonio al mundo del evangelio de la reconciliación con Dios en Cristo. La iglesia misma es una plaza pública, o en palabras de Vanhoozer y Strachan, "una torre pública... la verdad pública de Jesucristo, y no solo la verdad, sino también la bondad y la belleza públicas del plan redentor de Dios"[38]. La predicación al aire libre de Wesley y la Misa única de Romero no entraron en la plaza pública, mendigando, pidiendo ser escuchados; trabajaron infatigablemente para reformar la nación, porque la palabra de reconciliación que proclamaban creaba un nuevo público de entre la multitud, una nueva nación, el pueblo de Dios.

La iglesia como plaza pública

Con estas reflexiones sobre la palabra de reconciliación en mente, volvamos a nuestra historia original y consideremos nuevamente el bautismo que presenciaron aquellos dos hombres.

Primero, habrían visto a personas como ellos renunciando a sus pecados y confesando su fe. No les habrían pedido un certificado de nacimiento estadounidense, una tarjeta de residencia permanente ni una visa. No habrían escuchado preguntas sobre cuándo ni cómo llegaron a Estados Unidos. En cambio, habrían escuchado preguntas como: "¿Renuncias a las fuerzas espirituales de maldad, rechazas los poderes malignos de este mundo y te arrepientes del pecado?". Ahora bien, el pecado, según Wesley, es una transgresión voluntaria de una ley divina conocida. Por lo tanto,

---

37.   Kevin J. Vanhoozer and Owen Strachan, *The Pastor as Public Theologian: Reclaiming a Lost Vision* (Grand Rapids, MI: Baker Academic, 2015), 17.

38.   Vanhoozer and Strachan, *The Pastor as Public Theologian*, 21.

estos hombres pudieron haber reflexionado sobre cómo habían ofendido a otros. Independientemente de si ser indocumentado es en sí mismo un pecado, estos hombres podrían haber examinado las consecuencias morales de su entrada no autorizada. No es que sean malos hombres, pero ser indocumentado puede predisponer a cometer ciertos actos pecaminosos, como mentir sobre el estatus migratorio, el robo de identidad, el fraude en la atención médica, etc. Además, ser indocumentado puede aumentar la probabilidad de adulterio y divorcio, ya que las fronteras separan a los cónyuges y dividen a las familias. Cualquier pecado que hayan meditado en su corazón y confesado con sus labios, su confesión habría sido a Dios, no al Servicio de Inmigración y Control de Aduanas, (ICE, por sus siglas en inglés). El movimiento principal y fundamental en la conversión es pasar de la oscuridad a la luz, de la confesión del pecado a la confesión de fe en Cristo, no un viaje a Washington ni un regreso a México.

En segundo lugar, nuestros dos hombres habrían visto el agua derramada y oído la invocación del nombre del Dios trino. El mismo elemento que se usaba para excluir a algunos de un país, porque un río separaba una porción de tierra de otra, ahora se usaba para unir a diferentes personas. El rito del agua y del Espíritu condiciona el alcance del derecho de suelo (*Ius soli*); los bautizados son parientes y llevan el mismo apellido: cristiano. El perdón de los pecados y la adopción de las personas como hijos de nuestro Padre celestial tienen implicaciones sociales: ya no son "extranjeros ni forasteros"; son "conciudadanos de los santos y miembros de la familia de Dios" (Ef. 2:19). La invocación del nombre de la Santísima Trinidad crea una plaza pública, una nueva república.

En tercer lugar, nuestros dos hombres habrían visto a las personas vestidas de blanco siendo recibidas en la congregación. Esta es la conclusión del acto bautismal. La congregación local se compromete a "rodear a estas personas de una comunidad de amor y perdón". Podría argumentarse que estas promesas son en gran medida simbólicas, pero los símbolos tienen una realidad subyacente en la que se fundamentan. Por lo tanto, a menos que nuestros votos congregacionales sean meras vibraciones del aire sin significado, deben tener algún significado. Como mínimo, la congregación no debería iniciar por sí misma un proceso de deportación. Sin embargo, un enfoque tan minimalista no descarta interpretaciones más ricas de estas promesas (defensa política, empleo, santuario); interpretaciones que toman en serio el elogio de Pablo en Gálatas 6:10: "hagamos el bien a todos, y en especial a los de la familia de la fe". Además, es significativo que la recepción del bautizado en la congregación sea la ocasión para que esta renueve sus votos de membresía. Al acoger al forastero como hermano o hermana, la iglesia revitaliza su propia identidad como embajadora de Cristo, a quien se le ha confiado el ministerio de la reconciliación.

Tal vez esos dos hombres, esos inmigrantes indocumentados, vieron más claramente que la mayoría de nosotros lo que la iglesia es y está llamada a ser: una *paroikia*, una comunidad de extranjeros que no tienen un hogar permanente aquí en la tierra porque, como dice Pablo, "nuestra ciudadanía está en los cielos" (Fil. 3:20).

Conclusión

Redescubriendo el corazón del metodismo

En 2021, Duke Divinity School lanzó una serie de cursos llamada Redescubriendo el corazón del metodismo[1]. El curso surgió de conversaciones con líderes denominacionales metodistas unidos y se inspiró en la convicción de que en el corazón del metodismo se encontraba un emprendimiento social cristiano que fue sorprendentemente eficaz en el siglo XVIII y podría volver a serlo en el siglo XXI.

El anhelo de redescubrir el corazón del metodismo afirma que el metodismo tiene corazón. Su núcleo esencial y su visión coherente lo distinguen de otras comunidades y movimientos cristianos. Como se aborda en la introducción de este libro, Wesley presentó el corazón del metodismo usando la metáfora de una casa[2]. La casa se centra en la formación de un pueblo santo; su diseño se deriva de las doctrinas clave que predicaban los metodistas: el pórtico del arrepentimiento, la puerta de la justificación y el interior de la santificación. Estas doctrinas se fundamentan en la fe apostólica y se materializan en prácticas de piedad y misericordia. El pueblo

---

1. Véase https://divinity.duke.edu/events/rediscovering-heart-methodism-nurturing-entrepreneurial-mindsets.

2. Consulte la introducción de este libro, para tener un análisis detallado de la Casa Metodista.

llamado metodista posee un corazón doctrinal, litúrgico y misional, un corazón que latió con fuerza desde el redescubrimiento del cristianismo bíblico en la época de Wesley, un corazón que se ha debilitado entre muchos de sus herederos.

El redescubrimiento del corazón del metodismo comienza con el reconocimiento y el arrepentimiento por lo perdido. El corazón del metodismo está atribulado y en ningún otro lugar es más evidente esta tristeza que entre los metodistas angloparlantes del hemisferio norte. Las estadísticas sobre membresía y asistencia promedio al culto revelan una historia de decadencia. Las noticias de luchas internas y divisiones pintan un retrato desalentador de un pueblo que ha perdido el rumbo[3].

En este libro, he explorado la manera en que el testimonio del pueblo llamado *metodista* promueve la renovación del metodismo y, de hecho, del cristianismo. La renovación y la reforma no son simplemente marcas de fracaso, sino marcas de un cuerpo eclesial vivo. El teólogo dominico Yves Congar tiene razón: "La Iglesia se reforma constantemente; solo así puede vivir realmente, y la intensidad de su esfuerzo por reformarse mide en todo momento la salud de su tono muscular (*tonus vital*)"[4]. He argumentado que el tono muscular del metodismo se vuelve más saludable a medida que se mueve hacia y desde los márgenes, lo que, a su vez, fortalece su contribución a la reforma de todo el cuerpo de Cristo.

En este ensayo final, me baso en el trabajo de los capítulos anteriores para hacer un llamado a redescubrir el corazón del metodismo. Este redescubrimiento no busca restaurar el metodismo a sus días de gloria, sino una renovación misional. La comisión fundadora del metodismo sigue vigente: "¿Cuál podemos creer razonablemente que fue el designio de Dios al levantar los predicadores llamados 'metodistas'? Reformar la nación, y

---

3.   Véase Pew Research Center, "About Three-in-Ten U.S. Adults Are Now Religiously Unaffiliated" (Dec. 14, 2021), https://www.pewforum.org/2021/12/14/about-three-in-ten-u-s-adults-are-now-religiously-unaffiliated/?; Lovett H. Weems, Jr., "The Coming Death Tsunami," *Ministry Matters* (Oct. 5, 2011), https://www.ministrymatters.com/all/entry/1868/the-coming-death-tsunami; Weems, *Focus: The Real Challenges that Face the United Methodist Church* (Nashville, TN: Abingdon, 2012).

4.   Yves Congar, *True and False Reform in the Church* (Collegeville, MN: Liturgical, 2011), 21.

en particular la Iglesia, para propagar la santidad bíblica por todo lugar"[5]. El metodismo no existe para sí mismo. Surgió para renovar la doctrina, el culto y la misión de la iglesia, proclamando la santidad cristiana en todo lugar, comenzando desde las periferias. Una manera de redescubrir el corazón del metodismo es aprender a leer a Wesley en español. En este capítulo, aplico la práctica de leer en español a los tres auges del metodismo en Oxford, Savannah y Aldersgate, antes de dirigirme al sur, hacia el futuro, y soñar en español con el mañana.

Leyendo a Wesley en español

En un ensayo titulado "¿Se puede leer a Wesley en español?", Justo González relata el trayecto de Wesley con místicos como Miguel de Molinos y Gregorio López, a quienes Wesley leyó en su idioma original[6]. Para González, leer a Wesley en español significa prestar atención a las raíces españolas, e incluso latinoamericanas, de su visión teológica. También significa leer a Wesley con ojos y oídos formados en contextos sociales y eclesiales hispanos y latinoamericanos.

Si se me permite ser autobiográfico por un momento, cuando leí por primera vez a Wesley en inglés siendo seminarista, no me atrajo lo que vi. El idioma y el contexto cultural del siglo XVIII me parecían muy ajenos a mi experiencia. Dos factores transformaron mi receptividad hacia Wesley. Primero, inmediatamente después de graduarme de la escuela de teología, me asignaron la tarea de fundar una nueva iglesia entre la población hispana de Durham, Carolina del Norte. Segundo, al fundar esta iglesia, me pidieron que fuera el indexador oficial de una traducción de catorce volúmenes de las obras de Juan Wesley al español. La combinación de leer a Wesley en un contexto misionero y en mi lengua materna me abrió los ojos a la riqueza de la tradición wesleyana, proporcionándole una nueva perspectiva. La traducción acercó el idioma a mi lengua vernácula. El con-

---

5. Juan Wesley, "The 'Large' Minutes, A and B (1753, 1763)," Q.4, *Works* 10:845.

6. Justo L. González, "Can Wesley Be Read in Spanish?" *Rethinking Wesley's Theology for Contemporary Methodism*, ed. Randy L. Maddox (Nashville, TN: Abingdon, 1998), 161-68.

texto ministerial resaltó la vitalidad continua de las historias, sermones y prácticas de los primeros metodistas.

Leer en español no se trata principalmente de leer los textos de Wesley en la lengua de Cervantes; se trata más bien de permitir que la imaginación cristiana se traduzca mediante la inmersión en un contexto misional donde el evangelio hace una diferencia de vida o muerte. El propio Wesley se encontró con esos contextos misionales e identificó tres de ellos como los lugares donde surgió el metodismo: Oxford, Savannah y Aldersgate, que dieron origen y revivieron la visión teológica del pueblo llamado metodista. A continuación, leo Oxford, Savannah y Aldersgate en español para redescubrir el corazón del metodismo con el pueblo llamado *metodista* y para abrir nuestra imaginación a soñar con un futuro que vaya hacia el sur.

Leyendo a Oxford en español

Hoy consideramos a Oxford una universidad de clase mundial; en el siglo XVIII, fue principalmente un seminario de la Iglesia de Inglaterra. El plan de estudios incluía conferencias sobre el Nuevo Testamento, instrucción en teología y asistencia obligatoria a la capilla. Como explica Henry Rack, Oxford era "el administrador de la ortodoxia en la Iglesia: formaba al clero y defendía intelectualmente a la Iglesia contra las opiniones religiosas y políticas subversivas de los católicos romanos y los disidentes"[7]. Este papel como defensor de la fe vino acompañado de una reputación de moral relajada y latitudinarismo teológico. Oxford era un lugar donde los Artículos de Religión de la Iglesia de Inglaterra eran "firmados más que leídos, y leídos más que creídos"[8]. En este lugar de contradicciones, Juan Wesley redescubrió el cristianismo primitivo.

---

7. Henry D. Rack, *Reasonable Enthusiast: John Wesley and the Rise of Methodism* (London: Epworth, 2002), 62.

8. Rack, *Reasonable Enthusiast*, 62. Rack cita palabras de Edward Gibbon que presentan una visión sombría y sin duda exagerada de la cultura de Oxford: "Los socios [*fellows*] o monjes de mi época eran hombres decentes y tranquilos que disfrutaban con apatía de los dones del fundador; sus días se llenaban con una serie de ocupaciones uniformes: la capilla, el salón, la cafetería y la sala común, hasta que se retiraban, cansados y satisfechos, a un largo sueño. De las tareas de leer, pensar o escribir, habían absuelto sus conciencias" (61).

Juan Wesley fue estudiante en el Christ Church College de Oxford de 1721 a 1724. Mientras estuvo en Oxford, "la providencia de Dios" lo llevó a buscar la santidad en todos los aspectos de su vida[9]. Pronto siguieron las ordenaciones como diácono, sacerdote y coadjutor en Epworth y Wroot. En 1729, Carlos Wesley fundó una pequeña reunión de estudiantes en Oxford. Cuando Juan regresó a Oxford ese año para retomar sus funciones como socio [*fellow*] del Lincoln College, se convirtió en el líder de este grupo. El grupo era joven, con una edad promedio de 17 años, y estaba compuesto principalmente por estudiantes y algunos tutores. Estaban influenciados por los escritos de los no juradores que enfatizaban la estricta adhesión a los modelos primitivos de vida cristiana. Combinaron el estudio (lectura de las Escrituras y de los Padres de la Iglesia en los idiomas originales) con obras de piedad (diario, oraciones, ayunos quincenales, eucaristías frecuentes) y obras de misericordia (visitas a los pobres y a los encarcelados). Como era de esperar, la naturaleza inusual de estas prácticas atrajo la atención y los epítetos. Se les llamó polillas de la Biblia, sacramentalistas, el Club Santo y metodistas.

Hacer una lectura del ascenso del metodismo en Oxford en español exige cultivar nuevos hábitos de ver, de leer con ojos hispanos. Esto significa, como explica González, adoptar "la perspectiva de quienes reivindican su identidad hispana como parte de su bagaje hermenéutico, y que también leen las Escrituras en el contexto de un compromiso con la lucha latina por llegar a ser todo lo que Dios quiere que seamos nosotros y el mundo entero; en otras palabras, la lucha por la salvación/liberación"[10]. Cuando se habla de un enfoque wesleyano a la educación, los metodistas a menudo citan el verso de Carlos Wesley: "Unid el par por tanto tiempo desunido, el conocimiento y la piedad vital"[11]. Leer a Oxford en español exige ampliar el par a un trío: conocimiento, piedad y pobreza.

---

9.   Juan Wesley, May 24, 1738, *Journal and Diaries I, Works* 18:243-44. En español, véase: Juan Wesley, MIÉRCOLES 24 [de mayo, 1738], *Diarios, Tomo I, Obras* XI:56-65.

10.   Justo L. González, *Santa Biblia: The Bible through Hispanic Eyes* (Nashville, TN: Abingdon, 1996), 28f.

11.   Charles Wesley, Hymn 461, *A Collection of Hymns for the Use of the People Called Methodists, 1780, Works* 7:644.

Leer a Oxford en español requiere reformar la idea cristiana de la universidad. Reflexionando sobre el testimonio hasta la muerte de Ignacio Ellacuría, rector de la Universidad Centroamericana en San Salvador, J. Matthew Ashley ofrece un relato de la universidad que puede ayudarnos a leer Oxford con el pueblo llamado *metodista*[12]. En esta lectura, la universidad, como lugar dedicado a la búsqueda del conocimiento, tiene a Dios en su centro, un Dios cuya sabiduría es siempre mayor (*semper major*), siempre nueva (*semper novus*) e inagotable[13]. Los hábitos de pensamiento crítico que se cultivan en la universidad tienen como fundamento y meta encontrar a Dios en todas las cosas, rechazando todo sustituto. Ver con ojos hispanos también significa ver desde una perspectiva trinitaria, definida "por la inmensa compasión con la que las personas divinas ven y responden a este mundo"[14]. Por implicación, el compromiso de una universidad con el mundo que la rodea, en particular con sus lugares de sufrimiento, "no es una distracción ni siquiera un añadido a su función propia, sino parte integral de su misión académico-intelectual"[15]. Así, la universidad tiene una misión samaritana. Su investigación se orienta hacia los cimientos de la sociedad, donde la violencia y la indiferencia dan por muertos a los seres humanos[16].

Redescubrir el corazón del metodismo requiere reclamar una visión de la educación en general y de la educación teológica en particular, que aborde la experiencia de los márgenes de la sociedad. En Oxford, el metodismo surgió como una escuela para contemplativos en acción, personas

---

12.   J. Matthew Ashley, "The University as an Instrument of Consolation in the Modern World," *The Way* 49.2 (2010): 21-36.

13.   Ashley, "The University as an Instrument," 23.

14.   Ashley, "The University as an Instrument," 29.

15.   Ashley, "The University as an Instrument," 29.

16.   Ashley amplía este punto con precisión: «Si nuestras universidades no son instrumentos de consuelo, independientemente de las otras tareas dignas que desempeñen, no serán lugares donde Dios se haga presente a quienes actúan (al menos a quienes contribuyen a la universidad). Si pueden, aunque sea en pequeña medida, dar a otros—sobre todo a los pobres—motivo de consuelo, de esperanza y de actuar con la convicción de que el pecado y la muerte no tienen la última palabra en la historia, entonces se convierten en instrumentos de consuelo, lo que significa que se convierten en lugares donde se experimenta a Dios». Ashley, "The University as an Instrument of Consolation in the Modern World", 36.

que eran instrumentos de consuelo en el mundo porque encontraban al Dios de todo consuelo en todos los lugares y circunstancias. Al leer a Oxford en español, recordamos que las universidades han sido históricamente lugares de renovación y pueden volver a desempeñar este papel. Al participar en ministerios de consuelo, la universidad cultiva nuevas maneras de ver la belleza y las heridas del mundo, lo que conduce a obras de compasión y misericordia. Esta formación ocurre en bibliotecas y laboratorios, salas de conferencias y comedores—en lo cotidiano—la existencia diaria y ordinaria de la comunidad universitaria, particularmente cuando esta comunidad participa en lugares de exclusión dentro y fuera del campus.

Leyendo a Savannah en español

El 6 de febrero de 1736, Juan Wesley desembarcó en Georgia lleno de sueños y esperanzas. En una carta a su amigo John Burton, explica sus motivos para dejar Inglaterra y cruzar el Atlántico: "El motivo principal, bajo el cual todo lo demás está subordinado, es la esperanza de salvar mi propia alma. Espero aprender el verdadero sentido del evangelio de Cristo predicándolo a los paganos"[17]. Su sueño era salvar su alma y restablecer el cristianismo primitivo en un mundo nuevo. Por ello, publicó una *Colección de Salmos e Himnos*, el primer himnario publicado en lo que luego sería Estados Unidos. Wesley ministró a los indígenas; aprendió español para leer la vida de Gregorio López y facilitar la comunicación con los indígenas que habían aprendido español en contactos previos con los conquistadores. Menos de dos años después de llegar a Georgia, Wesley se partió abatido por su falta de fe genuina: "Fui a América para convertir a los indígenas; pero ay, ¿quién me convertirá a mí?"[18]. La tristeza de Wesley por no encontrar a Cristo en el desierto se agravó por su frustrado romance con Sophy Hopkey y sus problemas con el magistrado local. Lle-

---

17. Juan Wesley, Letter to Revd. John Burton (Oct. 10, 1735), *Letters I, Works* 25:439. En español, véase: Juan Wesley, Al Revd. John Burton, (10 de octubre, 1735), *Cartas, Tomo I, Obras* XIII:74.

18. Juan Wesley, January 24, 1738, *Journals and Diaries I, Works* 18:211. En español, véase: Juan Wesley, MARTES 24 [de enero, 1738], *Diarios, Tomo I, Obras* XI:35.

gaba de día como predicador del evangelio y salía de noche como fugitivo de la ley. La estancia de Juan Wesley en Savannah estuvo marcada por el fracaso misional.

Cinco años antes de su muerte, en sus "Reflexiones sobre el metodismo", Wesley dijo: "No tengo temor de que el pueblo llamado metodista deje de existir alguna vez en Europa o en Norteamérica. Mi temor es que lleguen a permanecer como una secta muerta, como una forma de religión sin poder"[19]. En su sermón de 1789, "El porqué de la ineficacia del cristianismo", se pregunta: "¡Qué misterio! ¿Cómo explicar que el cristianismo no haya traído el bien al mundo?"[20] Al observar cómo en muchas de las ciudades donde predicó Juan Wesley los edificios de las iglesias ahora sirven como tiendas y clubes nocturnos, el misiólogo Andrew Walls afirma: "Es como si hubiera cierta fragilidad inherente, cierta vulnerabilidad incorporada, en el cristianismo"[21].

Leer Savannah en español abre nuestra imaginación a la reinterpretación de nuestra historia de una manera nueva. Justo González describe la historia hispana y latinoamericana como "no inocente"[22]. El fracaso no debería escandalizar a los cristianos. El cristianismo nació de un fracaso. Los seguidores de Jesús esperaban que él redimiera a Israel (Lucas 24:21). Luego, Jesús fue crucificado. La resurrección reivindicó las esperanzas del pueblo de Dios. Aun así, la cruz no se descarta como un evento trágico y desafortunado que ya pasó. Pablo es claro al respecto: "Proclamamos a Cristo crucificado" (1 Corintios 1:23). Se puede encontrar sabiduría en las historias de fracaso. El misterio de la iniquidad es poderoso y patente a través de los pecados y las debilidades, incluso entre los santos de Dios. Es

---

19. Juan Wesley, "Thoughts upon Methodism," ¶1, *Works* 9:527. En español, véase: Juan Wesley, "Pensamientos sobre el metodismo", ¶1, *Obras* V:379.

20. John Wesley, Sermon 122, "Causes of the Inefficacy of Christianity," §3, *Works* 4:87. En español, véase: Juan Wesley, Sermón 122, "El porqué de la ineficacia del cristianismo", §3, *Obras* IV:294.

21. Andrew Walls, *The Cross-Cultural Process in Christian History* (Maryknoll, NY: Orbis, 2002), 29. Walls contrasta esta fragilidad con la tenacidad de la expansión del Islam, que rara vez ha experimentado los reveses territoriales y demográficos comunes en la historia de la iglesia.

22. Justo L. González, *Mañana: Christian Theology from a Hispanic Perspective* (Nashville, TN: Abingdon, 1990), 38-41, 40.

la sabiduría cuaresmal la que nos lleva a arrepentirnos de nuestros pecados y a aprender de nuestros errores. Es la sabiduría cuaresmal de saber que somos polvo y que cualquier cosa que construyamos también es polvo y que Dios tiene el poder de redimir el polvo. Si queremos redescubrir el corazón del metodismo, necesitamos una teología del fracaso que purifique nuestra teología de la esperanza.

Leer Savannah en español nos ayuda a interpretar la debilidad congénita y el fracaso que aflige el corazón del metodismo. Wesley ofrece una manera de comprender el fracaso y la fragilidad arraigada en la conexión entre el camino de salvación y una teología de la historia. Visto teológicamente, la historia traza el progreso de los pueblos peregrinos de Dios hacia la nueva creación. Es un camino de gracia sobre la gracia (gracia preveniente, gracia convincente, gracia justificadora, gracia santificadora, gracia glorificadora), mediado por los medios de gracia (instituidos y prudenciales). Es un camino donde el retroceso es una posibilidad persistente y un hecho histórico. El metodismo abunda en relatos de recaídas personales y corporativas. Aunque hagamos todo lo posible por evitar el mal, hacer el bien y cumplir todas las ordenanzas de la gracia, podemos equivocarnos. De hecho, incluso cuando lo hacemos bien, nuestros logros siguen siendo corruptibles y susceptibles a la decadencia. Tomemos, por ejemplo, el metodismo del siglo XIX. Podría decirse que el siglo XIX fue el siglo metodista. Alfred Hough compuso un himno que expresa el espíritu misionero del metodismo, y la primera estrofa dice:

The infidels, a motley band, Los infieles, horda variada,
in council met, and said: Se reunieron en consejo, y dijeron:
'The churches die all through the land, 'Las iglesias mueren por todo lugar,
The last will soon be dead.' La última pronto lo estará'.
When suddenly a message came, Cuando de pronto un mensaje llegó,
it filled them with dismay: Llenándoles de consternación:
'All hail the power of Jesus' name! '¡Salve el poder del nombre de Jesús!
We're building two a day.'[23]Estamos construyendo dos al día'.

---

23.   Alfred J. Hough, "We're Building Two a Day!" in *One Hundred Choice Selections, Number 25: A Repository of Readings, Recitations, and Plays Comprising Eloquence and Sentiment; Pathos and Humor; Dialect and Impersonations, Etc.*, ed. Phineas Garrett (Philadelphia: Penn., 1906), 143.

"Dos al día" o "tres al día" era el estribillo metodista. Al mismo tiempo, esta edad de oro del metodismo fue también la época del genocidio y la esclavitud. Hay buenas razones teológicas para la confianza metodista, como nuestra creencia en la gracia gratuita y nuestra convicción de que Dios tiene un propósito especial para el pueblo metodista. También hay buenas razones teológicas para la humildad metodista. Al rechazar las teologías de "salvo, siempre salvo", Wesley también rechaza "fuerte, siempre fuerte" y "correcto, siempre correcto". El fracaso está en el centro de la historia del metodismo, al igual que está en el centro de la historia más amplia del cristianismo.

Leer Savannah en español le ayuda a los *metodistas* y a los metodistas en general, a acercarse a la historia del metodismo—incluso a sus capítulos más desafiantes—con honestidad y valentía. El fracaso puede ser una escuela en la que aprendemos a ver de nuevo y a ver de otra manera. El historiador Reinhart Koselleck lo dice muy bien: "Si la historia la hacen a corto plazo los vencedores, las ganancias históricas en conocimiento proceden a largo plazo por parte de los vencidos"[24]. En retrospectiva, Wesley aprendió a ver su estancia en Georgia como el segundo auge del metodismo. Savannah no fue un capítulo fallido en la vida de Wesley, sino un nuevo movimiento en el drama del auge del metodismo. Las luchas en Savannah ayudaron a Wesley a crecer en su comprensión del cristianismo bíblico, desengañándole de las nociones románticas de la Iglesia primitiva y profundizando en su comprensión del pecado y la gracia. Las dificultades que experimentó fueron ocasiones para crecer en lo que él denominó "las virtudes pasivas"[25] o lo que hoy podríamos llamar resiliencia.

Esto es contrario a la intuición. Se podría pensar que el fracaso nos enseña a ir a lo seguro. De los escarmentados, nacen los avisados. Para evitar recaer, no camines. Esta no fue la experiencia de Wesley. En la cruz, la visión del vencido se convirtió en la visión de Dios. La breve estancia de Wesley en Savannah le impidió aprender plenamente sus lecciones. Para evitar recaer mientras se sueña a lo grande, hay que aprender a ver y caminar con y como los indígenas y los marginados. Dicho esto, no regresó a

---

24. Reinhart Koselleck, *The Practice of Conceptual History: Timing History, Spacing Concepts* (Stanford, CA: Stanford University Press, 2002), 76.

25. Juan Wesley, Sermon 59, "God's Love to Fallen Man," II.11, *Works* 2:432.

Inglaterra para establecerse como coadjutor en Epworth o como profesor en Oxford. En lugar de eso, soñaba no sólo con iniciar el cristianismo primitivo en un puesto colonial, sino con reformar Inglaterra y su Iglesia, y difundir el cristianismo bíblico por todas partes.

Leyendo a Aldersgate en español

El 24 de mayo de 1738, Juan Wesley fue a regañadientes a una reunión de la sociedad en Aldersgate. El día comenzó con expectación. Como anotó en su diario: "Pienso que fue alrededor de la cinco de la mañana que abrí mi Testamento en aquellas palabras: *Nos ha dado preciosas y grandísimas promesas, para que por ellas llegaseis a ser participantes de la naturaleza divina* [2 Pe. 1:4]. En el momento de salir abrí nuevamente el Testamento en aquellas palabras: *No estás lejos del reino de Dios*" [Marcos 12:34]. Por la tarde, la esperanza se había convertido en lamento. Wesley visitó la catedral de San Pablo, donde el himno era el Salmo 130: "De lo profundo, Oh Jehová, a ti clamo. Señor, oye mi voz". Por la noche, el lamento se convirtió en queja: "En la noche fui de muy mala gana a una sociedad en la Calle de Aldersgate, donde alguien estaba dando lectura al prefacio de la Epístola a los Romanos de Lutero". Mientras Lutero describía la manera en que Dios cambia el corazón por medio de la fe en Cristo, Wesley experimentó la gracia de Dios de una manera nueva y poderosa, y registró la experiencia, y este relato se hizo proverbial entre los metodistas: "yo sentí un extraño ardor en mi corazón. Sentí que confiaba en Cristo, sólo en Cristo para la salvación, y recibí una seguridad de que él me había quitado todos *mis* pecados, aun los *míos*, y me había *librado de la ley del pecado y de la muerte*"[26].

Los metodistas suelen señalar Aldersgate como un hito—si no *el* hito—en la biografía de Wesley. Aun así, las interpretaciones del acontecimiento son tan diversas que rozan la incoherencia[27]. Durante un largo periodo de

---

26.   Juan Wesley, May 24, 1738, *Journals and Diaries*, ¶¶13-14, 18:249-50 (énfasis en el original). En español, véase: Juan Wesley, MIÉRCOLES 24 [de mayo, 1738], *Diarios, Tomo I*, ¶¶13-14, *Obras* XI:63-64.

27.   Randy L. Maddox, "Aldersgate: A Tradition History," en *Aldersgate Reconsidered*, ed. Randy L. Maddox (Nashville, TN: Abingdon/Kingswood, 1990), 133-46.

la historia metodista, Aldersgate marcó la conversión de Juan Wesley del anglicanismo de la alta Iglesia, basado en la justicia por las obras, al cristianismo bíblico. Lecturas más recientes han visto en Aldersgate un espejo que refleja y garantiza los compromisos teológicos y las ubicaciones eclesiales de los espectadores. Los teólogos liberales vieron en Aldersgate la validación del papel central de la experiencia en la vida cristiana. Los predicadores de avivamiento vieron en Aldersgate el modelo para la conversión; el movimiento de santidad vio un ejemplo de la entera santificación; los pentecostales vieron el bautismo en el Espíritu Santo. Aquella noche del 24 de mayo, que marcó un encuentro con el amor perdonador de Cristo, facilitado ecuménicamente, se ha convertido en terreno de disputa[28]. Algunas facciones académicas piden que se reconsidere el caso Aldersgate[29], mientras que otras rechazan decididamente cualquier minimización de su importancia[30].

El *Libro de Culto Metodista Unido* (*The United Methodist Book of Worship*) incluye una entrada para celebrar el "Día o Domingo de Aldersgate"[31]. La entrada es escueta, con algunos himnos recomendados, lecturas sugeridas de las que Wesley escuchó el 24 de mayo de 1738 y una oración de acción de gracias por los hermanos Wesley. Sin embargo, en mi experiencia, el ritual resulta relativamente extraño entre los metodistas de habla inglesa en los Estados Unidos[32]. Si Aldersgate ha sufrido descuido por parte de algunas ramas de la familia metodista, no es el caso de muchos *metodistas*. Algunas iglesias metodistas de América Latina llaman a

---

28. Véase Lyle Dabney, "What has Aldersgate to do with Wittenberg?" *Lutheran Forum* 43 (2008): 47-50.

29. Randy L. Maddox, ed., *Aldersgate Reconsidered* (Nashville, TN: Abingdon/Kingswood, 1990).

30. William J. Abraham, *Aldersgate and Athens: John Wesley and the Foundations of Christian Belief* (Waco: Baylor University Press, 2010), 2.

31. #439 in *The United Methodist Book of Worship: Regular Edition, Black* (Nashville, TN: United Methodist Publishing House, 2016), 346.

32. Esto no significa que el Día de Aldersgate nunca se celebre en Estados Unidos. Por ejemplo, una entrada de blog de un pastor de Michigan sobre el Día de Aldersgate en 2019 responde a la pregunta "¿Qué rayos es el Día de Aldersgate?", lo que sugiere a la vez que esta comunidad metodista conmemoró la ocasión, pero también implica que no es muy conocida. Véase Jeff Nelson (24 de mayo de 2019), https://www.rofum.org/aldersgate-day/.

mayo "mes del metodismo" en honor de Aldersgate. El 24 de mayo se conoce como el día del "corazón ardiente" porque la traducción al español de la entrada del diario de Wesley dice: "sentí un extraño ardor en mi corazón"[33].

La traducción de Aldersgate a América Latina aumentó la temperatura de la experiencia de tibia a caliente, alineándola tanto con las experiencias más carismáticas de los metodistas latinoamericanos e hispanos, como conectándola con momentos significativos de la historia bíblica. El "corazón ardiente" recuerda la condición de los discípulos en el camino a Emaús cuando Jesús les abrió las Escrituras (Lucas 24:32). El corazón ardiente también evoca la imagen de Pentecostés cuando, según Wesley, "Dios tocó sus lenguas, por así decirlo, (y también con sus corazones) con fuego divino, dándoles palabras vivas y penetrantes como llamas de fuego"[34]. También hace eco a las palabras de Jeremías, que sentía un fuego ardiente en su interior (Jer 20:9). En cierto sentido, traducir Aldersgate abre la puerta a redescubrir partes de la Casa Metodista que de otro modo se habrían perdido para los herederos de Wesley. Los primeros metodistas fueron llamados montanistas, en referencia a una secta del siglo II que siguió a Montano, un hombre que afirmaba que el Espíritu Santo lo movía de maneras extraordinarias[35]. En lugar de preocuparse demasiado por las acusaciones, Wesley usó este epíteto como una insignia de honor: debían estar haciendo algo bien para ganarse tal reprimenda.

Leer a Aldersgate en español requiere abrir el metodismo a las expresiones carismáticas y pentecostales del cristianismo. Los primeros pentecostales en Latinoamérica fueron metodistas chilenos[36]. Cuando un avivamiento carismático se extendió por una congregación de Valparaíso,

---

33.   Juan Wesley, *Obras*, XI:64.

34.   Juan Wesley, *Notas al NT: Segunda Parte*, Hechos 2:3, *Obras* X:4.

35.   Por ejemplo, James Clark, *Montanus Redivivus: Or, Montanism Revived, en Principles and Disciplines of the Methodists* (Dublin: H. Saunders, 1760). Para un análisis, véase Randy L. Maddox, *Responsible Grace: John Wesley's Practical Theology* (Nashville, TN: Abingdon/Kingswood, 994), 134-135.

36.   Allan H. Anderson, *An Introduction to Pentecostalism: Global Charismatic Christianity* (New York: Cambridge University Press, 2004), 64-67. Véase también la introducción de este libro.

los metodistas más tradicionales rechazaron y finalmente expulsaron a sus hermanos bautizados en el Espíritu. Si bien conserva gran parte de la doctrina y la disciplina metodistas, la Iglesia Metodista Pentecostal ha superado con creces a la Iglesia Metodista de Chile, que no es pentecostal. Un fenómeno similar ha ocurrido en todo el metodismo latinoamericano, donde los metodistas carismáticos han superado significativamente a sus contrapartes tradicionales, numéricamente hablando. Es cierto que la historia del metodismo no puede reducirse al número de miembros; más aún, incluso cuando los avivamientos carismáticos no han resultado en cismas (como el cisma en Chile), la "pentecostalización" de las iglesias metodistas no está libre de ambigüedades. Muchos metodistas pentecostales abrazaron acríticamente la política dictatorial de Augusto Pinochet, mientras que otros metodistas latinoamericanos más tradicionales defendían los derechos humanos y pagaban cara su defensa. El corazón ardiente de Aldersgate, encendido por los avivamientos, ha enfriado el amor católico de Wesley. Las razones por las que los metodistas brasileños se retiraron del Consejo Mundial de Iglesias y los metodistas cubanos se separaron del seminario ecuménico de Matanzas son, sin duda, complejas. Aun así, estas acciones son emblemáticas de los desafíos que enfrentan todos los *metodistas* en particular y los metodistas en general[37].

Juan Wesley recorrió (y aún lo hace) muchos lugares de Latinoamérica y entre las comunidades hispanas como un "entusiasta", un predicador carismático que enfatiza las revelaciones privadas, los dones milagrosos y la pureza moral. En otros lugares, Wesley recorrió (y aún lo hace) como un reformador ilustrado que ya no se sorprende por la obra de Dios en el mundo. El primer Wesley todavía recorre entre iglesias "metocostales" que son metodistas de nombre pero pentecostales de hecho. El segundo Wesley todavía recorre entre las expresiones históricas del metodismo que a veces son etiquetadas como "muertodistas"[38]. La renovación de la teología metodista del siglo XX dependió en gran medida del redescubrimiento de Juan Wesley y, al mismo tiempo, del metodismo inglés primitivo. La renovación del metodismo en el siglo XXI requiere algo más que una nueva

---

37. Pablo Andiñach, "Methodism in Latin America," *The Oxford Handbook of Methodist Studies* (New York: Oxford University Press, 2009), 53.

38. Evidentemente una construcción de las palabras "muerto" y "metodista".

síntesis de Wesley como "entusiasta razonable"[39] ; exige una nueva lectura de Aldersgate en español y una nueva traducción del "corazón extrañamente ardiente" de Wesley.

El futuro del metodismo va hacia el sur

En este libro, he argumentado que la renovación de la doctrina, el culto y la misión cristianas puede avanzar mediante el redescubrimiento del corazón del metodismo desde los márgenes. Este redescubrimiento requiere revisar las fuentes y los manantiales del pueblo llamado metodista[40]. Honramos a nuestras madres y padres y reconocemos la sabiduría del pasado. En este proceso, debemos tener cuidado ante los riesgos de mirar al pasado con nostalgia y de enmarcar el redescubrimiento como una mera repetición. Con el objetivo de mitigar estos riesgos y abrir nuevas sendas para la renovación, hemos escuchado el testimonio del pueblo llamado *metodista*. El metodismo comenzó en el norte, pero el futuro del metodismo va hacia el sur.

En el inglés estadounidense común, "ir al sur" tiene una connotación negativa. Las cosas van al sur cuando salen mal. El origen de esta frase puede estar en la orientación habitual de los mapas, que sitúan el norte hacia arriba y el sur hacia abajo. Esta convención cartográfica refuerza tácitamente una cosmovisión donde el norte domina cultural, económica y políticamente. En esta convención social, el norte y el oeste representan el cristianismo y la civilización, mientras que el sur y el este representan lo diferente y lo

---

39.   En referencia al libro de Henry Rack, *Reasonable Enthusiast: John Wesley and the Rise of Methodism* (London: Epworth, 1989).

40.   El teólogo brasileño Rubem Alves dijo una vez: "El historiador es alguien que recupera memorias olvidadas y las difunde como sacramento para aquellos que han perdido la memoria. De hecho, ¿qué sacramento comunitario más sutil que el recuerdo de un pasado común, marcado por la existencia del dolor, el sacrificio y la esperanza? Recuperar para difundir. El historiador no es un arqueólogo de recuerdos. Es un sembrador de visiones y de esperanzas". Rubem Alves, "Las ideas teológicas y sus caminos por los surcos institucionales del protestantismo brasileño," en *Materiales para una historia de la teología en América Latina*, ed. Enrique Dussel (San José, Costa Rica: Departamento de Estudios Ecuménicos, 1980), 363-64. Citado en José Míguez Bonino, *Faces of Latin American Protestantism*, 107.

deficiente. Hay una expresión en español que captura la desorientación que experimentan muchos metodistas cuando están en la diáspora en los Estados Unidos: "norteado". Significa estar desorientado como una brújula que gira incapaz de encontrar su verdadero norte. Ir al sur es una forma de recalibrar y recuperar nuestro rumbo; significa ir a las periferias del norte, las fronteras y los barrios. Desde las periferias, desde el sur, aprendemos a ver de nuevo y a soñar de nuevo.

Los sueños a menudo se descartan como ilusiones. En el sermón de Wesley "*Human Life a Dream*" (La vida humana, un sueño), Wesley compara la vida sin Dios con un estado onírico que es solo un simulacro de la vida real. Como él mismo explica: "Un sueño, por lo tanto, es una especie de digresión de nuestra vida real. Parece ser una especie de eco de lo que se dijo o hizo cuando estábamos despiertos. O podríamos decir, ¿es un sueño un fragmento de vida, roto por ambos extremos, sin conexión ni con la parte que le precede ni con la que le sigue?"[41] Sin embargo, Wesley también cree que, como en el día de Pentecostés, los sueños pueden venir de Dios[42].

El pueblo llamado *metodista* tiene una comisión para la iglesia en general. "Soñar por lo que no sueñan, hasta que lo que esperamos se torne realidad"[43]. En su libro *Soñemos juntos: el camino a un futuro mejor*, el Papa Francisco menciona un principio que considera fundamental para nuestro tiempo actual: "las ideas se debaten, pero la realidad se discierne"[44]. Esto no resta importancia a las ideas, sino que las ideas sólo nos llevan hasta

---

41. Juan Wesley, Sermon 124, "Human Life a Dream," §5, *Works* 4:111.

42. Juan Wesley, Notas del Nuevo Testamento, Hechos 2:17, 2:192-93, *Obras* X:5. Wesley distingue aquí las visiones de los jóvenes de los sueños de los ancianos como modos de revelación divina adaptados a la condición física de cada uno: "*Derramaré de mi Espíritu*: no solo en el día de Pentecosté. *Sobre toda carne*: personas de todas las edades, sexo y clase social. *Vuestros jóvenes verán visiones*: los jóvenes tienen los sentidos más alerta y poseen todo el vigor de su fuerza física, razón por la cual están en mejores condiciones de resistir el impacto que generalmente acompaña a las visiones de Dios. Las personas mayores son más proclives a los sueños divinos, porque en ellas las percepciones interiores se dan con más fuerza. De todos modos, esto no significa que a las personas mayores les estén vedadas las visiones, ni a los jóvenes, los sueños". Énfasis en el original.

43. Justo L. González, The Hispanic Creed, *Fiesta cristiana: Recursos para adoración* (Resources for Worship), ed. Raquel M. Martínez (Nashville, TN: Abingdon, 2003), 270.

44. Papa Francisco con Austen Ivereigh, *Let Us Dream: The Path to a Better Future* (New York: Simon & Shuster, 2020), 54.

cierto punto. Los problemas a los que nos enfrentamos en nuestro mundo no se resolverán únicamente con buenas ideas. Lo que la Iglesia necesita desesperadamente no son más polemistas ni apologistas. Necesita personas que hayan desaprendido la sabiduría de este mundo y hayan recibido la sabiduría de Dios, personas que, por tanto, puedan ver lo que realmente ocurre a la luz de la cruz. La Iglesia necesita jóvenes con visiones moldeadas por Cristo y personas mayores que aún sueñen con sueños transformadores. Reflexionando sobre las profecías de Joel cumplidas en Pentecostés, el papa Francisco declara: "El futuro nacerá de la unión de jóvenes y ancianos"[45]. Lo sueños de las personas mayores mantienen las visiones de los jóvenes arraigadas en la historia, y las visiones de los jóvenes evitan que los sueños de los mayores caigan en la nostalgia. "Si caminamos juntos, jóvenes y mayores, podemos estar firmemente arraigados en el presente y, desde aquí, revisar el pasado y mirar hacia el futuro. Revisar el pasado para aprender de la historia y sanar viejas heridas que a veces aún nos afligen. Mirar hacia el futuro para alimentar nuestro entusiasmo, hacer surgir sueños, despertar profecías y permitir que la esperanza florezca"[46].

Redescubrir el corazón del metodismo requiere soñar en español. Es una experiencia extraña cuando, después de estudiar un nuevo idioma, comenzamos a soñar en ese nuevo idioma y realmente comprenderlo. Soñar en español no tiene tanto que ver con el idioma como con la ubicación, con desear y anhelar cosas nuevas como un "nuevo nosotros". Soñar, al igual que la esperanza, tiene una dimensión social: no es sólo imaginar *que* algo podría ser diferente, sino imaginar *con* otra persona esa diferencia. Lo social es requisito para la esperanza porque el objeto de la esperanza, por su arduo trabajo, requiere ayuda[47]. La historia del pueblo llamado *metodista* ha encontrado esta ayuda desde los márgenes.

---

45. Papa Francisco, *Let Us Dream*, 58.

46. Papa Francisco, *Christus Vivit*, exhortación apostólica postsinodal (25 marzo, 2019), par.199, www.vatican.va/content/francesco/es/apost_exhortations/documents/papa-francesco_esortazione-ap_20190325_christus-vivit.html

47. En palabras de William Lynch: "La esperanza no puede lograrse en solitario. Debe ser, de un modo u otro, un acto de comunidad, ya sea la comunidad, una iglesia, una nación o simplemente dos personas que luchan juntas para producir la liberación en el otro". William F. Lynch, *Images of Hope: Imagination as Healer of the Hopeless* (Notre Dame, IN: University of Notre Dame Press, 1965), 24.

Un hermoso ritual caracteriza a una iglesia metodista que visité en Tulyehualco, una comunidad a las afueras de la Ciudad de México. Cuando celebran el aniversario de la fundación de la iglesia, toda la comunidad se reúne afuera del templo, donde, tras palabras de bienvenida y oración, la asamblea entra en procesión al edificio, desde el mayor hasta el menor. Solo cuando todos estuvieron dentro comenzó realmente el culto, el cual encarnó y representó el Salmo 148:12-13, que proclama: "los jóvenes y también las jóvenes, los ancianos junto con los niños. Alaben el nombre del Señor". En Tulyehualco, la oración del salmista y los sueños de Pentecostés del Papa Francisco se hicieron realidad. Jóvenes y mayores son signos de nuestros tiempos e intérpretes de la obra del Espíritu.

La iglesia como el pueblo de Dios está en un peregrinaje hacia el mañana[48]. El mañana interroga el presente. Es una palabra de juicio sobre la forma en que está constituido el mundo actual. El mañana no empieza con proyecciones prudentes y planes estratégicos, sino con sueños, no de que ganemos la lotería, sino de que Cristo vendrá mañana. Anticipamos el final de esta peregrinación por la forma en que recorremos el camino. Incluso ahora, los cristianos necesitan adoptar y practicar el lenguaje del reinado de Dios, hablar "reinonés". Según Justo González, aquí radica el problema de varias de las soluciones que pretenden abordar el declive y el malestar espiritual de la Iglesia: "En lugar de intentar desarrollar prácticas y estructuras sobre la base de la gramática del *reinonés*, tratamos de emular organizaciones 'exitosas' de 'este mundo' y aplicar su gramática"[49]. Para muchos cristianos latinoamericanos e hispanos, fueron nuestras abuelitas quienes nos instruyeron en la gramática del mañana al enseñarnos a orar para que venga el reino de Dios. Desde la sabiduría de los sueños de nuestros abuelos y abuelas, y la pasión de las visiones de los y las jóvenes, Dios está preparando a la iglesia para la renovación en aras de una nueva creación. El himno de Federico Pagura, "Hemos cubierto la tierra", expresa estos sueños de Pentecostés de un nuevo mañana:

---

48. González, *Mañana*, 164.

49. González, *Mañana*, 167.

Cumple, Señor, tu promesa,
Venga tu reino de amor
Y que el sol de tu justicia
Vuelva a alumbrarnos, Señor.
Limpia, Jesús, a tu iglesia
De toda corrupción;
Y se renueve la tierra
Por tu presencia y amor.[50]

---

50. Federico Pagura, "Hemos cubierto la tierra," *Un cántico nuevo*, ed. Jorge Maldonado (Quito, Ecuador: Eirene, 1989), 192. See also https://himnosycanciones.com/acordes/hemos-cubierto-la-tierra/.

www.ingramcontent.com/pod-product-compliance
Lightning Source LLC
Chambersburg PA
CBHW031456120626
46545CB00005B/1623